企业运营与财务管理研究

李 菲 白 雅 王贺敏◎著

东北大学出版社

·沈 阳·

ⓒ 李 菲 白 雅 王贺敏 2022

图书在版编目（CIP）数据

企业运营与财务管理研究 / 李菲，白雅，王贺敏著
. — 沈阳：东北大学出版社，2022.11
ISBN 978-7-5517-3184-3

Ⅰ．①企…　Ⅱ．①李…　②白…　③王…　Ⅲ．①企业管理—财务管理—研究　Ⅳ．①F275

中国版本图书馆 CIP 数据核字（2022）第 227805 号

出 版 者：东北大学出版社
　　　　　地址：沈阳市和平区文化路三号巷 11 号
　　　　　邮编：110819
　　　　　电话：024-83680176（总编室）　83687331（营销部）
　　　　　传真：024-83687332（总编室）　83680180（营销部）
　　　　　网址：http://www.neupress.com
　　　　　E-mail: neuph@neupress.com
印 刷 者：辽宁一诺广告印务有限公司
发 行 者：东北大学出版社
幅面尺寸：170 mm×240 mm
印　　张：14
字　　数：267 千字
出版时间：2022 年 11 月第 1 版
印刷时间：2023 年 1 月第 1 次印刷
策划编辑：杨世剑
责任编辑：王　旭
责任校对：周　朦
封面设计：潘正一

ISBN 978-7-5517-3184-3　　　　　　　　　　定　价：68.00 元

前　言

PREFACE

随着我国加入WTO及经济全球化进程的加快，企业要想在激烈的竞争环境中获得生存及发展壮大的机会，必须加强对企业的管理。而企业管理中的核心内容就是企业的财务管理。财务管理是指组织企业财务活动和处理企业财务关系的一项经济管理工作。财务管理除了与一般管理有相同点，还有一个特殊性，即财务管理是一种价值管理。价值管理是指企业的财务工作人员通过财务决策的形式来提高企业的价值。其中，企业的资本运营是以企业的价值形态经营为特征的，通过对企业各种生产要素的优化配置或者是企业中产业结构的相关调整，科学、合理地对企业价值化、证券化的资本进行运作的一种经营方式。通过优化企业资源配置等内容，提高企业资产的运作效率，最终在确保企业资产保值增值的前提下，实现企业利润的最大化。可见，企业的财务管理与资本运营是企业管理中的重要组成部分，对企业的发展有着十分明显的促进作用。近年来，经济学界、会计学界等有关专家、学者往往将企业的财务管理与资本运营相提并论，这说明企业的财务管理与企业的资本运营存在着相辅相成的关系。企业的财务管理与企业的资本运营既相互制约又相互促进，在企业财务管理状况良好的条件下，企业的资本运营就有了实现的保障，而企业的资本运营也为企业进行财务管理拓宽了领域。

本书在介绍企业运营理论的基础上，分析了企业在进行运营供应链及项目管理中的方法，并介绍了企业运营与风险防范管理。同时介绍了企业筹资管理及其预测方法，分析了营运资金管理的模式。此外，阐述了"互联网+"时代财务管理战略模式的创新，并概括介绍了"互联网+"时代财务管理创新发展，为企业如何进行财务管理及如何实现企业的运营提出了一些具体方法。本书旨在摸索出一条适合现代企业运营与财务管理工作创新的科学道路，帮助企业在运营及管理工作中少走弯路，运用科学方法，提高工作效率。

本书由武汉工程科技学院李菲、北方华锦化学工业集团有限公司白雅和商丘工学院王贺敏撰写。在本书的撰写过程中，著者参阅、借鉴和引用了国内外许多同行的观点和成果。各位同人的研究成果奠定了本书的学术基础，为企业运营与财务管理的展开提供了理论基础，在此一并感谢。另外，受水平和时间所限，本书中难免有疏漏和不当之处，敬请读者批评指正。

著　者

2022年5月

目 录

CONTENTS

第一章　企业运营理论基础

❖ 第一节　企业管理概述

◇ 一、企业的概念与类别

（一）企业的概念界定

企业是指在社会化大生产条件下，从事生产、流通与服务等经济活动的营利性组织。企业通过各种生产经营活动创造物质财富，提供满足社会需要的产品和服务，在市场经济中占有非常重要的地位。企业是经济概念，而不是法律概念。企业的概念并没有反映出参与企业活动的当事人之间的特定法律关系。

首先，企业存在于社会化大生产条件下，是商品生产与商品交换的产物。企业的产生是社会进步、生产力发展的必然结果，其内涵会随着科技的发展和知识的进步所带来的生产力的急速发展而不断演变。

其次，企业是指从事生产、流通与服务等基本经济活动的组织。企业的责任是指通过从事不同的经济活动满足社会需求，不仅要满足顾客的需求，而且要满足企业投资者、协作企业、交易对象、内部员工、政府机构、同行业竞争者、普通居民等一切与之相关的社会团体和个人的需求。

最后，企业是指追逐利润的营利性组织。营利性是企业区别于其他社会组织（如行政组织、事业组织等）的根本特性。企业通过盈利创造附加价值，满足社会需求，得到社会认可。这也与企业对社会的贡献相关，获取的利润越多，企业越有能力为社会发展提供支持。

（二）企业的类别划分

现代企业产生后，随着社会经济的发展，其形式呈现出多样化特点。企业自身的特点不同，运行规律也不同。通过对企业进行分类说明，可以更深入地了解不同企业的特点及管理规律。

1. 按照企业的所有制性质划分

不同的企业所有制性质，展现了企业的不同特点。特别是在我国建设有中国特色的社会主义道路过程中，此种分类方式更能体现我国企业的特色。

（1）国有企业，也称为全民所有制企业。

国有企业的全部生产资料和劳动成果归全体劳动者或代表全体劳动者利益的国家所有。在社会主义市场经济体制下，国有企业是我国企业的主体，掌握着国家的经济命脉，是我国社会主义体制的集中体现。

（2）集体所有制企业，也称为集体企业。

集体所有制企业的全部生产资料和劳动成果归一定范围内的劳动者共同所有。

（3）私营企业。

私营企业的全部资产归企业主所有。改革开放后，我国的私营企业发展较快，是建设有中国特色的社会主义市场经济体制的有效补充力量。

（4）混合所有制企业。

混合所有制企业是指具有两种或两种以上所有制经济成分的企业，如中外合资企业、中外合作企业及具有多种经济成分的股份制企业等。

2. 按照企业的法律形式划分

按照企业的法律形式分类是现代企业制度中最常见的企业分类方法，可划分为个人独资企业、合伙制企业及公司制企业。公司制企业是现代企业制度的主要组织形式。

（1）个人独资企业。

个人独资企业是指由企业主个人完全出资兴办并直接经营的企业。企业主对企业的经营业务、人事、财务等重大事项具有决定权。企业主独享企业利润，同时独自承担企业经营风险，对企业债务负有无限责任。从法律上讲，此类企业属于自然人企业，而不属于现代的法人制企业。

（2）合伙制企业。

合伙制企业是指由两个或两个以上的自然人共同出资兴办的联合经营的企业。合伙制企业的合伙人之间是一种契约关系，不具备法人的基本条件。

（3）公司制企业。

公司制企业是现代企业形式最典型的代表。公司制企业是指依法设立的、以营利为目的的企业。公司制企业具备法人资格，其资本具有联合属性，这是公司制企业区别于其他企业形式的根本属性。根据股东的责任范围，公司制企业又可以划分为以下类型。

① 无限责任公司，由两个以上股东出资设立，股东对公司的债务负无限连带责任的公司。

② 有限责任公司，由一定数量的股东出资设立，各个股东以出资额为限对公司债务承担有限责任的公司。此类公司不能对外发行股票，股东持有出资证明书，股份转让也受到严格限制，股东的出资额要达到法定最低限额。

③ 两合公司，由1名以上的无限责任股东和1名以上的有限责任股东共同出资设立，无限责任股东对公司债务承担无限连带责任，有限责任股东以出资额为限对公司债务承担有限责任。

④ 股份有限公司，由一定数量的股东出资设立，全部资本分为等额股份，股东以其所持股份为限对公司债务承担责任的公司。其具备以下特点：公司设立的方式为发起设立或募集设立；全部资本分为等额股份；可向社会发行股票，股票可以自由买卖或转让；公司财务状况需要公开披露。股份有限公司是最具生命力的现代企业组织形式，具备大规模筹集资本的渠道，具有科学管理的组织机构和监管机制。

3. 按照企业从事的经济活动内容划分

企业为满足社会各种需求，其从事的经济活动内容也有所不同，可以划分为生产制造型企业、流通型企业和服务型企业。

（1）生产制造型企业。

生产制造型企业是指主要从事产品生产制造的工业企业、农业企业及建筑企业等。

（2）流通型企业。

流通型企业是指主要从事交通运输、电信邮政及相关贸易的企业。

（3）服务型企业。

服务型企业是指主要提供各类服务的企业，如餐饮、咨询、旅游、金融、信息服务等行业的企业。

4. 按照企业生产要素结构划分

各类企业经营特性各异，其生产要素结构也存在差别，依此可以划分为劳动密集型企业、资本密集型企业和技术密集型企业。

（1）劳动密集型企业。

劳动密集型企业是指生产、服务过程利用人力较多，且相应技术装备程度较低，产品成本中劳动力占比较大的企业。此类企业一般处于产业链的底端，企业竞争力不强，一般集中在劳动力成本较低的地区。

（2）资本密集型企业。

资本密集型企业是指企业经营过程中所需投入资本较多，一般情况下技术装备程度较高，人力投入较少，如能源企业、大型设备制造企业等。

（3）技术密集型企业。

技术密集型企业是指可综合利用先进的科学技术成果、产品科技含量较高的企业。此类企业在产品技术研发、科技人员培养方面的成本占比较大，如高精尖电子企业、航空航天企业等。

◆ 二、管理的概念与性质

（一）管理的概念界定

人类的管理活动始终伴随着人类社会的发展，可以说是人类活动中最为重要的一种。管理思想来源于管理实践，是对管理经验的概括和总结。始建于春秋战国时期的万里长城是我国古代伟大的工程之一，气势恢宏的金字塔和狮身人面像是古埃及文明的象征。即使在现在看来，这些伟大的工程都令人叹为观止，它们除了有巧妙的设计，无一不体现了古代劳动人民的管理智慧。

不同时代的学者，从不同的角度阐述了对管理含义的理解，也揭示了管理的不同属性。本书中，管理是指组织为了达到个人无法实现的目标，通过各项职能活动，合理分配、协调相关资源的过程。

（二）管理的性质

1. 二重性

管理的二重性是马克思主义关于管理问题的基本观点。凡是直接生产过程具有社会结合过程的形态，而不是表现为独立生产者的孤立劳动的地方，都必然会产生监督劳动和指挥劳动，不过它具有二重性。这里的二重性，具体是指管理的自然属性和社会属性。

管理的自然属性是由生产力与社会化大生产所决定的，是保证社会化大生产顺利进行的必要条件，也是合理组织生产过程的基本要求。只要从事社会化大生产、从事集体劳动，就必然需要管理。它不是由企业的生产关系性质决定的，也不会因社会制度的改变而改变。不论是在何种社会制度下，社会化大生产均需要对生产力要素进行合理组织，它具有普遍性和永久性的特征。自然属性是管理的第一属性。

管理的社会属性是指在一定的生产关系下，不同的社会制度、不同的历史阶段、不同的社会文化条件都会使管理呈现出一定的差别，使管理具有特殊性。由于民族文化、社会制度、风俗习惯等会直接或间接影响管理的方式、组织的道德、群体的关系、社会价值观等，这就造成了在不同民族、不同国家或地区、不同社会制度条件下管理过程中表现出的差异性。也正是基于此，各种管理思想、理论蓬勃发展，相互借鉴，体现出其独特的社会属性。

2. 科学性和艺术性

科学性与艺术性是人类文明中从同一点出发的两条射线，虽有差异但属同源。管理则完美地呈现出了这两种属性。

管理从人类的实践活动中来，反映过程中的客观规律和方法，通过在长期的实践活动中不断总结，逐步建立了系统化的管理理论体系。人们用这些管理理论指导自己的管理实践，再以管理活动的效果来验证所用的管理理论和方法是否正确、有效，以进一步丰富和完善管理理论和方法。由此可见，管理是一门科学，需要人们按照客观规律办事，是解决实际问题的方法论。

管理的艺术性体现在实践过程中。如果只是掌握了管理理论和方法，在实践过程中生搬硬套，管理的效果就不会尽如人意，所以需要变通。人们在管理实践中灵活运用管理知识和技能，充分发挥人的主动性、积极性、创造性，并融入特定的管理环境中，因地制宜，才能发挥管理的效用。

管理的科学性与艺术性是辩证统一的关系。管理人员只有认清这一点，才能取得良好的效果。

❖ 第二节　企业管理战略的制定与实施

◈ 一、企业管理战略的制定

（一）企业内部资源

企业内部资源是指贯穿于整个企业经营、技术开发、生产制造、市场营销等各个环节的一切物质与非物质形态的要素，是企业经营管理过程中投入品的总称。企业内部资源主要分为两类。

1. 有形资源

有形资源主要是指物质形态的资源，如土地、厂房、库存、基础设施、机器设备等，以及其寿命、运行状态和企业的财务资源，如现金、债权、股权、融资渠道和手段等。

2. 无形资源

无形资源主要是指由企业人员创造出来的非物理实体，如品牌、商誉、专利等技术资源、企业文化等。

通过价值分析发现，如果竞争对手不具备或无法模仿那些稀缺的资源，就可以为企业带来竞争优势。在分析和使用企业内部资源时，应注意以下四点。

第一，企业最重要的资源是人力资源。不同于其他资源，人力资源具备独特创造力和再生力，是企业发展的关键。把合适的人置于合适的岗位，发挥个体最大效用、实现恰当合理的配置是非常重要的。

第二，在现代企业中，任何一种资源都很难单独发挥效用，都需要同其他资源结合在一起发挥协同作用。为此，平衡企业内部资源的结构也就成了企业关注的焦点。

第三，资源的充足性是相对的，对某个企业而言，必然会出现某些资源的短缺，人们称之为发展"瓶颈"。因此，要以这些"短缺资源"或"瓶颈资源"为资源配置的基点，统筹匹配其他资源，形成合理的资源配置结构。

第四，企业的资源配置结构是动态变化的，随着技术与工艺的改进，以及员工劳动技能的提高而发生改变，需要不断地及时加以调整。

（二）企业外部环境

企业在对内部资源和经营能力分析的基础上（即"知己"），要从外部去了解企业所处的环境条件，知道自己面临着哪些发展机遇，同时要接受哪些挑战和威胁，以便根据自身情况做出战略应对。如果将企业比作正在苗壮成长的小苗，那么外部环境就是其赖以生存的土壤。外部环境既为企业的发展提供养分，又制约着企业的发展。企业是社会环境的组成部分，它在发展过程中需要与外界进行交流，这种交流是双向的，但企业对外部环境的影响力是有限的。在纷繁变化的环境中，企业要想生存就必须去了解它、熟悉它、掌握它，最后适应它，而一味地对抗在多数情况下是徒劳的。这也正是企业战略制定过程中对于外部环境认知重要性的体现。

对企业经营活动产生影响的外部环境因素是多层面的，一般可以划分为宏观环境和产业环境。在分析企业外部环境时，首先要厘清它们之间的关系。

1. 企业宏观环境

对宏观环境进行考察，找寻其变化的趋势，可对产业环境和企业经营战略行为进行分析。宏观环境要素分析是制定适合企业发展战略的前提条件。作为企业经营者及战略制定者，要了解宏观环境各要素的意义及作用。

企业宏观环境是指其所在的特定市场的大环境，这里主要是指国家、地区层面的环境要素，涵盖政治/法律环境、经济环境、社会/文化环境、技术环境等。在过去的五十年，世界经济体系发生了重大变化，各个国家、地区的发展不再是单一、独立的，而是更多地融入全球化的体系当中，特别是包括中国在内的"金砖五国"（BRICS）等新兴经济体，在自身发展过程中也分享着全球化带来的收益。全球主要经济体之间的贸易额逐年增长，全球化使国家、地区之间联系密切。全球化也深刻影响着国家、地区的宏观环境。

分析宏观环境常用的方法是PEST分析法，其中包含政治/法律环境、经济环境、社会/文化环境和技术环境。

2. 企业产业环境

企业外部环境中的产业环境处于中观层次，可以说是宏观环境中相应因素在特定行业内作用的结果。相对于宏观环境因素，产业环境中诸多因素对企业在市场竞争中的影响更为直接，作用更为显著，因此产业环境分析是企业战略环境分析的重点和难点。在竞争过程中，企业获取超额利润的条件是处于一个具有发展潜力的行业中，并占据有利的竞争地位。战略竞争理论的提出，奠定了行业竞争发展的基石。"五力分析模型"的提出，为产业环境的分析提供了模型架构：在特定的市场领域中存在着同时具有竞争和合作关系、产品属性相近或相同、目标市场相近或相同的企业群体，它们构成了产业集群。在产业集群中存在着五种力量，它们分别来自潜在进入者、行业竞争对手、替代产品、供应商及购买方。

五种力量的综合状况，影响了企业产业环境中面临的竞争程度，也决定了企业的盈利能力。五种竞争力量中的任一种都会对企业产品价格和盈利产生影响，竞争力量强则对企业构成威胁，反之则视为机会。对于企业战略制定者和管理者来说，重要的是认清这五种力量会给企业带来哪些威胁和机会，并根据企业自身情况做出必要的战略应对。

（1）潜在进入者。

市场对资源的配置起着调节作用。发展态势良好、投资回报率高的行业，会吸引新的竞争者进入，这些就是潜在进入者。它们给行业带来了新的生产资源，提升了生产能力；它们要求重新划分市场份额，希望在市场中占有一席之地，以获取更高的经营利润。对于现有企业来说，潜在进入者加剧了现有的行业内竞争，多数企业会联合起来抵制潜在竞争对手进入。多数潜在进入者是实力雄厚的、具备多元化经营战略的公司，它们利用其强大的综合实力侵入某一快速发展的行业中。

（2）行业竞争对手。

在任何行业中，每个企业为了自身发展的需要，都会尽可能地提升自己的市场占有率，吸引新的顾客或是从竞争对手那里争夺顾客。为此，不可避免地会发生行业内的竞争。但有时行业内的竞争对手表现出一定的合作性，特别是在对抗潜在进入者和产品替代者时，又形成潜在的战略联盟。可以说，行业内竞争和合作并存，偏向于哪一方取决于四个方面：第一，行业内企业的数量和规模。行业内竞争对手间规模实力接近、企业数量越多，内部竞争越激烈。第二，竞争企业间产品差别化的程度。产品差别化越大，顾客对同类功能产品选择的余地越小，就会缓解相互竞争的压力，反之则会激化相互竞争压力。第三，市场的增长度。新兴行业的市场增长度较快，迅速扩大的市场规模带动企业快速增长，行业内企业不需要激烈的相互竞争就可以满足自身发展的需求，这种竞争比较缓和；相反，如果市场规模增长缓慢，甚至滞涨或萎缩，行业内的企业间竞争则会日趋激烈。第四，行业的退出壁垒。退出壁垒是指企业想退出某行业时所需付出的代价，包括相关资产的处理、人员的处理、企业声誉的影响，以及相关心理因素的影响等。退出壁垒越高，企业付出的代价也就越大，特别是企业在经营困难时很难承担，为此只能投入惨烈的行业竞争中，去谋求一线生机。

（3）替代产品。

任何产品都是为了满足消费者的某些具体需求而存在的，随着科学技术的发展，同样或者类似功能的替代产品越来越多，有的甚至是行业间的替代竞争。行业内的竞争和潜在进入者的威胁对企业来说固然值得关注，但替代产品的威胁有时却是致命的。

（4）供应商。

对于供应商威胁，主要考虑的是其市场议价能力。作为供应商，更希望提高其产品价格或降低生产运营成本（适当降低产品质量和服务质量）来获取更高利润，这就与本产业的发展期望相背离。

（5）购买方。

购买方和供应商的议价能力存在着内在联系，对于供应商的分析可以从相反的方向应用到购买方身上。行业内的企业对于供应商而言是购买方，希望得到物美价廉的物品；而对于购买方而言自身又是供应商，自然希望以较高的价格将产品售出。为此，对于行业内的企业而言，无论是供应商还是购买方的议价能力，都关系到最终的企业经营利润。

"五力分析模型"为企业战略产业环境分析提供了一个缜密的、严谨的分析模型，作为常用的战略分析工具，其在理论和实践过程中的重要性毋庸置疑。但该模型也有局限性，因为如果从一个经济学家的角度去看待产业竞争中相关要素之间的关系，诠释的是利润率的模型，反映的是一种静态的、从经济学角度出发的研究思路，而实际情况要复杂得多。

在对企业外部环境和内部环境进行分析后，根据分析的结果和企业发展的愿景目标来设定企业战略，首先要了解的是企业战略层次。

（三）企业战略层次

企业战略由高至低可以划分为三个层次：公司战略、经营战略和职能战略。战略的层次划分，可以使企业整体战略保持统一，完善企业资源的分配和调度规划，最终满足企业长远发展的要求。企业的战略层次划分是与企业战略管理层次相对应的，保证了权责的对等和统一。公司战略处于最高层，是总体战略；经营战略处于中层，属于业务单元的竞争战略；职能战略处于底层，是由公司战略和经营战略所决定的。上层战略对下层战略起到指导、约束和规范的作用，而下层战略对上层战略起支持、服从和细化的作用。

1.公司战略

公司战略，也称总体战略或集团战略，是指由公司最高层管理者制定的企业最高层战略，决定了下层的经营战略和职能战略，目的是实现股东投资收益的最大化。公司战略具有长远性、全局性、基础性，决定了企业发展的方向，展现了企业的核心经营理念和价值观。制定公司战略，应考虑的根本问题是如何保证企业在当前的经营业务领域及未来可能进入的业务领域保持长久的竞争优势和盈利能力。其中，考虑的问题主要有两个方面：一是企业在经营中应该做什么，明确企业的使命和愿景，划定企业经营的业务是什么、重点在哪里；二是如何通过顶层设计将企业资源进行合理配置，明确方式方法，以实现在相关业务领域获取竞争优势。

2. 经营战略

经营战略也称竞争战略，是处于战略层级中层的业务单元战略，是公司战略的子战略，主要涉及如何在市场中竞争，是对某一业务进行的战略规划。经营战略是指由公司下属的各事业部、子公司及业务单元的最高管理者制定的，是在公司战略的基础上，从事业部、子公司及业务单元的视角去看待企业经营中局部性的战略问题。其主要关注在行业内的特定细分市场中，应该研发哪些产品或服务来满足现有市场及未来市场的需求，以及顾客的满足程度，进而构建业务单元的可持续竞争优势。

3. 职能战略

职能战略是由企业的职能部门为了能够更好地实施、贯彻和实现公司战略和经营战略而制定的。其关注的重点是提升职能组织内部相关资源的利用率，提高职能组织的运行效率，进而降低成本。各职能部门既要从本部门工作特点出发制定相应的策略，也要与其他部门进行协调、合作。从内容上讲，职能战略更为详细，操作性更强，可以转化为具体的实施方案。根据职能部门的划分，职能战略可以分为采购战略、生产战略、研发战略、销售战略、人力资源战略及供应链战略等。虽然职能战略是公司战略和经营战略的延伸和细化，但每个部门职能不同，在选择影响部门业务的关键控制变量时就会有所差异；即使是同一部门，在不同时期和外部环境下，变量也会发生变化。

（四）企业管理战略的分析和选择

1. 企业管理战略的分析方法——SWOT分析法

SWOT分析法又称态势分析法，最早是由管理学大师安索夫于1956年提出的，现在已经成为制定企业战略常用的分析工具。SWOT分析法包括四个方面，即优势（strengths）、劣势（weaknesses）、机会（opportunities）和威胁（threats）。它是指对企业所处的内外部条件进行综合、概括，分析组织拥有的优势与劣势、面临的机会和威胁，从而寻找出最适合企业发展战略的方法。其中，优势和劣势是由企业内部环境决定的，机会和威胁则受企业外部环境影响。

运用SWOT分析法，可对企业自身内部条件和外部环境信息进行收集、分析和转化，过程中需要企业的管理者、行业专家及咨询机构进行充分讨论、反复修正，既要对自身具备的资源和条件有清醒的认识，又要对外部环境有敏锐的洞察力。SWOT分析法侧重于对企业的战略进行定性分析，只需相关的必要数据，而无须进行大量数据的收集和分析，这极大地提升了战略制定的效率。

对企业内部进行审视，可以使企业进一步明确自身具备的核心能力和市场竞争优势，可以更好地做到"知己知彼"。SWOT分析法也存在着不足之处，主要表现在采用格式化的分析方式，分析过程过于机械，缺少必要的中间验证过程，不能得出更为明确的战略建议。此外，在分析过程中，对参与分析的人员的专业素质要求较高，团队人员构成方面要尽可能多样化，避免由于人员认知的倾向性导致战略分析偏离实际。

2. 企业管理战略的选择

战略的选择过程是一个决策的过程。企业经营者应从战略分析中找寻企业的定位，制订公司战略的预选方案，并由战略的决策者使用优选的方法，考虑影响企业经营的各种因素，选择最适合企业当前和未来发展的战略方案。其中，影响决策者判断的因素主要有以下四个方面。

其一，企业对外部环境的依赖度。企业外部环境对企业经营有重要影响，但所处不同行业的企业对外部环境的依赖度不尽相同，更新换代快速的行业对技术变革的依赖性更强，而与能源、基础设施相关的行业对宏观经济和法律政策的变化更为敏感。总体来说，对于外部环境的依赖度越大，企业战略调整的范围和灵活性越小，越容易受外部环境的约束。因此，战略决策者对于企业发展与外部环境之间的关系要有清楚的认识，避免做出方向性的误判。

其二，企业已有战略模式的影响。企业的发展战略本身就具有企业独特的"DNA"，战略的选择和调整或多或少会受到已有战略模式的影响。这一方面是战略延续性的体现，另一方面受战略决策者惯有认知思维模式的影响，使之更倾向于选择与以往战略相似的模式。这就要求战略决策者打破固有思维模式，从多个角度去思考企业发展的路径，挖掘发展潜力。

其三，时机的选择。企业在选择发展战略时也应注重时机。战略决策者能否洞察先机且抓住时机制定和实施战略，在很大程度上决定了战略的成败。所以，战略的制定要及时，要恰逢其时。

其四，竞争对手的反应。企业的战略不是孤立的，与前文所述的"五种力量"密切相关，特别是行业内的竞争对手。今天，行业内的竞争对手间不再单纯只为竞争，更多体现出的是一种竞合关系，因此，企业选择的发展战略还要从竞争对手的角度去思考，考虑竞争对手会做何反应、反应的强度如何，以及怎样去化解竞争对手的反应。

通过上述因素分析，综合考虑各种因素后，选择企业最优发展战略方案，避免将战略片面化、静态化、绝对化和功利化。战略不是固定的程式，不仅仅是为了企业的运营，它不是某些人一时的灵感，也不是通过简单的战略工具分析就可以得出的。战略是企业在市场中的自我定位，是企业经营的观念，是企业为了长远的生存和发展制订的计划和谋略，是一种先判断后验证的过程。

◇◆ 二、企业管理战略的实施过程

通过分析、选择战略后，应考虑如何将其转化为实际行动，也就是进入战略的实施阶段。在这一阶段，企业经营者要根据战略内容进行资源配置，消除在战略实施过程中发生的或潜伏的对抗与冲突，定期对战略计划实施效果进行检查和调整。战略的制定需要的是分析和决策能力，而在战略实施过程中强调的是执行能力和解决问题的能力。战略执行中会遇到各种各样的抵抗力量，需要协调和平衡各方利益、解决冲突，因此可以说，战略实施过程比制定过程更困难、更复杂。具体而言，战略实施过程可以划分为四个阶段，分别是战略发动阶段、战略计划阶段、战略运作阶段、战略评价与控制阶段。

（一）战略发动阶段

在这一阶段，企业战略实施的领导者要研究如何将企业战略的理念转化为企业员工的实际行动，得到广大员工的认同，并调动起员工为实现新战略而行动的积极性和主动性。这就需要对企业管理人员和员工进行培训，向他们传播新的经营理念、发展目标，提出新的口号，根除不利于新战略实施的旧观念和旧思想，使大多数人能够接受新的发展战略。新战略在开始实施阶段，必然会使很多人产生各种疑虑，特别是企业中各部门的老员工。如果这些员工不了解新战略，甚至对新战略产生误解，新战略就很难得到广泛支持和拥护，也就不能及时、准确地贯彻执行。

因此，要向广大员工讲清楚企业内外环境的变化给企业带来的机遇和挑战、原有战略存在的各种弊病、新战略的优点及存在的风险等，使大多数员工都能够认清形势，认识到实施战略的必要性和迫切性，树立信心，打消疑虑，坚定为实现新战略的美好蓝图而努力奋斗的决心。在发动员工过程中，要努力争取战略的关键执行人员的理解和支持，企业的管理者要考虑组织的调整和人员的调配，扫清战略实施的障碍。

（二）战略计划阶段

战略计划阶段是指将经营战略的目标进行分解，划分为几个实施阶段，每个战略实施阶段都要设定相应的目标，确定政策措施、部门策略及应变方案等。根据各个阶段完成目标的时间表，进行下一步工作细化，将战略目标逐级分解，根据远期目标概括、近期目标详尽的原则制定具体方案，同时要注意各阶段之间的衔接，避免出现各阶段分离的情况。在战略实施的初期，要做好新战略与旧战略的转换衔接，减少因调整带来的损失。制订的计划应遵循目标统一化、方案具体化、操作可行化、效果可视化、时间明确化的原则。此外，应加强部门间策略、方针的沟通，步调协调一致。

（三）战略运作阶段

在企业战略的运作阶段，要建立、完善相应的考核与激励机制，提升和保持战略实施的动力；同时，要优化企业的组织机构，建立统一的战略领导机构，建设符合企业发展战略要求的企业文化，完善信息系统的建设，加强信息沟通。

（四）战略评价与控制阶段

战略在执行过程中应该是可控的。企业通过对战略执行过程的评价与控制，可以适时审视战略方案是否符合环境变化的要求，最终实现战略目标。这一阶段主要是建立控制系统，健全监测标准，根据评估纠正偏差。战略的评价与控制，是对战略有效性的后期检验。

在各个阶段中，战略实施的管理者和执行者会遇到诸多问题、困难，为了及时、有效地应对，应遵循以下基本原则。

第一，统一领导指挥的原则。在战略实施过程中，涉及多方面的变化，如资源的重新分配、组织结构调整、人员重组等，而这些过程涉及多方利益，稍有不慎就会功亏一篑。因此，在战略执行过程中，企业上下要时刻保持统一的意志和坚定的决心，这就需要有一个强大的领导核心。多数情况下，战略推进的领导核心由企业的最高层管理者担任，他们具备全局观，参与企业战略的制定，对其有更为深刻、清晰的理解，同时掌握企业的资源调配权力。可以说，战略的实施是"一把手工程"。

第二，锲而不舍的原则。在战略实施过程中，必然会遇到很多问题，有很多问题会给企业带来经营上的阵痛，如销售额下降、市场占有率滑坡、资金链紧张等，这些问题都是随着战略的深入推进可能遇到的正常现象。这就需要战略实施的领导者能够正确判断，认清表象与实质，依靠其坚韧不拔、锲而不舍的精神，以及过硬的心理素质和非凡的智慧去化解。

第三，审时度势的原则。企业的战略是在分析现有条件的基础上进行的科学预测和假设，必然会存在预测效果与事实不符的情况。这就需要以发展的眼光去看待企业战略目标的调整。通常情况下企业是针对中短期目标进行调整，而长期发展的方向不会改变。在调整过程中，必须进行严谨的分析和审慎的评估，在科学判断的基础上进行调整，避免意气用事、随意调整。

❖ 第三节　企业战略的评价与控制

　　企业战略的评价与控制是战略实施过程中的最后一个阶段，也是其中重要的一环。在战略实施过程中坚持审时度势原则，是为了修正战略实施效果与既定目标之间存在的偏差。在这一过程中，对战略的评价是为了辨识存在的问题，而对战略的控制则是为了解决已经存在的问题，保证战略的顺利实施。通过战略评价与控制，可以提升战略执行的效率，明确哪些业务和工作对实现企业发展战略是无效的甚至是起到阻碍作用的，进而加以改正或去除。在战略决策调整过程中，如果企业执行战略的控制力强、评价准确，则会提升战略决策者的信心，使其做出更富有挑战性的决策；相反，战略决策者会更多选择稳妥的策略。在战略评价与控制过程中，可以将战略实施的效果实时呈现给全体员工，加强相关组织、部门间的信息传递。构建战略评价与控制系统，一般分为四个步骤：建立评价标准、创建实时监控系统、绩效与目标的比较、针对结果制定改进措施。战略的评价与控制是一个涉及多方面的系统工程，在这一系统中需要测量四个层级的绩效：公司层、经营层、职能层和员工个人。根据不同层级在战略实施过程中所担负的职责及影响度，参照上述四个步骤进行战略评价与控制。

　　建立有效的战略评价标准是既定战略有效实施的保障，不同的战略评价方法及控制手段会产生不同的效果。首先，企业战略是企业发展的整体谋划，有时间上的延续性，所以对其进行评价要兼顾长期和中短期目标，根据对内外部环境条件预测的变化趋势设定相应的评价内容和指标，使评价过程既具备前瞻性也具备现实性。其次，评价的内容要充分、全面。制定的战略目标可以通过评价内容完全反映出来，评价的指标是企业经营状况的"晴雨表"，同时通过评价得出的结论能够给企业的经营者、管理者提供必要的、有价值的信息。最后，设定的评价标准要能够及时监控战略执行状况。根据信息特点设定监控评价的频率及时效，也会根据具体情况进行相应调整，在企业经营环境变化较快或企业实行多元化经营战略时，可以适时提升监控频率。

在创建实时监控系统过程中，根据战略控制方式的不同，可设置不同的指标划分方式，以便于后期进行管控，如可以按照管控内容进行分类，也可以按照组织层级监控的内容进行分类。

第一，根据管控内容分类。企业战略控制系统，按照管控内容可以划分为生产指标控制、财务指标控制、采购指标控制及质量指标控制等。其中，生产指标控制主要针对生产过程中的产前、产中和产后分别设定管控体系。财务指标控制主要是指监控影响战略活动展开的现金流、项目预算、收益率、资产回报率等。采购指标控制包含主要原材料的价格成本、采购周期、供货稳定性等相关指标。质量指标控制包含原材料进货质量、产品不合格率、产品设计质量及质量预防体系等。

第二，根据组织层级监控的内容分类。根据企业管理层级及对应职责的不同，企业管理者可以划分为公司级高层管理者、事业部级经营管理者、职能部门管理者及基层管理者四个级别。每一层管理者在企业经营过程中扮演的角色不同，对企业战略的作用也有所差异。公司级高层管理者对企业战略的实施、监控起主要领导作用，他们制定和实施企业的战略，对企业战略实施的效果负责。为此，他们对企业战略中的宏观指标更为关注，关心企业未来发展的走势和目前存在的不足，也只有他们才能全面推进企业的战略规划并对其进行必要修正。事业部级经营管理者负责将公司级战略转化为事业部级战略，在战略实施过程中关注的内容与公司级高层管理者所关注的内容相似，但范围仅局限于所在事业部经营的范围内。职能部门管理者关注的是由事业部战略分解到各个职能部门中所涉及的工作内容、要求，采用相应的控制标准使所在部门顺畅运营，完成部门战略任务，支持高层级战略的实施。基层管理者更关注业务处理的具体方法和结果，是战略实施的基础单元。根据不同层级管理者在战略实施过程中的地位和作用，可以对战略控制体系进行层级构筑。

企业战略的顺利实施，不仅需要完善的体系，而且应避免产生注重规划而轻视实施、重视整体而轻视局部的现象。在战略管理过程中，有很多企业都是虎头蛇尾：企业为了制定战略投入了大量的人力、物力及财力，但后期整个战略的实施、控制阶段由于周期漫长，参与的热情度就会慢慢下降，有时甚至是草草了事，不能做到有始有终，在这种情况下，战略的实施效果就会大打折扣。此外，企业战略是由不同层级、不同方面的局部战略构成的，每一个部分都发挥相应作用，战略执行既要从整体出发统筹调配企业资源，也要从局部考虑提高各战略组成部分的运行效率，避免出现重视整体而轻视局部的情况，以免降低企业各战略组成部分的协调性和整合性。

❖ 第四节　企业运营管理的本质与运营战略

◆ 一、企业运营管理的本质

企业运营管理的本质在于根据客户需求生产优质的商品和提供良好的服务，借助运营管理的思想、工具和方法促进绝大多数人的职业生涯发展。会计人员通过对企业存货管理、能力利用和用工标准的了解，可以更精确地收集成本数据、提供更客观的财务报告；财务经理也可以据此判断企业投资方向、预判现金流状况，以及更高效地去管理流动资产；营销人员借助运营可以更好地满足客户要求，使质量、成本和交货期都能符合或超过客户预期；人力资源经理通过运营管理能够更好地进行工作设计和更有效地制定激励政策。

运营是指将组织的业务活动及其成果与顾客的需求连接在一起的过程。运营既包括有形产品的转换过程，也包括无形产品的转换过程。

在组织内部，运营管理职能部门的职责通常被描述为生产本组织的产品和服务，并提供给内部或外部的顾客或用户。因此，运营管理是对组织向社会提供产品或服务整个流程的计划、设计、组织和控制。运营管理给人们提供了一个认识运营的途径，可以帮助人们设计、管理、推进组织的运营在一个有序的氛围之中。运营管理者或运营经理就是设计、管理和改进组织工作过程的人。

（一）运营管理的过程分析

运营管理的一个主要方面就是关注流程。简单地说，流程就是工作的过程。由于流程在运营中起着重要的作用，运营经理会经常运用各种分析方法和技术分析流程。运营管理还可以描述为组织在实践中学习理论的过程，因为运营管理从组织的成功或失败中总结经验教训，并把这些经验教训提供给他人。学习运营管理可以使人们学会运用一些工具去分析一个独立的组织或是多个组织的运营，并为组织未来的竞争做好准备。运营管理过程由运营的4个"P"构成和联结在一起，即政策（policies）、实践（practices）、流程（processes）和绩效（performance）。

政策阐明了组织的目的、目标和包括运营在内的战略。政策建立在组织所想要做的事和达到的目的基础之上。政策是构成组织使命的一个重要部分，战略则关注于组织如何达到目的。政策通过对系统、流程和技术的描述来定义实践，并说明组织在供应商、顾客之间的适当地位。政策如果脱离了适当的实践就不能被实现。

政策还需要绩效的调节。绩效描述了组织在时间、成本、质量和交货期方面所取得的成绩。政策的要求通常与所取得的绩效水平存在一定的差距，运营经理经常需要提出改进措施来缩小差距。

绩效与实践紧密地联系在一起。例如，许多组织通过采用新技术或新方法改善了它们的运营绩效，包括减少使用面积、降低存货水平和实现更快的周转。这些改善最终都会在财务报表中体现出来。现代组织不断地改变它们的实践去推进它们的绩效，因为商业环境竞争比以往任何时候都激烈。

政策和实践还决定了采用什么考核方法来衡量绩效。例如，关键绩效指标（key performance indicator，KPI）中的顾客服务时间、成本、质量等能很好地反映运营职能部门的工作业绩。实践结果证明，组织明确地将4个"P"联结在一起，可以显著地提高运营绩效。

（二）运营管理的主要特征

1. 运营管理的总体特征

运营管理的总体特征，是指不论是制造型组织还是服务型组织在其运营流程中都存在的特征。从流程的视角来看，运营管理的总体特征可以用两个指标来描述：产量和品种。追求产量是所有组织的共同目标，其目的是达到经济学家所说的"规模经济"。高产量的产品，如汽车、消费类电子产品、快餐等就是典型的例子。一般而言，在追求高产量的同时很难追求多品种。例如，在确定汽车的品种时，需要设想不同的外形、不同的发动机、不同的颜色等可供顾客选择的项目，但实际上这些可供选择的项目数量很有限。因此，种类繁多仅仅是感觉而不是现实。与此相反，低产量的产品或服务通常都能提供比较多的品种。

此外，有两个衡量组织运营环境性质的尺度。第一个尺度是组织的产品和服务所在市场的竞争激烈程度。从总体上讲，高产量的组织通常都在同一个竞争激烈的市场中运营。极端的例子是汽车和电脑的大众市场，这个市场已经进入全球化过度竞争阶段。第二个尺度是组织在供应链或供应网络之中所处的位置。不论这个组织从事制造业还是服务业，都是供应网络或供应链中的一部分。它们可能给终端用户直接提供服务，或者通过它们的产品间接地提供服务。

2. 运营管理的分类特征

尽管将组织划分为纯粹的制造运营与纯粹的服务运营将会使问题简单化，

但是在实际生活中，绝大多数组织同时为它们的顾客提供服务和产品，而只有很少的组织可以被称作"纯粹的制造"或"纯粹的服务"。如今的产品都被复杂、精良的服务所围绕，制造型组织正在被转化为以制造为核心的服务型组织。举例来说，像安装、维护、维修、技术指导这类服务，常常和电冰箱、洗衣机之类的家用电器一起被提供；像文字处理或空白表格程序之类的软件运用，则通常是同光盘或磁盘和技术说明指南一起提供给用户。然而，制造与服务可以根据以下特征进行区分。

（1）可触摸性。

可触摸性是指组织的产出是否可以被触摸到。服务往往是无形的，而制造的产品是有形的。

（2）可储存性。

可储存性是指组织的产出是否可以被保存。服务往往不能被保存，而制造的产品能够被保存。

（3）可运输性。

可运输性是指组织的产出是否可以被移动。制造的产品往往能够从一个地点移动到另一个地点消费，而服务只能在提供服务的地点消费。

（4）可转让性。

可转让性是指产品在售出时所有权会发生转移，而服务则没有所有权转移的问题。

（5）生产和消费的同时性。

生产和消费的同时性是指产品的生产往往先于顾客的消费，而服务是生产与消费同时发生。

（6）质量可测性。

质量可测性是指产品的质量通常由产品本身体现且在消费之前可以被衡量，而服务质量则只能在服务过程中感受到，且在消费之前不能被度量。

◇ 二、企业运营战略

（一）运营战略的相关概念

1. 战略

每一个组织都关心其产品或服务在市场上的竞争力，以及企业长期成长的问题。这些问题都属于组织的战略问题。战略是指一种将组织的目标、政策和行动结果整合成一个凝聚总体的模式或者计划，它的目的是为企业的生存、赢利、发展指明方向和提供行动方案。因此，战略是为组织确定方向和行动方案的指南。一个好的战略能够帮助组织很好地汇集资源和配置资源，可以使企业在竞争中扬长避短，从容应对环境的变化和竞争对手的行动。

企业战略中两个关键的概念是组织资源和组织状态。组织资源是指组织所具有的一系列资产和能力，包括职能强项、技术水平、产品开发和运营过程能力、市场份额与分销渠道、营销能力等。组织状态是指为获得竞争优势而进行的资源配置的优劣程度。资源配置是指企业资源和能力的匹配水平和模式，资源配置的优劣将决定企业的能力。

2. 战略层次

战略的意义体现在四个方面：其一，评估并界定企业的生存基础；其二，建立和维持企业的持续优势；其三，规划并执行实现目标的系列活动；其四，形成并确立资源分配过程的指导原则。

企业的目标是多层次的，不仅有企业的总体目标，还有企业内部不同层次业务和项目的目标，从而形成一个完整的目标体系。相应地，企业战略也是一个完整的体系，是多层次的。一般来说，大型多元化经营的企业，其战略可以划分为三个层次，即公司层面战略、业务单位战略和职能战略。

（1）公司层面战略。

公司层面战略又称为公司层次战略、公司战略、总体战略或综合战略，是指关于企业全局发展、整体性和长期性的战略。公司层面战略所关注的是选择企业有能力进入且能有效竞争的业务领域（industry，也称为行业、产业），合理配置现有的资源和能力，使各个业务领域能够相互支持、相互协调，从而使企业的综合效益最大化。因此，寻找新的、成长性好的业务领域，判断现有业务领域的前景、投资、撤资、兼并与收购，以及整合与重组是公司层面战略的主要内容。单一业务企业（仅在一个行业经营的企业）通常没有公司层面战略。

（2）业务单位战略。

业务单位战略又称为业务战略、行业战略或经营战略，是指关于企业在一个业务领域（一个行业或产业）或几个相关业务领域中生存、赢利和发展的战略。因此，行业竞争是业务单位战略的主题，竞争战略是业务单位战略的主体。大型多元化经营的企业，通常在组织上将具有共同战略因素的若干事业部或子公司组成一个战略业务单位（strategic business unit，SBU），每一个战略业务单位一般都有自己独立的产品和市场，而指导战略业务单位经营活动的就是业务单位战略。业务单位战略所关注的是业务领域的经营环境、竞争态势、竞争能力、市场份额和拥有资源的有效利用，使企业在特定业务领域的经营效益最大化。业务单位战略为公司层面战略提供经营效益支持并受公司层面战略的制约。因此，分析经营环境、获得竞争优势、培养竞争能力、获取经济效益是业务单位战略的主要内容。

（3）职能战略。

职能战略是企业战略体系中的第三个层次，又称为职能部门战略，是指关于企业内部主要职能部门的短期战略（相对于公司层面战略和业务单位战略的长期性而言）。职能战略所关注的是在实施业务单位战略过程中有效运用经营职能（如研发、营销、运营、财务、人力资源等），使企业经营效率最大化。职能战略为业务单位战略提供经营效率支持并受业务单位战略的制约。因此，获得新的资源和能力（如资金或人力）、最大限度地利用现有资源和能力、提高产出、降低投入、增加收入、协同职能活动、提高工作效率是职能战略的主要内容。

如果企业的规模较小，企业的战略可能只包括业务单位战略和职能战略两个层次。

3. 运营战略

运营战略是指以最有效利用企业主要资源的方式支持业务单位战略获得竞争优势，使企业整体效益最大化的长期规划。运营战略还可以被定义为在价值链上支持竞争战略实现其战略目标的一系列决策。

在市场竞争中，企业获得竞争优势的主要途径有两个：低成本和差异化。运营战略对低成本或差异化的支持体现在以下三个方面。

第一，对成本领先战略的支持。成本领先战略是指在一个相对成熟、稳定的市场环境中，以比其他竞争对手相对低的价格向顾客提供定位良好的可接受产品或服务的战略。运营战略通过注重工作质量、注重生产率、严格控制成本、高度标准化的运营系统对成本领先战略提供支持。对于一家制造型企业来说，精益制造系统是很好的选择。

第二，对差异化战略的支持。差异化战略是指在一个顾客特殊需要繁多的市场环境中，以持续创新性设计向顾客提供多样化和个性化产品或服务的战略。运营战略通过小批量、多品种、定制化、低成本、高质量、高度灵活性并具备高水平技艺能力员工的运作系统对差异化战略提供支持。对于一家制造型企业来说，柔性制造系统是很好的选择。

第三，对竞争环境变化的快速反应。在竞争环境中，运营职能需要对不可预见的变化做出快速反应。运营战略通过与顾客、供应商协同产品设计，以及灵活简捷的运营系统对环境变化提供快速反应支持。对于一家制造型企业来说，敏捷制造系统是很好的选择。

（二）运营战略的模式

不同的运营系统具有不同的特征，需要不同的技能和管理手段，在成本、质量、消耗时间方面会产生不同的运营绩效。然而，运营系统的基点或目的是一致的，都需要运用恰当的系统生产恰当的产品或服务，并在恰当的时间将恰当的产品或服务送交恰当的顾客。对于企业来说，了解运营系统手段的差异性和目的的一致性是至关重要的。运营战略在假设资源（流程）和目标（市场需要）匹配的前提下，根据理性逻辑的思路提出了三种不同模式的运营战略。

1.产品-流程矩阵

产品-流程矩阵通常用来描述流程结构与批量要求之间的关系。从一般意义上而言，产品的生产流程可以分为五种类型。

（1）项目流程。

项目流程由一些专门为特定产品设计的符合客户要求的独立步骤所构成，用以生产那些仅运营一次的产品或服务，这些产品可能永远不会再进行生产。典型的项目流程有新产品试制、复杂的外科手术、业务咨询、建筑工程、军队部署、轮船或飞机等产品定制。

（2）加工车间流程。

加工车间流程专注于提供种类繁多的产品及服务，但每一类产品或服务的批量相对于项目流程要大一些。加工车间包括通用的机器车间、大多数服务定向行业企业、修理工厂或车间、医院等。

（3）批量生产流程。

批量生产流程也提供品种繁多的产品或服务，但与加工车间流程不同的是，它们提供每种产品及服务的数量较多，而且具有相似的流程。典型的批量生产流程存在于出版机构、航空公司及大量的手工制造业企业中。

（4）流水线流程。

流水线流程以固定的模式生产大批量的产品，整个流程被分成许多相对简单的操作环节，使用专门的资源（如专用设备和专门人才）完成各自的简单操作。通过组织和整合所有简单操作，使整个流程具有很强的连续性。"简单"和"重复"是每一个具体步骤的基本特征。由于实现了高度标准化，流水线流程非常适合采用自动化设备。典型的流水线流程有汽车生产、快餐生产和大多数消费品生产。

（5）连续生产流程。

连续生产流程与流水线流程相似。二者的区别在于，连续生产流程用于生产那些持续不断的特定产品（如石油、钢铁、化工原料、纸等）而不是独立产品（如汽车、电子产品等）。

产品–流程矩阵可以使企业的运营经理在备选流程中选择恰当流程时，根据下列标准评价现有资源和现行状态之间的"战略匹配"：第一，每个备选流程的长期成本和短期成本如何；第二，每个备选流程在成本、质量、生产周期和产品易获性方面都能提供哪些优势；第三，每个备选流程在原材料、能源、基础设施、管理技能方面都需要哪些投入。

2. 服务–流程矩阵

服务–流程矩阵，最初根据影响服务流程性质的两个主要维度（垂直维度和水平维度）对服务进行分类。

垂直维度劳动力密集程度，是指在服务运营系统中劳动力要素投入与资本要素投入的比率。水平维度衡量顾客定制化程度。顾客定制化是指顾客的个性化要求影响企业提供服务的内容和性质的程度。顾客定制化服务的相对概念是服务的标准化。如果服务是标准化而非定制化，如在麦当劳就餐，吃的都是制成品，则顾客定制化程度就低；反之，顾客定制化程度就高，如医生为病人提供的治疗方案，医生必须针对每个病人的具体情况提供不同的医疗服务。

为了反映服务企业的不同性质，服务–流程矩阵的四个象限被赋予不同的名称。"服务工厂"提供标准化服务，需要较高的资本投入，更像是一家流水线生产厂。"服务作坊"则允许有更多的定制化服务，但它们是在高资本环境下经营的。"大众服务"的顾客在劳动力密集的环境中得到无差别的服务，但那些寻求"专业服务"的顾客会得到经过特殊训练的专家为其提供的个性化服务。

运营战略的理性逻辑在劳动力密集度和顾客定制化的基础上，又增加了顾客接触因素。顾客接触是指在运营系统工作时，顾客同时存在于系统之中并与服务提供者互动，接触的程度以为顾客服务的时间占运营系统工作总时间的百分比来衡量。接触程度高（服务时间百分比高）的运营系统被称为高接触系统，接触程度低的运营系统则被称为低接触系统。低接触系统，如银行的支票处理流程，由于制造业中的许多有关流程的概念和原理同样适用，因此也称为准制造系统。

顾客接触程度、服务定制化和劳动强度三者都低的服务业，其运营系统类似于制造业，其运营战略基于设施、流程技术和供应链的结合。例如，某些连锁快餐店为了获得规模经济，产品制作集中进行，而服务则分散提供，战略重心是效率和质量。随着顾客接触程度的增加，劳动强度将会变成主要影响因素。劳动强度低的服务业，服务设施和流程技术会给顾客带来深刻印象；劳动强度高的服务业，人力资源则成为其成功的关键因素。随着定制化程度的提高，能适应顾客要求的产品设计和流程技术变得越来越重要，因此，产品和流程技术就成为顾客定制化服务业的战略焦点。

3. 自助服务

自助服务是指机器设备、信息技术与顾客需要相结合的产物。服务流程是指由顾客自己或由设备自动完成的。提供服务的企业仅投入资本要素，当顾客需要服务时，自己操纵机器设备或自己动手来满足自己的需要。自助服务可以降低服务企业的劳动力密集度、消除顾客的紧张感、提高服务的定制化程度。自助服务主要有以下四种类型。

（1）固定顺序型。

固定顺序型是指按照预定的顺序、条件和位置，分别执行连续性特定操作的机器、设备或装置，但不能改变已设置的程序，如自动售货机、自动售报机、自助餐厅旋转流水线服务系统等。

（2）变动顺序型。

变动顺序型类似固定顺序型自动机器，但容易改变已设置的程序，如自动出纳机、自动汽车清洗机等。

（3）智能型。

智能型是指带有类似视觉或触觉传感器等传感接收装置的机器，它能探测其工作环境或任务的变化并具有自我决策能力，如食品店自助服务付款机、药品自动分发系统等。

（4）全自动化系统。

全自动化系统是指完成生产产品或提供服务所要求的各种体力和智力任务的电脑机械系统，如电子转账系统、电子订票系统等。

如今，顾客不愿花费太多的时间用来忍受不必要的等待。零售、银行、航空等行业将战略定位于顾客自助服务，可以在减少与顾客接触和降低劳动力密集度的同时提高定制化程度。为了缩短顾客在前台的等待时间，某航空公司投入数百万美元建设机场的自助服务设施，在该航空公司的自助服务处，顾客仅凭一张智能卡就可以办理登机、行李检查、打印登机牌、选择或更改座位，甚至调换航班等业务。在自动化流程的帮助下，仅随身携带行李的旅客只需要30~60秒就能完成登机手续，而托运行李的旅客不到2分钟也可完成登机手续，比人员服务平均减少10~15分钟。

第二章　企业运营计划管理

❖ 第一节　综合计划概述及策略

◆ 一、综合计划概述

综合计划是指企业为满足顾客的需求，力求以最低的成本，通过调整劳动生产率、劳动力数量、库存水平，以及加班和外包等来提高设备利用率，降低成本，产生竞争优势。

综合计划又称总进度计划，是指确定企业中期（通常提前3～18个月）生产数量和生产时间的一种方法。对制造型企业而言，综合计划将企业的总体战略目标和生产计划联系起来；而对服务型企业来说，综合计划则将公司的战略目标和用人计划联系起来。

（一）企业计划的层次和职能计划之间的关系

1. 企业计划的层次

企业里有各种各样的计划，这些计划是分层次的，一般可以划分为战略层计划、战术层计划与作业层计划。

战略层计划涉及企业的发展战略、产品设计、生产能力、企业投资、新生产设备的建造等，以及企业资源的获取，如研发计划、新产品计划、投资计划、选址计划、扩张计划等。战略层计划由企业的高层管理人员负责，是长期计划，时间至少一年以上。

战术层计划是指确定在现有资源条件下所从事的生产经营活动应该达到的目标，如综合生产计划、销售计划、产品出产计划、人员招聘计划等。战术层计划是中期计划，时间为3～18个月，主要目标是使产能和波动的市场需求相匹配。这些计划必须与长期计划保持一致，并受战略决策的约束。综合计划的制订是中期计划编制完成的标志。

作业层计划是指确定日常生产经营活动的安排，如生产作业计划、采购计划、工作分配等。作业层计划属于短期计划，涉及任务分配、订货、排程、调度、加班和临时招聘等内容。

三个层次的计划各有不同的特点，从战略层计划到作业层计划，计划期越来越短，计划的时间单位越来越小，覆盖的空间范围越来越小，计划内容越来越详细，计划中的确定性越来越高。

由以上分析可见，综合计划意味着在一段时期内（或者整个时期内）合理配置资源。在已知需求预测、设备能力、库存水平、员工数量，以及其他相关输入条件下，计划者必须考虑企业未来 3～18 个月的产品出产数量。这些计划既适用于制造型企业，又适用于医院、高校或者出版机构等服务型组织。

2. 综合计划与其他计划的关系

战略层计划主要是企业的长远发展规划，它是一种十分重要的计划，关系到企业的兴衰。"人无远虑，必有近忧"，古人已懂得长远考虑与日常工作的关系。作为企业的高层领导，必须站得高，才能看得远。只看到眼前的领导者，称不上真正的领导者。战略层计划指导全局，其下面最主要的是综合生产计划，再往下是各种职能计划。综合生产计划是指实现企业经营目标最重要的计划，它既是编制生产作业计划、指挥企业生产活动的龙头，又是编制物资供应计划、劳动工资计划和技术组织措施计划的重要依据。各种职能计划是编制成本计划和财务计划的依据。成本计划和财务计划又是编制经营计划的重要依据。

（二）生产计划的层次与生产计划指标体系

1. 生产计划的层次

生产计划是指一种战术性计划，包括综合生产计划、产品出产计划和生产作业计划。综合生产计划以假定产品为计划对象，产品出产计划以具体产品和工矿配件为计划对象。具体产品和配件都是企业向市场提供的具体物品。生产作业计划是产品出产计划成本的执行计划，是指挥企业内部生产活动的计划。对于大型加工装配式企业而言，生产作业计划一般分成厂级和车间级两级。厂级生产作业计划的对象为原材料、毛坯和零件，从产品结构的角度来看，也可称为零件级生产作业计划。车间级生产作业计划的计划对象为工序，故也可称为工序级生产作业计划。

2. 生产计划指标体系

生产计划的主要指标有品种指标、产量指标、质量指标、产值指标和出产期指标。

（1）品种指标。

品种指标是指企业在计划期内出产的产品品名、型号、规格和种类数，它涉及"生产什么"的决策，确定品种指标是编制生产计划的首要问题，它关系到企业的生存和发展。

（2）产量指标。

产量指标是指企业在计划期内出产的合格产品的数量，它涉及"生产多少"的决策，关系到企业能获得多少利润。产量可以用台、件、吨表示。对于品种、规格很多的系列产品，也可用主要技术参数计量，如拖拉机用马力计量、电动机用千瓦计量等。

（3）质量指标。

质量指标是指企业在计划期内产品质量应达到的水平，常采用统计指标来衡量，如一等品率、合格品率、废品率、返修率等。

（4）产值指标。

产值指标是指用货币表示的产量指标，能够综合反映企业生产经营的活动成果，以便与不同行业进行比较。根据具体内容与作用不同，产值指标分为商品产值、总产值、净产值三种。

商品产值是指企业在计划期内出产的可供销售的产品价值，其内容包括用本企业自备的原材料生产的成品和半成品的价值；用外单位来料加工的产品的加工价值；工业劳务的价值。只有完成商品产值指标，才能保证流动资金的正常周转。

总产值是指企业在计划期内完成的以货币计算的生产活动总成果的数量。总产值包括商品产值、期末期初在制品库存的差额、订货者来料加工的材料价值。总产值一般按照不变价格计算。

净产值是指企业在计划期内通过生产活动新创造的价值。由于扣除了部门间重复计算，它能反映计划期内为社会提供的国民收入。净产值指标有生产法和分配法两种算法。按照生产法，净产值＝总产值－所有转入产品的物化劳动价值。按照分配法，净产值＝工资总额＋福利基金＋税金＋利润＋属于国民收入初次分配的其他支出。

（5）出产期指标。

出产期是指为了保证按期交货确定的产品出产期限。正确设定出产期很重要，因为出产期太短，保证不了按期交货，会给用户带来损失，也给企业的信誉带来损失；出产期太长，不利于争取顾客，还会造成生产能力的浪费。

对于订货型（MTO）企业，确定交货期和产品价格是主要的决策；对于备货型（MTS）企业，确定品种和产量是主要的决策。

（三）滚动式计划的编制方法

滚动式计划方法是指一种编制计划的新方法。其编制方法是在已编制出的计划的基础上，每经过一段固定的时期（如一年或一个季度等，这段固定的时期被称为滚动期）便根据变化了的环境条件和计划的实际执行情况，从确保实现计划目标出发对原计划进行调整。每次调整时，保持原计划期限不变，而将计划期限顺序向前推进一个滚动期。由于长期计划的计划期较长，很难准确地预测到各种影响因素的变化，因而很难确保长期计划的成功实施。而采用滚动式计划方法，就可以根据环境条件变化和实际完成情况，定期对计划进行修订，使组织始终有一个较为切合实际的长期计划做指导，并使长期计划能够始终与短期计划紧密地衔接在一起。

按照滚动式计划的编制方法，整个计划期被划分为几个时间段，其中第一个时间段的计划为执行计划，后几个时间段的计划为预测计划。执行计划的具体要求按计划实施，预测计划比较粗略。每经过一个时间段，根据执行计划的实施情况，以及企业内、外条件的变化，对原来的预计计划做出协调与修改，原预测计划中的第一个时间段的计划变成执行计划。

（四）生产能力

生产能力是指企业的设施在一定时期内，在先进合理的技术组织条件下所能生产一定种类产品的最大数量。对于流程式生产，生产能力是一个准确而清晰的概念。例如，某化肥厂年产30万吨合成氨，这是由设备的能力和实际运行时间决定的。对于加工装配式生产，生产能力则是一个模糊的概念。不同的产品组合，表现出的生产能力是不一样的。大量生产、品种单一的产品组合可以用具体产品数量表示生产能力；大批生产、品种数少的产品组合可以用代表产品数表示生产能力；多品种、中小批量生产的产品组合只能以假定产品的产量来表示生产能力。在纯服务运作中，能力直接与劳动力数量相关。

生产能力有设计能力、查定能力和现实能力之分。设计能力是指在设计任务书和有关技术设计文件中所规定的生产能力，是一种潜在能力，一般需要经过一定时间才能达到，也是建厂或扩建后应该达到的最大年产量。查定能力是指老企业重新调查核定的生产能力。当企业有了新的发展，如产品方案、生产工艺和技术组织条件等发生了重大变化时，原定的设计能力已不符合企业的实际情况，此时需要重新调查核定企业的生产能力。现实能力为计划年度实际可达到的生产能力，是编制年度生产计划的依据。在国外，有人将生产能力分为固定能力和可调整能力两种：前者是指固定资产所表示的能力，是生产能力的上限；后者是指以劳动力数量和每天工作时间和班次所表示的能力。这种划分不仅适合制造业，而且适合服务业。

◆ 二、综合计划策略

编制综合计划需要解决的一个基本问题是如何处理能力与需求的关系。市场需求的起伏和波动是绝对的，而企业能力又是相对稳定的，要解决这个矛盾，既要研究处理非均匀需求的策略，又要研究影响需求的策略。

（一）处理非均匀需求的策略

处理非均匀需求有改变库存水平、改变生产速率和改变工人数量三种纯策略，其内容涉及库存管理、生产速率、人员安排、能力计划和其他可控因素。

1. 改变库存水平

改变库存水平是指通过库存来调节生产而维持生产率和工人数量不变。当需求不足时，由于生产率不变，库存就会上升；当需求过大时，将消耗库存来满足需求，库存就会减少。这种策略可以不必按照最高生产负荷配备生产能力，能够节约固定资产投资，是处理非均匀需求常用的策略。成品库存就像水库，可以蓄水和供水，既防旱又防涝，因此能保证水位正常。但是，通过改变库存水平来适应市场的波动，会产生维持库存的费用；同时，库存也会破坏生产的准时性。因而对纯劳务性生产不能采用这种策略。纯劳务性生产只能通过价格折扣等方式来转移需求，使负荷高峰比较平缓。这种策略会带来储存费用、保险费、搬运费、陈旧损失、投资损失及资金投入等成本的上升，当需求超出预期时，还可能会造成缺货，使交货期延长、服务水平下降。

2. 改变生产速率

改变生产速率是指要使生产速率与需求速率相匹配。需要多少就生产多少，这是准时制生产所采用的策略。改变生产速率可以消除库存，忙时加班加点，闲时把工人调到其他生产单位或做清理工作。但过多的加班会影响产品的质量和生产效率，尤其在需求低迷的闲时，工人的安排难度很大；当任务超出太多时，可以采取转包或变制造为购买的办法。外包或购买能有效地借助外力，扩大生产能力，但成本可能较高，质量难以保证，也有企业信息和商业秘密泄露的可能。这种策略引起的问题是生产不均衡，同时需多付加班费和管理费用。

3. 改变工人数量

改变工人数量就是指需求量大时多招聘工人，需求量小时裁减工人。这种做法多用在服务业中，尤其是餐饮企业、零售企业、超市等。对技术要求高的工作一般不能采用这种策略，因为技术工人不是随时可以雇到的。另外，工人队伍不稳定会引起产品质量下降和一系列的管理问题，而且新员工培训、频繁的招新及裁员会引起员工队伍的不稳定，导致生产效率降低。

以上三种单策略可以任意组合成多种混合策略。例如，可以将改变工人数量与改变库存水平结合起来。混合策略一般要比单策略效果好。

（二）影响需求的策略

1. 直接影响需求的策略

当需求低迷时，可以通过广告、促销和降价等措施来刺激需求。例如，航空公司和宾馆都在淡季提供价格折扣，通信公司降低夜间的通话费率，冬季时空调价格较便宜，这些都是刺激需求的表现。然而，即使采取了降价措施，可能仍然不能使生产能力和需求水平一直保持一致。

2. 暂缓交货策略

暂缓交货策略是指企业已经承接的产品或服务订单由于种种原因需要延迟交货。如果客户愿意等待，而且企业的信誉和订单量不会受到任何的损失，那么暂缓交货不失为一种可行的策略。但很多公司采用暂缓交货策略的结果是常常造成销售机会的丧失。

3. 反季产品和服务的销售组合策略

在制造业中，一种广泛使用的方法是反季产品的销售组合。例如，既销售取暖器又销售空调的公司，或者既销售割草机又销售铲雪机的公司。然而采用这种策略的公司，可能会发现它们销售的产品或服务超出了自己的专业领域，或者不在自己的目标市场之内。

❖ 第二节　生产能力及服务业能力规划

◆ 一、生产能力规划

（一）生产能力的界定

生产能力也称产能，是指一个设施的最大产出率。这里的设施可以是一道工序、一台设备，也可以是整个企业组织。从广义上说，生产能力是指人员能力、设备能力和管理能力的总和。人员能力是指人员的数量、实际工作时间、出勤率、技术水平等诸因素的组合；设备能力是指设备和生产运作面积的数量、水平、开动率和完好率等诸因素的组合；管理能力包括管理人员经验的熟练程度与应用管理理论、方法的水平和工作态度。从狭义上说，生产能力主要是指人员能力和设备能力，在资本集约度较高的制造型企业中，尤其是指设备能力。在实际的企业管理中，由于管理能力一般只能进行定性分析，而人员能力和设备能力是可以进行定量测算的，所以生产能力主要是指狭义的生产能力。即一个企业在一定的运营组织条件下，企业内部各个运营环节综合平衡以后能够产出一定种类产品的最大数量，它是反映企业产出可能性的一项指标。

没有一种度量方法适用于所有类型的组织。不同的组织，根据其具体的情况，需要考虑使用不同的度量方法。一般来说，生产能力的度量方法可以划分为以下三种。

1. 最大生产能力

所谓最大生产能力，是指一个设施的最大产出率。其含义有两种：一种是技术上"最大"的含义，它是指除设备所需的正常维修和保养时间以外的设备连续运转时的产出能力；另一种是经济上"最大"的含义，它是指一个组织在使用合理的人员和合理的时间安排条件下，设备的最大产出能力。

2. 有效生产能力

有效生产能力，是指在最大生产能力的基础上，考虑到具体的产品组合、一定的生产进度计划方法、设备维修和一定的质量要求等因素，进行相应的扣除而得到的生产能力。

3.设计生产能力

设计生产能力，是指企业建造之初，设计规划所要求能达到的生产能力，主要是为以后的生产发展规划等提供参考。各种生产能力间的相互关系如下：

$$有效生产能力 = 利用率 \times 最大生产能力$$

$$实际生产能力 = 效率 \times 有效生产能力$$

$$生产效率 = \frac{实际产出}{有效生产能力}$$

$$生产利用率 = \frac{实际产出}{设计生产能力}$$

（二）生产能力的影响因素

生产能力的影响因素有产品因素、人员因素、设施因素、工艺因素、运作因素和其他因素。

1.产品因素

产品因素是指产品设计对生产能力有巨大的影响。产品的差别化越小，生产系统的生产能力就越大。这是因为，产出越相近，其生产方式就越有可能实现标准化，从而能达到更大的生产能力。

2.人员因素

在一项工作包含的任务中，工作人员及履行一项任务需要的培训、技能和经验对潜在和实际产出有重要的影响。另外，相关人员的动机、出勤等与生产能力也有着直接的联系。

3.设施因素

生产设施的设计（包括厂房大小及为扩大规模留有的空间）、厂址因素（包括运输成本、与市场的距离、劳动供应、能源和扩张空间）对生产能力有重要的影响。工作区的布局决定着生产作业是否能够平稳执行。

4.工艺因素

产品工艺设计是决定生产能力的一个明显因素，工艺设计是否合理会影响产品质量。如果产品质量不能达标，就会增加产品检验和返工工作，从而导致产量下降。

5. 运作因素

一个组织由于存在不同设备生产能力的矛盾或工作要求的矛盾而产生的排程问题、存货储备的决策、发货的推迟、所采购的原材料部件的合意性，以及质量检验与进程控制，都对有效生产能力产生影响。

6. 其他因素

产品标准，特别是产品最低质量标准，能够限制管理人员增加和使用生产能力的选择余地，例如，企业为了符合产品和设备的污染标准，经常会减少有效生产能力。

（三）生产能力规划分类与步骤

生产能力规划是指提供一种方法来确定由资本密集型资源综合形成的总体生产能力的大小，如设备、工具、设施和总体劳动力规模等，从而为实现企业的长期竞争战略提供有力的支持。生产能力规划所确定的生产能力对企业的市场反应速度、成本结构、库存策略，以及企业自身管理和员工制度都将产生重大影响。生产能力规划具有时效性、层次性和不确定性，是建立在预测基础之上的战略计划。

1. 生产能力规划分类

一般来说，生产能力规划可以分为以下三类。

（1）长期生产能力规划。

长期生产能力规划是指一年以上的规划，要求高层管理者的参与和审批。长期生产能力规划中涉及的生产性资源需要一段较长时间才能获得，也将在一段较长的时间内消耗完毕，如建筑物、设备、物料设施等。长期生产能力规划是基于对企业的长远利益的考虑而制定的，具有战略性质，对企业的远期利益至关重要。长期生产能力规划具有很大的风险，需要谨慎处置，周密考虑。

（2）中期生产能力规划。

中期生产能力规划是指接下来的6~18个月的月产能规划或季产能规划。在此规划中，生产能力可能会因为人员变动、新工具的使用、少数设备的购买和工作的外包等产生变化。

（3）短期生产能力规划。

短期生产能力规划与企业每天或每周的进程密切相关，这种类型的生产能力计划关系到每天或每周的生产调度情况。它涉及如何做出调整以消除计划与实际产出之间的差距。管理者通常会采取加班、劳动力转移等方式来解决上述问题。

2. 生产能力规划的步骤

不同企业进行生产能力规划的程序各有不同。一般来说，企业进行生产能力规划时，都必须遵循以下四个步骤。

（1）估计未来的能力需求。

在进行生产能力规划时，首先要进行需求预测。由于能力需求的长期计划不仅与未来的市场需求有关，还与技术变化、竞争关系，以及生产率提高等多种因素有关，因此必须综合考虑。其次应该注意的是，所预测的时间段越长，预测的误差可能就越大。对市场需求所做的预测必须转变为一种能与能力直接进行比较的度量。在制造型企业中，企业能力经常是以可利用的设备数来表示的，在这种情况下，管理人员必须把市场需求（通常是产品产量）转变为所需的设备数。

（2）计算需求与现有能力之间的差。

当计算需求与现有能力之间的差为正数时，很显然就需要扩大产能，这里要注意的是，当一个运营系统包括多个环节或多个工序时，能力的计划和选择就需要格外谨慎。在制造型企业中，产能扩大必须考虑各工序能力的平衡。当企业的生产环节很多、设备多种多样时，各个环节所拥有的生产能力往往不一致，既有富余环节，又有瓶颈环节。而富余环节和瓶颈环节又随着产品品种和制造工艺的改变而变化。从这个意义上来说，企业的整体生产能力是由瓶颈环节的能力所决定的，这是制订能力计划时必须注意的一个关键问题。否则，就会形成一种恶性循环，即某瓶颈环节的生产能力紧张，就增加该环节的生产能力，而未增加能力的其他环节又变为瓶颈环节。

（3）制订候选方案。

处理能力与需求之差的方法可有多种，最简单的一种方法是不考虑生产能力扩大，任由这部分顾客或订单失去。其他方法包括扩大规模和时间的多种方案，包括积极策略、消极策略、中间策略的选择，也包括新设施地点的选择，还包括是否考虑使用加班、外包等临时措施。这些都是制订能力计划方案所要考虑的内容。人们所考虑的重点不同，就会形成不同的候选方案。一般来说，至少应给出3~5个候选方案。

（4）评价每个方案。

评价包括定量评价和定性评价两个方面。定量评价主要是指从财务的角度，以所要进行的投资为基准，比较各种方案给企业带来的收益及投资回收情况。定量评价可以使用净现值法、盈亏平衡分析法、投资回收率法等不同方法。定性评价主要是指考虑不能用财务分析来判断的其他因素，如是否与企业的整体战略相符、与竞争策略的关系、技术变化因素、人员成本等，这些因素的考虑，有些实际上仍可进行定量计算（如人员成本），有些则需要通过直观和经验来判断。在进行定性评价时，可对未来进行一系列的假设。例如，给出一组最坏的假设，如需求比预测值要小、竞争更激烈、建设费用更高等；也可以给出一组完全相反的假设，即最好的假设，用多组这样的不同假设来考虑投资方案的可行性。

3. 决策树的概念

决策树一般都是自上而下生成的。每个决策或事件（即自然状态）都可能引出两个或多个事件，导致不同的结果，用这种决策分支画成的图形很像一棵树的枝干，故称决策树。其中，方格表示决策点，圆圈表示概率事件，决策点的分支线表示决策者可能的选择，概率事件的分支线表示事件发生的概率。

在具体求解中，从右至左，将每一步骤的期望值计算出来，留下收益最大的分支线，并将这个程序一直进行到第一个决策点。

（四）生产能力柔性

生产能力柔性是指迅速增加或者减少生产水平的能力，或是指将生产迅速地从一种产品或服务转移到另一种产品或服务的能力。这种柔性通过使用其他组织能力而获得的工厂柔性、制作流程柔性、员工柔性，以及战略柔性来实现。越来越多的企业在设计供应链时会考虑柔性问题。与供应商进行合作时，它们可以将供应商的能力纳入整个系统。

1. 柔性工厂

柔性工厂最理想的状态是实现零转换时间的运作。可移动设备、易拆卸墙壁、易获取且易重新安装的设备都能帮助工厂实现产能的快速转换。

2. 柔性流程

柔性流程可通过两方面来实现：一方面是柔性制造系统；另一方面是简单易拆装的机器设备。这两项技术方法都可以让企业快速进行低成本的产品转换，使规模经济成为可能。

3. 柔性工人

柔性工人应掌握多种技能，具有能够轻易地从一个工种转移到另一个工种的能力。与专业工作者相比，他们需要接受更广泛的培训，此外，还需要得到管理人员和工作人员的配合与支持，便于他们在工作任务中进行快速转换。

◆ 二、服务业能力规划

（一）服务业能力规划的影响因素

虽然服务业能力规划与制造业能力规划会面对许多相同的问题，并且它们确定设施规模的方法也大致相同，但是二者存在一些重要的区别。服务业能力规划更多地依赖于时间和选址，受需求波动影响较大，产能利用会直接影响服务质量。

1. 时间

与产品不同，服务不能"生产"出来储存。因此，服务业的管理者必须将时间作为供应中的要素进行考虑。例如，航班客满，顾客无法得到已起飞班机的空位。

2. 选址

企业提供服务时是与顾客面对面的，所以服务能力必须接近消费者。在制造业中，企业可以在一个地方将产品生产出来后通过分销商送到客户手中。然而，服务业的情况正好相反，服务产能必须第一时间将服务提供给顾客（不管是面对面的接触还是通过某种通信媒介，如电话），这样的服务才算是有效的。一个城市里空出的一间酒店房间或一辆出租车，对其他城市的客户是没有用的。服务必须靠近客户，在客户需要时随时能提供。

3. 需求的不稳定性

服务系统的需求易变性远远高于制造业生产系统的需求易变性，这主要是由三个原因造成的。首先，正如上面提到的，服务不能储存，这意味着服务系统不能像制造系统那样用库存来平滑需求变化。其次，服务系统必须直接与顾客进行交易，而这些客户的需求往往不尽相同，并且在处理过程中会产生不同水平的服务，交易的数量也会变化。这导致处理每个顾客需求的时间易变性更大，从而导致最低产能需求的可变性增大。最后，服务需求变化受顾客行为的影响。

（二）服务生产能力规划的调整

根据服务的上述特点，服务生产能力的规划也要进行相应的调整，其主要有以下三个方面的内容。

首先，对于顾客的多样化需求，有两种方法可以解决。一种方法是在服务企业建立时就考虑到顾客可能的需求，并且根据这些需求配置相应的设施、员工来满足多样化的需求。这样的工作对于刚刚起步的服务型企业而言比较困难，无论是从财力上或经验上都无法满足。另一种方法是让顾客成为服务的直接参与者，顾客自己为自己提供服务，例如，饭店可以提供多种饭菜，顾客随意选择满足自己要求的饭菜，这种形式就是所谓自助餐。

其次，服务设施往往设置在服务需求量大的地点附近，而且可以采用弹性工作时间的方法来鼓励员工在高峰时间上班。例如，快餐店、洗衣店就应该被设置在居民区附近，这样可以方便居民获得服务，也可以避免服务设施的浪费。

最后，在增加服务网点和提高服务能力之间进行权衡。一般来说，如果服务设施附近的集中性需求增加，需要提升这个服务点的服务提供能力，如增加员工；如果服务需求比较分散，则需要寻找新的需求高峰区，并且建立新网点。由于建新网点的成本一般比较高，所以企业更愿意提升服务能力。

（三）服务能力利用率和服务质量

服务能力的大小与提供服务的质量有着密切的关系，一般来说，服务能力利用率保持在80%左右，可以提供最好的服务质量。如果服务能力利用率超过80%，会造成企业满足服务的能力下降，服务质量也会随之下降。座席利用率通常是指话务员讲电话时间的多少。如果利用率很高，如100%，就说明话务员当班时间一直在讲电话，一点儿空闲也没有；反之，利用率很低，就说明话务员大部分时间在等电话，而不是在讲电话。但是，座席利用率也不是越高越好。如果座席利用率过高，说明每当话务员挂断前一个电话，立即会有下一个电话进来，这就意味着，每时每刻总会有顾客在线上等待，顾客的体验会变差，即等待时间变长，导致放弃率增高。

最佳服务能力利用率有一个非常具体的范围。在不确定性和风险较高的情况下，保持低服务能力利用率是比较恰当的选择。例如，医院的急诊部门应该保持低服务能力利用率，因为事件发生概率的不确定性较高。此外，这类事件通常都是性命攸关的，风险较高。比较有预见性的服务，如通勤列车服务可以达到接近100%的服务能力利用率。有趣的是，还有一种服务是需要较高的服务能力利用率的，即所有运动比赛举办方都期待观众爆满的场景，不仅仅是因为100%的边际利润率，还因为观众爆满会产生更热烈的气氛，让他们兴致高涨，也更能激发主场队伍的斗志，从而间接刺激了未来的门票销售。

❖ 第三节　作业计划及服务作业计划

◆ 一、作业计划

作业计划是协调企业日常生产活动的中心环节。它根据年度综合计划规定的产品品种、数量及大致的交货期的要求，对每个生产单位（如车间、工段、班组等）在每个具体时期（如月、旬、日、小时等）内的生产任务做出详细规定，使年度综合计划得到落实。

企业为满足客户的要求，需要不断地制订计划、组织生产、调配人员和一切资源等。有效的作业计划可以促进资源的高效利用，有效发挥生产能力，增加生产柔性和交货期的可靠性，能够以更低的成本更好地服务顾客，这本身就是一种竞争优势。

（一）作业计划的概念及内容

作业计划是指综合计划工作的继续和具体执行计划，它把企业的全年生产、服务任务具体地分配到各部门及每名工人，规定他们每月、旬、周、日，以及轮班和小时内的具体任务，从而保证按照品种、质量、数量、期限和成本完成企业的任务。作业计划是在企业的综合计划确定以后，在出产计划的进一步指导下，为了便于组织执行而编制的。作业计划的制订是从产能规划开始的，一般按照年或季度编制；进一步编制综合计划，对设备与库存的使用情况、员工的安排，以及是否外包等进行计划决策，一般按月编制，按照总量划分；再编制产品出产计划，一般按照周编制，按照产品或产品线划分；最后编制作业计划，进行作业排序，对企业的一切资源（如人员、材料和设备等）的具体使用进行安排，并指导生产。

与综合计划相比，作业计划具有以下特点。

1. 计划期短

综合计划的计划期常常表现为季、月，而作业计划详细规定月、旬、日和小时的工作任务。

2.计划内容具体

综合计划是指全企业的计划，而作业计划则把任务落实到产品生产企业的各个车间、工段、班组和工人，以及服务业的服务平台和个人。

3.计划单位小

综合计划一般只规定完整产品的进度，而作业计划则详细规定各零部件甚至工序的进度安排。

（二）作业计划标准

作业计划标准又称期量标准，是指为制造对象在生产期限和生产数量方面所规定的标准数据，它是编制生产作业计划的重要依据。先进合理的作业计划标准是编制生产作业计划的重要依据，是保证生产的配套性、连续性和充分利用设备能力的重要条件。制定合理的作业计划标准，对于准确确定产品的投入和产出时间、做好生产过程各环节的衔接、缩短产品生产周期和节约资源都有重要的作用。

作业计划标准是经过科学分析和计算，对加工对象在生产过程中的运动所规定的一组时间和数量标准。作业计划标准是有关生产期限和生产数量的标准，因而企业的生产类型和生产组织形式不同时，采用的作业计划标准也就不同，大量流水线生产的作业计划标准有节拍、流水线工作指示图表和在制品定额等；成批生产的作业计划标准有批量、生产间隔期、生产周期、生产提前期和在制品定额等；单件生产的作业计划标准有生产周期、生产提前期等。

作业计划标准随产品品种、生产类型和生产组织形式而有所差别，但制定作业计划标准时都应遵循科学性、合理性和先进性的原则。

1.产品专业化生产作业计划标准

（1）节拍。

节拍是组织大量流水线生产的依据，是指大量流水线生产标准中最基本的作业计划标准，其实质是反映流水线的生产速度。它是根据计划期内的计划产量和计划期内的有效工作时间确定的。在精益生产方式中，节拍是个可变量，它需要根据月计划产量进行调整，这时会涉及生产组织方面的调整和作业标准的改变。

（2）流水线标准工作指示图表。

在产品专业化生产中，每个工作地点都按照一定的节拍反复地完成规定的工序。为确保流水线按照规定的节拍工作，必须对每个工作地点的工作制度进行详细规定，编制作业指示图表，协调整个流水线的生产。正确制定流水作业指示图表对提高生产效率、设备利用率和减少在制品起着重要作用。它还是简化作业计划、提高作业计划质量的有效工具。

流水线作业指示图表是指根据流水线的节拍和工序时间定额来制定的，随流水线的工序同期化程度不同而不同。连续流水线的工序同期化程度很高，各个工序的节拍基本等于流水线的节拍，因此工作的负荷率高。这时就不存在工人利用个别设备不工作的时间去兼顾其他设备的问题。因此，连续流水线的作业指示图表比较简单，只要规定每条流水线在轮班内的工作中断次数、中断时刻和中断时间即可。

2. 在制品占用量定额

在制品占用量定额是指在一定的时间、地点和生产技术组织条件下，为保证生产的连续进行而制定的必要的在制品数量标准。在制品是指从原材料投入到产品入库为止，处于生产过程中尚未完工的所有零件、组件、部件和产品的总称。在制品占用量按照存放地点可以划分为流水线（车间）内在制品占用量和流水线（车间）间在制品占用量。

3. 成批生产的作业计划标准

成批生产在组织和计划方面的主要特点是指企业按照一定时间间隔依次成批生产多种产品。因此，成批生产作业计划要解决的主要问题就是妥善安排轮番生产，保证有节奏的均衡生产。

（1）批量和生产间隔期。

批量是指同时投入生产并消耗一次准备结束时间所制造的同种零件或产品的数量。生产间隔期是指相邻两批相同产品（零件）投入或产出的时间间隔，生产间隔期是批量的时间表示。

$$批量 = 生产间隔期 \times 平均日产量$$

（2）生产周期。

生产周期是指从原材料投入生产开始，到制成品出产时为止的整个生产过程所需的日历时间。成批生产中的生产周期是指按照零件工序、零件加工过程和产品进行计算的，其中，零件工序生产周期是计算产品生产周期的基础。

（3）生产提前期。

生产提前期是指产品（毛坯、零件）在各工艺阶段出产（或投入）的日期比成品出产的日期应提前的时间。产品装配出产期是计算提前期的起点，生产周期和生产间隔期是计算提前期的基础。提前期分为投入提前期和出产提前期。

（三）作业计划的编制

作业计划的编制就是把生产计划中所规定的有关任务，按照月、旬、周、日、轮班以至小时，具体地、合理地分配到车间、工段、小组以至工作地点和员工个人，从而保证整个企业生产计划规定的生产任务能够按品种、质量、产量和期限完成。

编制生产作业计划，除了明确一些总的问题（如要求分工、资料、程序等），主要是编制分车间的作业计划，着重解决各车间之间的生产在时间上的衔接问题，以及编制车间内部的作业计划，即着重解决工段之间的生产在时间上和数量上的衔接问题。

1. 编制作业计划的要求及分工

编制作业计划有以下五项要求。

第一，要使生产计划规定的该时期的生产任务在品种、质量、产量和期限方面得到全面落实。

第二，要使各车间、工段、班组和工作地点之间的具体生产任务相互配合、紧密衔接。

第三，要使生产单位的生产任务与生产能力相适应，并能充分利用企业现有生产能力。

第四，要使各项生产前的准备工作有切实保证。

第五，要有利于缩短生产周期、节约流动资金、降低生产成本，建立正常的生产和工作秩序，实现均衡生产。

计划编制的分工主要反映在两个方面：一是计划内容的分工；二是计划单位的选择。计划内容是指生产的品种、数量、投入、出产时间和生产进度；计划单位的选择是指下达计划采用台份单位、成套部件单位、零件组单位和零件单位的选择问题。

2. 厂级作业计划的编制

厂级作业计划由厂级生产管理部门编制。它根据企业年度（季）生产计划，编制各车间的月（旬、周）生产作业计划，包括出产品种、数量（投入量、产储量）、日期（投入期、产出期）和进度（投入进度、产出进度）。各车间分配生产任务时必须与其生产能力相平衡，并且使各车间的任务在时间上和空间上相互衔接，保证按时、按量、配套地完成生产任务。

（1）计划单位的选择。

计划单位是指编制生产作业计划时规定生产任务所用的计算单位。它反映了生产作业计划的详细程度，即各级分工关系。在流水生产企业中，编制厂级生产作业计划时采用的计划单位有产品、部件、零件组和零件。

①产品为计划单位。产品计划单位是指以产品作为编制生产作业计划时分配生产任务的计算单位。采用这种单位规定车间生产任务的特点是不分装配产品需用零件的先后次序，也不论零件生产周期的长短，只统一规定投入产品数、出产产品数和相应日期，不具体规定每个车间生产的零件品种、数量和进度。采用这种计划单位可以简化厂级生产作业计划的编制，便于车间根据自己的实际情况灵活调度；其缺点是整个生产的配套性差，生产周期长，在制品占用量大。

②部件为计划单位。部件计划单位是指以部件作为分配生产任务的计算单位。采用部件计划单位编制生产作业计划时，根据装配工艺的先后次序和主要部件中主要零件的生产周期，按照部件规定投入和产出的品种、数量及时间。采用这种计划单位的优点是生产的配套性较好，车间也具有一定的灵活性；但缺点是编制计划的工作量加大。

③零件组为计划单位。零件组计划单位是指以生产中具有共同特征的一组零件作为分配生产任务的计算单位。同一组零件中的各零件的加工工艺相似，投入装配的时间相近，生产周期基本相同。如果装配周期比较长，而且各零件的生产周期相差悬殊，这时采用零件组计划单位可以减少零件在各生产阶段中及各生产阶段间的搁置时间，从而减少在制品及流动资金占用。采用这种计划单位的优点是生产配套性更好，在制品占用更少；但缺点是计划工作量大，不容易划分好零件组，车间灵活性较差。

④零件为计划单位。零件计划单位是指以零件作为各车间生产任务的计划单位。采用这种计划单位编制生产作业计划时，首先将生产计划规定的生产任务层层分解，计算出每种零件的投入量、产出量、投入期和产出期要求。然后以零件为单位，为每个生产单位分配生产任务，具体规定每种零件的投入、产出量和投入、产出期。大量流水生产企业中普遍采用这种计划单位。它的优点是生产的配套性很好，在制品及流动资金占用最少，生产周期最短，同时，当零件的实际生产与计划有出入时，易于发现问题并调整处理；但缺点是编制计划的工作量很大。

由于目前计算机在企业中的广泛应用，尤其是运用制造资源计划（MRPU）

后，计划编制工作量大大减少。因此，如果有条件，应尽量采用零件计划单位，它的优点很突出而缺点不明显。另外，编制车间内部的生产作业计划时，一般都采用零件计划单位。

（2）确定各车间生产任务的方法。

编制厂级生产作业计划的主要任务是：根据企业的生产计划，为每个车间正确地规定每一种制品（部件、零件）的出产量和出产期。安排车间生产任务的方法随车间的生产类型和生产组织形式而不同，主要有在制品定额法、累计编号法、生产周期法。

① 在制品定额法。在制品定额法也叫连锁计算法。它根据在制品定额来确定车间的生产任务，保证各车间生产的衔接。大量流水生产企业中各车间生产的产品品种较少，生产任务稳定，各车间投入和产出数量及时间之间有密切的配合关系。大量流水生产企业生产作业计划的编制重点在于解决各车间在生产数量上的协调配合。这是因为同一时间各车间都在完成同一产品的不同工序，这就决定了"期"不是最主要的问题，而"量"是最重要的。在制品定额法正好适合这种特点。这种方法还可以很好地控制在制品的数量。

大批量生产条件下，车间分工及相互联系稳定，车间之间在生产上的联系主要表现在提供一种或少数几种半成品的数量上。只要前车间的半成品能保证后车间加工的需要和车间之间的库存，以及库存半成品变动的需要，就可以使生产协调、均衡地进行。

因此，大批量生产条件下要着重解决各车间在生产数量上的衔接问题。在制品定额法就是根据大批量生产的这一特点，用在制品定额作为调节生产任务数量的标准，以保证车间之间的衔接。也就是运用预先制订的在制品定额，按照工艺反顺序计算方法，调整车间的投入和出产数量，顺次确定各车间的生产任务。

② 累计编号法。累计编号过程中可以发现两点：第一，前一个车间的累计号数一定大于后个一车间的累计号数；第二，各车间的累计号数有大有小，其相差数就是提前量。

$$提前量 = 提前期 \times 平均日产量$$

$$本车间出产累计号数 = 最后车间出产累计号数 + 本车间的出产提前期 \times 最后车间平均日产量$$

$$本车间投入累计号数 = 最后车间出产累计号数 + 本车间的投入提前期 \times 最后车间平均日产量$$

③生产周期法。该方法适用于单件小批生产。单件小批生产企业一般是按照订货来组织生产，因而生产的数量和时间都不稳定，不能使用累计编号法，更不能使用在制品定额法。单件小批生产企业编制作业计划要解决的主要问题是各车间在生产时间上的联系，以保证按照订货要求如期交货，这一点与大量流水线生产及成批生产是不同的。从这个特点出发，单件小批类型采用的方法是生产周期法，即用计算生产周期的方法来解决车间之间在生产时间上的联系（大批量是解决数量上的联系）。

3. 车间内部作业计划的编制

车间内部作业计划的编制主要包括车间生产作业计划日常安排、工段（班、组）生产作业计划的编制、工段（班、组）内部生产作业计划的编制等。具体的编制工作由车间及工段计划人员完成。

在大量流水线生产条件下，一条流水线可以完成零件的全部工序或大部分主要工序。工段的生产对象也就是车间的生产对象，企业给车间下达的计划所规定的产品品种、数量和进度，也就是工段的产品品种、数量和进度。若厂级生产作业计划采用的计划单位是零件，则对其略加修改就可以作为车间内部的生产作业计划，不必再做计算；若采用的计划单位是产品或部件，则首先需要分解，然后以零件为单位将任务分配到各流水线（工段）。

单件小批生产品种多，工艺和生产组织条件不稳定，不能编制零件分工序进度计划。根据单件小批生产特点，对于单个或一次投入一次产出的产品，要对其中主要零件和主要工种安排计划，用以指导生产过程各工序之间的衔接。其余零件可以根据产品生产周期表中所规定的各工序阶段提前期类别或按照厂部计划规定的具体时期，以日或周为单位，按照各零件的生产周期规定投入和出产时间。

◆ 二、服务作业计划

服务是一种无形的产品，服务作业也有自己的一些特殊性质。

（一）服务作业的特征

服务业与顾客的关系十分紧密。服务业的生产系统叫作服务交付系统。服务是通过服务台进行的，在各个服务台工作的员工就像是制造业的一线工人，他们所提供的成套服务就是服务作业，也是经过他们向顾客提供的产品。服务业需要接触顾客且服务无法通过库存调节，这给服务作业带来很大的影响。

1. 顾客参与影响服务运作实现标准化和服务效率

顾客直接与服务人员接触，会对服务人员提出各种各样的要求，使得服务人员不能按照预定的程序工作，从而影响服务的效率。顾客参与的程度越深，对效率的影响越大。同时，顾客的要求各异使得服务时间难以预计，导致所需服务人员的数量难以确定。

2. 满足顾客需求造成的服务时间损失

顾客为了排除孤独或与他人分享信息和兴趣，希望与服务人员交谈。为了满足顾客的这种需求，服务人员难以有效控制时间。使顾客感到舒适和有趣的代价是损失服务人员的时间。

3. 难以获得客观的质量评价

顾客对服务质量的感觉是主观的，而服务是无形的，难以获得客观的质量评价。服务质量与顾客的感觉有关，某些顾客如果感到自己不受关注或者某些要求不能得到及时的满足，就会感到不满，尽管他们所得到的服务与其他顾客一样，也会认为服务质量差。因此，与顾客接触的服务人员必须敏感，善于与顾客交往。

（二）服务作业控制

1. 减少顾客参与的影响

由于顾客参与会对服务运作的效率造成不利的影响，因此，要设法减少这种影响。采用以下多种方法，可以使服务运作在提高效率的同时提高顾客的满意度。

（1）通过服务标准化减少服务品种。

顾客需求的多样性会造成服务品种无限多，服务品种增加会降低效率，服务标准化可以用有限的服务满足不同的需求。饭店里的菜单或快餐店的食品都是标准化的例子。

（2）通过自动化减少与顾客的接触。

在有些服务业中，可通过操作自动化限制与顾客的接触，如银行的自动柜员机和商店的自动售货机等。这种方法不仅降低了劳动力成本，而且限制了顾客的参与。

（3）将部分操作与顾客分离。

提高效率的一种方法是将顾客不需要接触的那部分操作与顾客分离，如在酒店服务时，服务员在顾客不在时才清扫房间。这样做不仅避免打扰顾客，而且可以减少对顾客的干扰，提高清扫的效率。另一种方法是设置前台和后台，前台直接与顾客打交道，后台专门从事生产运作，不与顾客直接接触。例如，饭店的前台服务员接待顾客，为顾客提供点菜服务；后台厨师专门炒菜，不与顾客直接打交道。这样做的好处是既可改善服务质量，又可提高效率。此外，前台服务设施可以建在交通方便、市面繁华的地点，这样可以吸引更多的顾客，以顾客为导向。相反，后台设施可以集中建在地价便宜的较为偏僻的地方，以效率为导向。

（4）设置一定库存量。

服务是不能库存的，但很多服务可以通过库存来调节生产活动。例如，批发和零售服务都可以通过库存来调节。

2. 处理非均匀需求的策略

各种转移需求的办法只能缓解需求的不均匀性，不能完全消除需求的不均匀性。因此，需要采取各种处理非均匀需求的策略。

（1）改善人员班次安排。

很多服务是每周7天、每天24小时进行的。其中有些时间是负荷高峰，有些时间是负荷低谷。完全按照高峰负荷安排人员，会造成人力资源的浪费；完全按照低谷负荷安排人员，又造成供不应求，顾客流失。因此，要对每周和每天的负荷进行预测，在不同的班次或时间段安排数量不同的服务人员。这样既能保证服务水平，又减少了人员数量。

（2）利用半时工作人员。

在不能采用库存调节的情况下，可以雇用半时工作人员，从而减少全时工作的固定人员数量。对一天内需求变化大的服务业或者是季节性波动大的服务业，都可以雇用半时工作人员。在服务业采用半时工作人员来适应服务负荷的变化，如同制造业采用库存调节生产一样。

（3）让顾客自己选择服务水平。

设置不同的服务水平供顾客选择，既可满足顾客的不同需求，又可使不同水平的服务得到不同的收入。例如，邮寄信件可采用普通平邮或特快专递，顾客希望缩短邮寄时间，就需要多花邮费。

（4）利用外单位的设施和设备。

为了减少设施和设备的投资，可以借用其他单位的设施和设备，或者采用半时方式使用其他单位的设施和设备，如机场可以将运输货物的任务交给运输公司去做。

（5）雇用多技能员工。

相较于单技能员工，多技能员工具有更大的柔韧性。当负荷不均匀时，多技能员工可以到任何高负荷的地方工作，从而较容易地做到负荷能力平衡。

（6）顾客自我服务。

如果能做到顾客自我服务，就不会出现能力与需求的不平衡的状况。例如，顾客自己加油和洗车、去超级市场购物、去自助餐厅用餐等，都是顾客自我服务的例子。

（7）采用生产线方法。

一些准制造式的服务业采用生产线方法来满足顾客需求。在前台，顾客仍可按照菜单点他们所需的食品。在后台，服务人员则采用流水线生产方式加工不同的食品。然后按照订货型生产方式，将不同的食品组合提供给顾客。这种方式的生产效率非常高，因而可以做到低成本、高效率和及时服务。

第三章 企业运营供应链及项目管理

❖ 第一节 供应链管理概述

◇ 一、供应链管理的定义

构成企业供应链的主要成员即围绕企业将其供应商、分销商、最终客户连接成网链结构。其中，从供应商采购到向企业供货的物流网链，称为内向物流；企业将采购的产品或服务等通过增值转换，将最终的有形产品和无形服务发送到分销商乃至最终客户手中的物流网链，称为外向物流。

广义而言，供应链可以定义为，为有效地满足最终客户的生产需要而将各个环节的成员连接成一个整体的网链。这里，供应链从原材料开始，直至最终产品发送到最终客户或消费者手中。举例来说，若最终产品是一套红木家具，那么供应链将从最下游的最终客户往前追溯，包括最终客户提供红木家具的零售商、运输公司、红木家具制造商、红木家具生产工具的提供商、木材公司。再如，若最终产品是超市中的鲜鱼片，那么供应链包括超市、运输公司、鲜鱼片加工商、鲜鱼供应商（渔夫）。

不同企业的供应链结构差别很大，甚至对于同一个行业的不同企业而言，也是如此。此外，对供应链控制的深度和广度而言，不同企业差别很大。

综上所述，供应商能够为企业提供高质量且价格上也很有竞争力的原材料和零部件，企业与供应商之间的合作能力已成为供应链管理的一个重要部分。企业与供应商关系的紧密程度在很多方面因供应链类型而异。采用供应链管理来取代以往的企业内部的物料管理或采购管理，反映了企业高层管理者对供应商在企业长期发展中所起到的战略作用的认可。

◇◆ 二、供应链管理的影响因素

（一）供应商数目的减少

很多企业在其供应链计划中都大大减少了供应商的数目。一些管理者认为，与其拥有很多供应源，还不如与固定的几个供应商建立长期的可信赖的合作关系。近年来，很多国际知名企业的供应商的数目都在大大地减少，但值得关注的是，这些企业所提供的产品种类更加多样化。

（二）竞争的加剧

全球化经济的出现使提供同质产品的竞争者空前增加了。正如前面所说，世界的每个角落都在经历着国际化竞争，而且在可预见的将来，国际化竞争会愈来愈剧烈。因此，供应链管理将继续朝着两个方向发展：后向发展——在别国向后发展至供应商；前向发展——在本国向前发展至顾客。

（三）产品生命周期的缩短

在激烈的国际化竞争环境中，企业为了获取市场份额和竞争优势，必须不断推出新产品，从而导致产品生命周期缩短。为了适应动态多变的市场需求并快速地推出新产品，企业需要快速地转换新产品需求的柔性运营方式，而柔性可以通过赋予供应商更多的责任来获得。

（四）供应商管理库存的增加

为了降低采购交易成本和监视成本，现在许多企业对于一些低值易耗品，如螺母、螺钉、螺杆及其他加固件等，开始采用供应商管理库存（vendor managed inventory，VMI）。这种管理方法有时被称为"面包商法"。"面包商法"这一术语来源于商业面包房，这些面包房的面包商或销售商需要确定发送到每个面包零售点的面包数量，并且负责把面包放到零售点的货架上。如果有面包没有卖出，零售点可以退回全部没有卖出的面包。

在供应商管理库存中，企业首先需要确定每种物品的最高库存水平和最低库存水平，然后授权给供应商，确定如何及时补充这些物品的库存。此外，供应商可以直接到企业的生产现场，直接确定需要及时补充的库存数量，这样，企业就可以取消仓库了。在供应商管理库存方法下，供应商是不依赖于企业的订单而直接进行库存管理的，因此需要人工核算、处理的工作也大大减少了。同样，有关收货验货的工作、有关将物品从仓库发送到生产现场的工作及相关工作人员都大大减少了。

（五）寄售库存的增加

近年来，企业的资产管理越来越受到重视，资产管理的绩效是用资产回报率来衡量的，许多企业管理者的薪酬都与资产回报率直接相关。在资产负债表中，库存被视为资产类，即库存越少，则资产回报率越高。因此，为了减少库存，同时不影响企业的生产运营，以及及时交货给客户，企业开始普遍采用一种新型库存管理方式——寄售库存。寄售库存是指企业物理意义上的库存，但实际上仍由供应商拥有库存，所以寄售库存在企业的资产负债表中并不作为资产出现，直到企业将这些寄售库存真正用于最终产品的生产时，其所有权才转移到企业。但此时，最终产品几乎马上就要运抵顾客手中了，因此，通过寄售库存方式，企业可以把维护库存的财务负担转嫁给上游的供应商。寄售库存方式也被应用于服务业中，如一些超市等零售商直到把制造商的产品卖到最终顾客手中，才付给制造商货款。

（六）技术的发展

技术对供应链一直有着巨大的影响。电子数据交换为制造商的数据库和供应商的数据库之间提供了直接的连接。

与此同时，使用先进的技术，在很多情况下，也为供应商提高了竞争者进入的壁垒。顾客通常通过电子数据交换只与几个供应商联系，而潜在的新供应商必须在价格上或质量上提供有更大优势的产品，这样顾客才有动力去构建一个新的电子数据交换系统。

除了电子数据交换，还有其他一些发展迅速的系统，诸如快速反应（quick response，QR）和有效消费者反应（efficient consumer response，ECR）。快速反应与有效消费者反应都是通过建立一个及时的供应或配送渠道来实现与消费者的及时沟通与联系，是一种无纸化的顾客与供应商之间的沟通与联系系统。几年前，人们一般通过使用Unix系统或是类似Unix的开放式系统来加强与顾客之间的沟通与联系，而电子数据交换、快速反应和有效消费者反应则使管理更加先进。

（七）风险共享与降低风险

开发新产品的成本越来越高，而产品的生命周期正在不断地被缩短，因此，开发新产品的风险也越来越大。为了降低财务资金风险，许多企业要求供应商与其一起分担风险。

◆ 三、成功构建供应链的条件

在成功实施供应链管理过程中，有以下四个要素是不可或缺的，而且这些要素是相辅相成的。

（一）信任

信任是供应商和客户之间建立成功合作关系的基本要素之一。没有信任，其他要素都将失去意义。信任能够使供应商也参与企业的新产品的研发，并做出他们的贡献。

（二）长期合作关系

供应商在企业中的战略角色的确立意味着双方需要从战略层面上建立长期的合作关系，而这种长期的合作关系通常称为常青合同，暗示着只要供应商表现良好，那么双方的合作关系就会长久维持。

（三）信息共享

成功的供应链管理需要供应商与客户之间进行信息共享，这些需要共享的信息包括从新产品的设计规格到能力计划与调度等各方面的信息，甚至需要共享客户的整个数据库信息。

（四）成员实力

如果企业与供应商建立了长期的合作关系，那么双方就开始了长期的同舟共济的关系。因此，企业也需要考虑供应商的利益，以追求"双赢"，这样才能增强供应链的竞争力。

供应商的选择也是供应链管理中的一项重要内容。除了财务优势，供应商在产品的生产和交货方面也需要具有竞争优势。这样，企业就可以把供应商的这些优势结合到自身产品中，从而提高自身产品在市场中的竞争优势。

❖ 第二节 供应链管理的方法

◆ 一、供应商管理库存

（一）供应商管理库存系统

长期以来，流通中的库存是各自为政的。流通环节中的每一个部门都是各自管理自己的库存，零售商有自己的库存，批发商有自己的库存，供应商有自己的库存，各个供应链环节都有自己的库存控制策略。由于各自的库存控制策略不同，因此不可避免地会发生生产需求的扭曲现象，即所谓需求放大现象，因而无法使供应商快速地响应用户的需求。在供应链管理环境下，供应链各个环节的活动都应该是同步进行的，而传统的库存控制方法无法满足这一要求。供应商管理库存系统就能够突破传统的条块分割的库存管理模式，以系统的、集成的管理思想进行库存管理，使供应链系统能够获得同步化的运作。VMI（供应商把产品放在客户的仓库）是一种很好的供应链库存管理策略，是一种在用户和供应商之间的合作性策略，以对双方来说都是最低的成本优化产品的可获性，在一个相互同意的目标框架下由供应商管理库存，这样的目标框架可以被经常性监督和修正，以产生一种连续改进的环境。

关于VMI也有其他的不同定义，但归纳起来，该策略的关键措施主要体现在以下四条原则中。

1. 合作精神（合作性原则）

在实施VMI策略过程中，相互信任与信息透明是很重要的，供应商和用户（零售商）都要有较好的合作精神，才能够保持较好的合作。

2. 使双方成本最小（互惠原则）

VMI不是关于成本如何分配或谁来支付的问题，而是关于减少成本的问题，通过VMI策略能够使双方的成本都减少。

3. 框架协议（目标一致性原则）

框架协议是指双方都明白各自的责任，观念上达成一致的目标。如库存放在哪里、什么时候支付、是否要管理费、要花费多少等问题都要回答，并且体现在框架协议中。

4. 连续改进原则

连续改进原则使供需双方能够共享利益和消除浪费。

VMI 的主要思想是供应商在用户的允许下设立库存，确定库存水平和补给策略，拥有库存控制权。精心设计与开发的 VMI 系统，不仅可以降低供应链的库存水平和成本，而且可以使用户获得高水平的服务，改善资金流，与供应商共享需求变化的透明性，并获取用户更多的信任。

（二）供应商管理库存的必要性

VMI 能够平衡存货成本和消费者服务水平之间的关系，使两方面都得到改进。

1. 成本缩减

需求的易变性是大部分供应链面临的主要问题，它既影响了顾客的服务水平，也减少了产品收入。许多供应商被 VMI 吸引是因为它缓和了需求的不确定性。来自消费组织的少有的大订单迫使生产商必须维持过量的成品存货量，这是一种成本很高的方法。VMI 可以削弱产量的峰值和谷值，允许小规模的生产能力和存货水平。用户被吸引是因为 VMI 解决了有冲突的执行标准带来的两难状况。例如，月末的存货水平，对作为零售商的用户是很重要的，但顾客服务水平也是必要的，而这些标准是冲突的。零售商在月初储备货物以保证高水平的顾客服务，然后使存货水平在月末下降以达到他们的库存目标（而不管它对服务水平的影响）。在季末涉及财政报告时，这种不利的影响将更加明显。在 VMI 中，补货频率通常由每月提高到每周（甚至每天），这会使双方都受益。供应商在工厂可以看到更明确的需求信号。对生产及运输资源的充分利用，有效降低了成本，也降低了对大容量的作为缓冲的存货需求。供应商可以做出与需求相协调的补货决定，提高了"需求倾向趋势"意识。消费组织从合理的低水平库存流转中受益。即使用户将所有权（物主身份）让渡给供应商，改善了的运输和仓储效率也会产生许多好处。此外，月末或季末的服务水平也会得到提高。

在零售供应链中，不同的用户间的订货很少能相互协调，因此要在不同的配送中心为一个用户的订单进行变动很困难。一些订单经常同时到来，这就使及时完成所有的递送请求变得更加困难。在 VMI 中，不同用户之间的需求集成将协调起来，满足供应商对平稳生产的需求，而不必牺牲购买者的服务和存储目标。

另外，VMI将使运输成本减少。如果处理得好，这种方法会增加低成本的满载运输的比例，而削减高成本的未满载货的比例。这可以通过供应商协调补给过程来实现，而不是收到订单时再自动回应。还有一个更有效的路线规划方案，即一辆专用的货车可以在途中停车多次，为一些邻近的顾客补货。

2. 服务改善

从零售商的角度来看，服务好坏常常由产品的可得性来衡量。零售商为维持更高的服务水平和信誉，希望供应商是可信任的、可靠的。VMI在多用户补货订单、递送间的协调方面大大改善了服务水平。由于有能力平衡所有合作伙伴的需求，供应商可以改善系统的工作状况而不必增加零售商的违约风险。另外，在有些情况下，利用VMI扩大有效解决现有问题的范围，在客户间实行存货的重新平衡以进一步改善服务是最经济的方法。如果没有VMI，供应商很难有效地安排顾客需求的先后顺序，因为供应商和顾客都看不到整体的存货的配置（分布）。另外，VMI还可以使产品更新更加方便，使更少的旧货在系统中流通，新产品的上架速度也更快。由于信息共享，VMI的供应商会预先规划如何补货和递送，以期保证实现递送计划，从而提高了服务水平。

3. VMI的实施方法

实施VMI，要改变订单的处理方式，建立基于标准的托付订单处理模式。首先，供应商和批发商一起确定供应商的订单业务处理过程所需要的信息和库存控制参数，然后建立一种处理订单的标准模式（如EDI标准报文），最后把订货、交货和票据处理各个业务功能集成在供应商一边。库存状态透明性（对供应商）是实施VMI的关键。供应商能够随时跟踪和检查销售商的库存状态，从而快速地响应市场的需求变化，对企业的生产（供应）状态做出相应的调整。为此，需要建立一种能够使供应商和用户（分销商、批发商）的库存信息系统透明连接的方法。供应商管理库存的策略可以分为以下四个步骤实施。

第一，建立顾客情报信息系统。供应商要有效地管理销售库存，必须获得顾客的有关信息。通过建立顾客的信息库，供应商能够掌握需求变化的情况，把由批发商（分销商）进行的需求预测与分析功能集成到供应商的系统中。

第二，建立销售网络管理系统。供应商要很好地管理库存，必须建立起完善的销售网络管理系统，保证自己的产品需求信息和物流畅通。为此，必须保证自己产品条码的可读性和唯一性，解决产品分类、编码的标准化问题，以及商品存储运输过程中的识别问题。

第三，建立供应商与分销商（批发商）的合作框架协议。供应商和销售商

（批发商）一起通过协商，确定订单处理的业务流程、库存控制的有关参数（如再订货点、最低库存水平等），以及库存信息的传递方式（如EDI等）。

第四，组织机构的变革。这一点也很重要，因为VMI改变了供应商的组织模式。以前，由会计经理处理与用户有关的事情，引入VMI后，订货部门产生了一个新的职能，负责控制用户的库存、库存补给和服务水平。一般来说，在以下情况下适合实施VMI：零售商或批发商没有IT系统或基础设施来有效管理库存；制造商实力雄厚且比零售商市场信息量大；有较高的直接存储交货水平，因而制造商能够有效规划运输。

管理库存的方式主要有以下四种。

第一，供应商提供包括所有产品的软件进行库存决策，用户使用软件执行库存决策，用户拥有库存所有权，高效管理库存。

第二，供应商在用户的所在地，代表用户执行库存决策，管理存货，但是库存所有权归用户。

第三，供应商在用户的所在地，代表用户执行库存决策，管理存货，拥有库存所有权。

第四，供应商不在用户的所在地，但是定期派人代表用户执行库存决策，管理存货，供应商拥有库存所有权。

4. 有效实施VMI的步骤

通过VMI，供应商可以决定产品的标准，决定订货点和补充存货、交货的流程，建立多种库存优化模型并进行人员培训。有效实施VMI可分为以下两个步骤。

（1）进行基于活动的成本分析。

供应链管理要求企业注重过程管理，基于活动的成本核算由此应运而生。基于活动的成本分析不但要求核算财务成本，而且要求考虑企业的竞争性成本和获利性成本。以制造业为例，假设制造业是一个完整的过程，该过程从各种材料、零部件供应到达工厂的仓库开始，一直持续到完工产品交到用户。在此过程中，服务成本贯穿始终，包括客户付款后发生的各种服务成本、售后安装等。在供应链中，首先进行基于活动的成本分析，再来决定是否采用VMI及采用的程度。在VMI中应用基于活动的成本分析，要求分析范围从供应链的起点开始一直到供应链的终端消费者。

（2）组建多功能小组。

为了更好地实施供应商管理存货，用户和供应商需要抽调多个部门的人员组建多功能小组。这个多功能小组不仅承担着分析存货成本的任务，而且需要确定加入VMI的供应商的标准。邀请诸如从事工程技术、采购、生产的供应商人员加入小组，有助于尽早了解潜在的问题。鼓励供应商改革不仅有利于减少不必要的经营费用，减少开发/生产时间和成本，而且有利于改进产品。多功能小组可以帮助供应商提高协调能力并减少某些内部浪费，通过共同工作的关系，供应商和用户可以建立共同体制，减少浪费。在紧急情况下，当一个关键的产品供应出现问题时，用户可以派多功能小组去帮助供应商解决这个关键问题，并且为了获得效益的长期提高而对供应商提供长期的支持。为了提高现有的供应链性能，提高整个库存管理的质量，多功能小组还需要寻找新的供应商。

◆ 二、联合库存管理

在供应链协同的环境中，当协作参与者扩展到以库存为缓冲点的上下游相邻节点企业时，就形成了买方和卖方同时管理库存的运作方式——联合库存管理（jointly managed inventory，JMI）。联合库存管理是一种基于协调中心的库存管理办法，是指解决供应链系统中由于各节点企业的相互独立库存运作模式导致的需求放大现象，提高供应链同步化程度的一种有效的库存控制方法。

（一）基本思想

VMI是一种供应链集成化运作的决策代理模式，它把用户的库存决策权代理给供应商，由供应商代理分销商或批发商行使库存决策的权力。JMI则是一种风险分组的库存管理模式。

联合库存管理的思想可以从分销中心的联合库存功能谈起。地区分销中心体现了一种简单的联合库存管理的思想。传统的分销模式是指分销商根据市场需求直接向工厂订货，如汽车分销（或批发商），根据用户对车型、款式、颜色、价格等的不同需求，向汽车制造厂订货，需要经过较长时间货物才能到达，因为顾客不想等待这么久，因此各个分销商不得不进行库存备货，大量的库存使分销商难以承受，以至于破产。

从分销中心的功能得到启发，人们对现有的供应链库存管理模式进行新的拓展和重构，提出联合库存管理新模式——基于协调中心的联合库存管理系统。近年来，在供应链企业之间的合作关系中，更加强调双方的互利合作关系，联合库存管理就体现了战略供应商联盟的新型企业合作关系。

在传统的库存管理中，把库存分为独立需求和相关需求两种库存模式来进行管理。相关需求库存问题采用物料需求计划处理，独立需求问题采用订货点办法处理。一般来说，产成品库存管理为独立需求库存问题，而在制品、零部件和原材料的库存控制问题为相关需求库存问题。在整个供应链过程中，从供应商、制造商到分销商，各个供应链节点企业都有自己的库存，供应商作为独立的企业，其库存（即其产品库存）为独立需求库存，制造商的材料、半成品库存为相关需求库存，而产品库存为独立的需求库存。分销商为了应付顾客需求的不确定性也需要库存，其库存也为独立需求库存。

联合库存管理和供应商管理库存不同，它强调双方同时参与，共同制订库存计划，使供应链过程中的每个库存管理者（供应商、制造商、分销商）都考虑相互之间的协调，使供应链相邻的两个节点之间的库存管理者对需求的预期保持一致，从而消除了需求变异放大现象。任何相邻节点需求的确定都是供需双方协调的结果，库存管理不再是各自为政的独立运作过程，而是变成供需连接的纽带和协调中心。

在联合库存管理模式下，供应商和采购商通过某种协议的形式协商框架，来决定需求的预测和补充存货的水平。此类协议一般体现以下内容：库存的最高水平和最低水平，货物的补充周期，明确要生产产品的安全、环境保护问题，数据的提供、预测、补给和库存负责问题，库存的准确目标，结算方式及相关支付手段，任何一方未能履行其职责的相应补救措施，等等。此类协议要求供应商和采购商相互开放、资源共享，与传统的库存管理方式相比，其优势主要表现在：保持较低的存货水平、减少缺货的风险、增加相应的支付方式。

联合库存管理把供应链管理进一步集成为上游和下游两个协调管理中心，从而部分消除了供应链环节之间的不确定性和需求信息扭曲现象导致的供应链的库存波动，通过协调管理中心，供需双方共享需求信息，因而起到了提高供应链运作稳定性的作用。

但是，在联合库存控制中，整合的困难在于地域广阔所造成的运输问题。在短时间内，运输手段的提高、运输时间的减少、运输费用的降低、技术的实现是极其缓慢的，因此在建立联合库存控制时，需引入第三方物流（third party logistics，TPL）。第三方物流是一种实现物流供应链集成的有效方法和策略，它通过协调企业之间的物流运输和提供后勤服务，把企业的物流业务外包给专门的物流管理部门来承担，特别是一些特殊的物流运输业务。在某些情况下，多品种小批量生产的供应链必须是小批量采购、小批量运输，这就提高了货物的供应频率，而运输频率的增加就要增加运输费用，这时由第三方物流提供的一种集成运输模式，可使供应链的小批量库存补给变得更为经济。

（二）联合库存管理的实施策略

1. 建立供需协调管理机制

为了发挥联合库存管理的作用，供需双方应从合作的精神出发，建立供需协调管理的机制，通过相互协调，明确各自的目标和责任，建立合作沟通的渠道，为供应链的联合库存管理提供有效的机制。没有一个协调的管理机制，就不可能进行有效的联合库存管理。建立供需协调管理机制，要从以下四个方面着手。

（1）建立共同的合作目标。

要建立联合库存管理模式，首先供需双方要本着互惠互利的原则，建立共同的合作目标。为此，要理解供需双方在市场目标中的共同之处和冲突点，通过协商形成共同的目标，如用户满意度、利润的共同增长和风险的减少等。

（2）建立联合库存的协调控制方法。

联合库存管理中心协调供需的双方利益，起协调控制器的作用，因此需要明确库存优化的方法。这些内容包括库存如何在多个需求商之间调节与分配、库存的最大量和最小量、安全库存的确定、需求的预测等。

（3）建立一种信息沟通的渠道或系统。

信息共享是供应链管理的特色之一。为了提高整个供应链需求信息的一致性和稳定性，减少由于多重预测导致的需求信息扭曲，应保障供应链各方获得需求信息的及时性和透明性。为此，应建立一种信息沟通的渠道或系统，以保证需求信息的畅通性和准确性。要将条码技术、扫描技术、POS 系统和 EDI 集成起来，并且要充分利用互联网的优势，在供需双方之间建立一个畅通的信息沟通桥梁和联系纽带。

（4）建立利益的分配、激励机制。

要有效运行基于协调中心的库存管理，必须建立一种公平的利益分配制度，并对参与方（供应商、制造商、分销商或批发商）进行有效的激励，防止机会主义行为，增加协作性和协调性。

2. 发挥两种资源计划系统的作用

为了发挥联合库存管理的作用，在供应链库存管理中应充分利用目前比较成熟的两种资源管理系统：制造资源计划系统和物资资源配送计划系统。原材料库存协调管理中心应使用制造资源计划系统，而产品联合库存协调管理中心应使用物资资源配送计划系统。这样可以在供应链系统中把两种资源计划系统很好地结合起来。

3. 建立快速响应系统

快速响应系统是指在20世纪80年代末从美国服装行业发展起来的一种供应链管理策略，目的在于减少供应链中从原材料到用户的过程和库存，最大限度地提高供应链的运作效率。

快速响应系统在美国等国家的供应链管理中被认为是一种有效的管理策略，经历了三个发展阶段：第一阶段为商品条码化，通过对商品的标准化识别处理加快订单的传输速度；第二阶段是内部业务处理的自动化，采用自动补库与数据交换系统提高业务自动化水平；第三阶段是采用更有效的企业间的合作，消除供应链组织之间的障碍，提高供应链的整体效率，如通过供需双方合作，确定库存水平和销售策略等。

4. 发挥第三方物流企业的作用

第三方物流企业是供应链集成的一种技术手段。第三方物流企业也称物流服务提供商，它为用户提供各种服务，如产品运输、订单选择、库存管理等。第三方物流的产生，一种是由一些大的公共仓储公司通过提供更多的附加服务演变而来的，另一种则是由一些制造型企业的运输和分销部门演变而来的。

把库存管理的部分功能代理给第三方物流管理，可以使企业更加集中精力处理自己的核心业务，第三方物流起到了供应商和用户之间的桥梁的作用。第三方物流可以为企业获得诸多好处：减少成本；使企业集中于核心业务；获得更多的市场信息；获得一流的物流咨询；改进服务质量；快速进入国际市场。

面向协调中心的第三方物流使供需求双方都取消了各自独立的库存，增加了供应链的敏捷性和协调性，并且能够大大改善供应链的用户服务水平和运作效率。

（三）基于供应链管理的联合库存动态运作模式

在供应链管理环境下，供应链上的各节点企业之间联合库存是一种复杂的、动态循环变化的量，不管是处于供应链上分销商与生产商的产成品联合库存，还是供应商与生产商的原材料库存水平，都是一个动态变化的量，它们会随着时间的推移而发生盘点数量的变化，库存水平随着需求过程而减少，随着补充过程而增大。

生产商与分销商的联合产品库存，来自顾客的不断需求，持续销售是引起产品库存逐渐减少的动力，不断的生产又使产品库存量逐步增加，企业的目的是在此动态过程即销售与生产过程中使产品库存保持一个平衡的最优状态。在此最优库存状态下，一方面，企业的交货水平使得顾客满意度达到一个设定值（如95%）；另一方面，产品库存不是很大，不会占用过多资金，有利于降低产品成本及资金的机会成本。但实际上，市场需求会表现出不确定性，如突然增加或突然减少。市场需求的这种不确定性增加了保持库存水平在一个比较优的状态的难度。由于原材料需求为非独立性需求，市场需求的不确定性会通过产成品传导给原材料，从而影响原材料联合库存水平。例如，当产成品需求增加时，若要继续保持95%的顾客满意度，势必要提高公司的生产能力，及时安排生产。处于供应链上的核心生产商根据市场需求量，指导生产计划的制订及生产能力的调整。生产计划安排好以后，就可以根据生产计划来计算原材料需求并订购原材料，从而会增加原材料联合库存的库存水平。

市场需求对产成品库存及原材料库存起着主导作用。因此，研究市场需求的变化对库存的影响非常重要。处于供应链上的生产商以来自下游分销商的市场需求信息作为产成品需求的依据，并据此安排生产计划或供应计划。这样，市场需求的增加必然引起产成品库存的变化，并且直接影响核心企业的生产调整计划，从而影响原材料库存。这是一个在动态的系统中综合解决产成品库存及原材料库存管理的问题（而不是把各个库存问题分开来单独考虑），从而达到使供应链整体库存大为优化的目标。

（四）联合库存管理中信息共享的有效性

下面将从信息的角度考虑，通过建立简单二级联合库存管理数学模型论证，从而减少供应商和分销商持有的不必要库存，实现联合库存管理的思想和目的。

联合库存管理能够降低库存水平，实际就是供应商和分销商通过信息共享和协商而减少的由于需求预测差异而导致的库存量。本书拟建立一种只有供应商和分销商的简单二级供应链模型，通过信息是否共享两种形式的对比，来分析联合库存管理模式是如何通过有效的信息共享和协商来达到降低库存水平，有效减弱该模型中的"牛鞭效应"，分析多周期库存问题。假设只有一个供应商（制造商）和一个分销商（零售商），分销商（零售商）直接面对消费者的需求，但不知道顾客需求的实际分布；而供应商（制造商）面对的是分销商（零售商）的订单，并根据订单进行需求预测。

✤ 第三节　项目管理概述

◆ 一、项目及项目管理

项目是一种一次性的工作，是指一个用于达到某一明确目标的组织单元，应当在规定的时间内完成，有明确的可利用资源和明确的性能指标约定，由具备不同学科知识的人员成功完成的一项具有开发性的产品或劳务。

（一）项目的特点

大型项目和小型项目都是在项目管理思想的指导下进行的。它们都是一次性的活动或工作，都受期限和费用的约束，并有一定的技术、经济性能指标要求。由此可见，各种不同的项目中，项目内容是千差万别的，但项目本身有其共同的特点，可以概括如下。

第一，项目是为了追求一种新产物而组织的，具有单一性、任务可辨认性。

第二，项目是由多个部分组成的，跨越多个（社会）组织，因此具有（社会）协同性。

第三，项目的完成需要多个职能部门的人员同时协调与配合，项目结束后，原则上这些人员仍回归原职能组织。

第四，项目可利用现有资源，并有明确的预算。

第五，一般来说，项目的可利用资源一经约定，不再接受其他支援。

第六，项目有严格的时间期限，并公之于众。

第七，项目产物的保全或扩展通常由项目参加者以外的人员来进行。

（二）项目管理

项目管理是指项目的管理者在有限的资源约束下，运用系统的观点、方法和理论，对项目涉及的全部工作进行有效的管理，即对从项目的投资决策开始到项目结束的全过程进行计划、组织、指挥、协调、控制和评价，以实现项目的目标。

项目管理的应用，从20世纪80年代仅限于建筑、国防、航天等领域，已迅速发展到现在的计算机、电子通信、金融，甚至政府机关等众多领域。

◆ 二、项目管理的内容

（一）项目管理的目标

在项目管理中，通常有三个不同的目标，即项目成本、进度和绩效。

项目成本是项目直接成本与间接成本的总和。项目经理的工作是通过合理组织项目的施工，控制各项费用支出，使之不要超出该项目的预算。

一般在项目开始时就确定了项目的完工日期和中间几个主要阶段进展的日程。项目经理把成本控制在预算之内的同时，必须控制项目的进度，但预算和成本常常发生冲突。例如，如果项目进展落后于预先计划的进度，那么就需要加班加点来赶进度，这就需要预算中有足够的资金来支付加班的成本。因此，在进度和成本之间必须进行权衡，进而做出决策。

绩效就是项目生产的产品或服务的成果的特性。如果项目是研究和开发一种新型的产品，其成果就是新产品的经济效果和技术性能指标；如果项目是某部影视片，其成果就是该部影视片的质量和票房收入。成果也需要在成本和进度安排上进行权衡。例如，某部影视片达不到预期的成果，那么就需要对灯光、布景甚至剧本内容做出重大修改，这样就会引起成本和进度的变化。由于在项目开始前几乎不可能精确地预见项目的绩效、进度和必需的成本，所以，在项目进行过程中需要做大量的权衡工作。

（二）项目管理的阶段与内容

项目管理是指企业把需要几个月或几年完成的项目从常规的生产系统中独立出来特别进行管理，其本质是计划和控制一次性的工作，在规定期限内由专门的项目小组来完成工作，达到预定目标。一旦达到目标，项目小组就会解散。因此，项目在其具有可预知的寿命周期中，通常有一个较明确的阶段顺序，即项目开始之前的计划期、项目开始的进度安排期和项目进行的控制期。每个阶段都具有不同类型的任务或关键的决策点。不管如何划分，对每个阶段开始和完成的条件与时间要有明确的规定，以便于审查其完成程度。

◆ 三、项目管理组织

项目管理组织是指为了完成某个特定的项目任务而由不同部门、不同专业的人员所组成的一个特别的、临时性的工作组织。它既不受现存职能组织结构的束缚，也不能代替从事各种职能组织的职能活动。

（一）项目管理组织的设置过程

1. 设置项目管理的专门机构，对项目进行专门管理

项目的规模庞大，工作复杂，时间紧迫；项目的不确定因素多，有很多新技术、新情况和新问题需要不断研究解决；项目实施中涉及部门和单位较多，需要相互配合和协同攻关。因此，应单独设置专门机构，配备一定的专职人员，对项目进行专门管理。

2. 设置项目专职管理人员，对项目进行专职管理

有些项目的规模较小，工作不太复杂，时间也不太紧迫，不确定因素不多，涉及的单位和部门也不多，但前景不确定，仍需要加强组织协调。对于这样的项目，可以只委派专职人员进行协调管理，协助企业的有关领导人员对有关部门和单位分管的任务进行联系、督促和检查，必要时也可以为专职人员配备助手。

3. 设置项目主管，对项目进行临时授权管理

有些项目的规模、复杂程度、涉及面和协调量介于上述两种情况之间。对于这样的项目，设置专门机构必要性不大，设置项目专职人员又担心人员少，力量单薄难以胜任。因此，可以把第一种情况设置的专门机构由指定主管部门来代替，可以把第二种情况设置的专职协调人员由项目主管人员来代替，并临时授予相应权力，主管部门或主管人员在充分发挥原有职能作用或岗位职责的同时，全权负责项目的计划、组织与控制。

4. 设置合适的项目管理组织形式

项目管理组织有多种形式，如职能型组织、矩阵型组织和混合型组织等。每种组织形式都有各自的优势和劣势，企业应根据每种组织形式的特点，结合项目具体内容选择一种合适的组织形式。

（二）矩阵型组织形式

所谓矩阵，是指借用数学中的矩阵概念把多个单元按照横行纵列组合成矩形。矩阵结构是指由纵横两套管理系统组成的矩形组织结构：一套是纵向部门职能系统；另一套是横向项目系统。在运行中，将横向项目系统与纵向部门职

能系统交叉重叠起来，就组成了一个矩阵。

在矩阵型组织中的每一名成员要接受两个方面的领导：一方面，在日常工作中接受本部门主管人的垂直领导；另一方面，在执行项目任务时接受项目主管部门主管人的领导，一旦该项目完成，就不再接受项目主管部门主管人的领导。矩阵型组织形式使一名职工在一定的时间内同时从属两个及以上的部门，因此它具有双重性和多重性。同时，它把原来垂直领导系统中的不同专业人员为完成某一项目任务而集中起来，一方面增强了力量，另一方面也有利于调动其积极性，确保项目任务的完成。矩阵型组织形式的优点是：加强了各职能部门的横向业务联系，便于相互协调，具有较强的适应性；便于集中各种专门人员的知识和技能，迅速完成某一项目任务，提高了管理的有效性；在保持企业职能系统相对稳定的前提下，增强了管理组织的灵活性。

如果项目的开展需要多个职能部门的协助并涉及复杂的技术问题，但又不要求技术专家全天参与的话，矩阵型组织是比较令人满意的选择，尤其是在若干项目需要共享技术专家的情况下作用更加明显。

矩阵型组织是一种项目职能混合结构，是一个横向按照工程项目划分的部门与纵向按照职能划分的部门结合起来的关系网。当很多项目对有限资源的竞争引起对职能部门资源的广泛需求时，矩阵型组织就是一个满足此需求的有效的组织形式。传统的职能组织在这种情况下无法适应的主要原因在于职能组织无力为包含大量职能之间相互影响的工作任务提供集中、持续和综合的关注与协调。因为在职能组织中，组织结构的基本设计是职能专业化和按照职能分工，不可能期望一个职能部门的主管人会不顾他在本职能部门中的利益和责任，或者完全打消职能中心主义的念头，使自己能够把项目作为一个整体，对职能之外的项目各方面也加以全身心的关注。

在矩阵型组织中，项目经理在项目活动的内容和时间方面对职能部门行使权力，而各职能部门负责人决定如何支持。每个项目经理直接向最高管理层负责，并由最高管理层授权。职能部门则对各种资源进行合理的分配和有效的控制与调度。职能部门负责人既要对他们的直接上司负责，也要对项目经理负责。

矩阵型组织的复杂性对项目经理而言是一个挑战。项目经理必须了解项目技术逻辑方面的复杂性，必须能够综合各种不同专业观点来考虑问题。但只有这些技术知识和专业知识是不够的，成功的管理还取决于预测和控制人行为的能力。因此，项目负责人还必须针对人的因素来熟练地运用技术因素和管理因素，以达到其项目目标。也就是说，项目负责人必须使他的组织成员成为一支真正的队伍，一个工作配合默契、具有积极性和责任心的高效率团队。

❈ 第四节　项目管理与控制过程

◆ 一、项目计划

项目计划是指项目组织根据项目目标的规定，对项目实施工作进行的各项活动做出的周密的安排，它是项目实施的基础，是用来协调各种资源的总计划，是用以指导项目团队组织、实施、执行和控制的文件，能够让项目成员明确目标，最终使项目由理想变成现实。

（一）项目计划的目的

项目计划围绕项目目标系统地确定项目的任务，安排任务进度，便于高层管理部门与项目经理、职能经理、项目组成员及项目委托人、承包商之间的交流沟通。项目计划是沟通的最有效工具。因此，从某种程度上说，项目计划是为方便项目的协商、交流及控制而设计的，并不能为参与者提供技术指导。项目计划的目的具体表现为：确定并描述为完成项目目标所需的各项任务范围；确定负责各项任务的全部人员；制订各项任务的时间进度表；阐明每项任务所需的人力、物力、财力；确定每项任务的预算。

（二）项目计划的内容

整体的项目计划是指一个用来协调所有其他计划以指导项目执行和控制的文件。制作项目计划，需要项目经济了解各方面的知识，懂得整体管理的艺术，并与项目组成员及其他利益相关者一同制订。根据特定的项目"量体裁衣"，制订合适的项目计划是十分重要的，该详则详，该简则简。虽然项目计划具有特殊性，但大多数项目计划都存在共性。一般来说，集成计划、专项计划、变更计划构成了整个项目计划的全部内容。

1. 项目集成计划

项目集成计划综合协调了各项目要素的计划，是整个项目集成管理的依据和指导文件。它是运用集成和综合平衡的方法制订的，是指导项目实施和管理控制的集成性、综合性、全局性的计划文件。通常，项目集成计划的编制需要通过多次的优化和修订才能完成。项目集成计划的内容包括信息收集和计划编制两个方面。其中，信息收集是集成计划的前期准备工作，主要是收集各种相关的信息和数据，从而为项目集成计划的编制提供依据。

2. 项目专项计划

项目专项计划是对项目各方面具体工作的一种计划安排，是指根据项目各种不同的目标而制订的各种专项工作或专项工作的计划，它包括一系列指导项目各专业任务实施控制与协调的项目计划文件，如项目范围计划、项目进度计划、项目费用计划、项目质量计划、项目风险应对计划、项目沟通计划、项目采购计划及项目人员组织计划等。

3. 项目变更计划

由于项目的一次性特点，在项目的实施过程中，计划与实际不符的情况是经常发生的。项目变更计划包括整体变更计划和单一变更计划。在项目实施过程中，项目的范围、进度、成本和质量等都可能发生变更，这可能是由于开始时预测得不够准确和在实施过程中控制不力、缺乏必要的信息等原因造成的。范围、进度、成本及质量等项目要素所引起的变更是单一变更。然而，项目是一个系统，任何一个项目要素的变更都会对其他项目要素产生影响，所以需要对各方面的项目变更进行总体的控制。有效处理项目变更可以使项目取得成功，否则可能会导致项目失败。

总之，良好的项目计划是项目成功的基石。因此，项目经理在制订计划时一定要广泛查阅资料，制订出切实可行的计划。由于环境是不断变化的，因此项目经理还要保证项目有一定的动态性。

（三）编制项目计划的工具

在项目计划编制过程中用到的工具和方法有很多，如工作分解结构图、责任分配矩阵、行动计划表等，在此主要介绍工作分解结构图。

工作分解结构图（work breakdown structure，WBS）是指将项目按照内在结构或实施过程的顺序进行逐层分解而形成的结构示意图。它是项目管理中最有价值的工具，是制订项目进度计划、项目成本计划等计划的基础。它将需要完成的项目按照其内在工作性质或内在结构划分为相对独立、内容单一和易于管理的工作单元，从而有助于找出完成项目工作范围内的所有任务，把整个项目联系起来，把项目目标细化为许多可行的、更易操作的并且是相对短期的任务。项目目标制订以后，就必须确定为达到目标所需要完成的具体任务，即定义项目的工作范围。这就要求必须制订一份该项目所有活动的清单。但是对于规模比较大的或比较复杂的项目而言，活动清单难免会遗漏一些必要的活动，而工作分解结构是一个比较好的解决方法。

工作分解既可以按照项目的内在结构分解，又可以按照项目的实施顺序分解，将项目分为若干子部分（或子任务），而每个部分又继续进一步分解为若干更细小的部分，最后，项目被分解为一系列的活动及其各种资源的配置和成本核算等。项目分解工作虽有难度，但对于项目管理和控制的成功至关重要。工作分解结构图的层次一般为项目、项目中的任务、主要任务中的子任务、需要进行的活动等。

◆ 二、项目进度安排

进度计划是指表达项目中各项工作的开展顺序、开始和完成时间及相互衔接关系的计划。通过进度计划的编制，使项目实施形成一个有机整体。进度计划是进度控制和管理的依据。按照进度计划所包含的内容的不同，可以分为总体进度计划、分项进度计划、年度进度计划等。这些不同的进度计划构成了项目的进度计划系统。

（一）项目进度计划的基本内容

项目越复杂，专业分工越细，就越需要全面的综合管理，即一个总体的、协调的工作进度计划，否则就很难对整个项目系统的建设进度进行控制。项目进度计划应包括以下五项内容。

1. 项目综合进度计划

项目综合进度计划是一个控制项目进度的综合性计划。它要求首先将项目所有的工作单元按照前后顺序排列，并明确其相互制约关系，然后计算出每一单元所需要的工时数，进而计算出各单元工程所需的工期，再计算出整个项目所需的总工期，直至达到计划目标确定的合理工期。若达不到合同工期要求，则应采取有效措施，如改进施工方法、改变运货途径、增加工作班次等，但同时要注意控制费用。

2. 项目设计进度计划

项目设计进度计划要求先按照设计项目对各设计单位进行编号，由相关专业设计组对各设计单元设计图纸的工作量和所需的辅助工作量进行估算，然后根据施工进度要求提供图纸的日期、各专业设计组对各个设计单元的设计图纸的工作量、其他辅助工作量的估算及设计工作顺序，安排各设计专业的进度计划，保证及时提供图纸，不得使施工单位停工待图。

3.项目采购工作进度计划

项目采购工作进度计划要求根据项目产品工艺流程图和电气仪表图，编制出项目所需的设备清单并编号，然后按照工程项目总进度计划中对各项设备到达现场的时间要求，确定出各项设备到达施工现场的具体日期。

4.项目施工进度计划

项目施工进度计划要求根据工程预算中各工作单元所需消耗的工时数、计划投入的劳动力和工作班数，估算出各工作单元所需的施工工期，然后按照施工工序的要求，制订出整个项目的施工进度计划。在整个项目的施工进度计划中，一些关键的日期，如某分包项目的完工日期、某车间的竣工日期、动力车间供电日期等，应在项目进度计划中标出，且整个项目的竣工日期应符合合同规定的项目要求。

5.项目设备验收和投产进度计划

项目设备验收和投产进度计划是指对项目系统的主要设备和各项设施进行验收与投产进度安排的计划。该计划可以使建设单位、总包单位、分包单位及有关方面做到心中有数，并据此安排好各自的工作，以便及时对子项目及整个项目进行验收和试生产。

（二）项目进度计划的制订方法

编制项目进度计划是项目经理负责的重要工作之一。它能帮助控制时间和节约时间，可用图标表示将要进行的工作。基本的进度计划要说明哪些工作必须完成和完成每一阶段所需要的时间，最好也能表示出每项活动需要多少人，然后把这些都录入计算机，计算机就可以编制出一份进度计划。

在项目进度计划最终被决定下来之前，进度计划管理过程会出现几次反复。制订进度计划的最终目标是建立一个现实的进度计划并由各种时间参数来反映，这为监控项目时间进展提供了一个良好的参照。制订项目进度计划的技术和工具很多，在现实生活中比较常用的有关键日期法、甘特图法、关键路线法、计划评审技术、图示评审技术和风险评审技术等。甘特图是显示项目信息比较常用的工具。关键日期法和关键路线法是制订和控制项目进度计划的重要方法。计划评审技术和风险评审技术是评价项目进度风险的手段。

◇ 三、项目控制

尽管已有明确的项目目标和周密的项目计划，但是在项目实施过程中，往往会因为种种原因使项目不能按照原计划进行，出现各种偏差，所以必须对项目计划的实施进行严密的监控，以尽可能地保证项目基准计划的实施，最大限度地减少计划变更，使项目达到预期的目标。

项目控制是指在项目实施过程中，对项目的进展进行监测和测量，对比原计划（或既定目标）找出偏差、分析成因、研究纠偏对策、实施纠偏措施的全过程。因此，项目控制过程是一种特定的、有选择性的、能动的动态过程。一般来说，实现项目控制有三个过程，即寻找偏差、原因与趋势分析和采取纠偏行动。控制的中心是当前实施现状，重点是查找和鉴定实施现状与计划的偏离程度，并采取措施确保计划的实现。控制就是为了保证系统按照预期目标运行，对系统的运行状况和输出进行连续的跟踪观测，并将观测结果与预期目标加以比较，如有偏差，及时分析偏差原因并加以纠正的过程。

（一）项目控制分类

项目控制包括：同计划相比，已完成的工作状况；实际完成的工作任务的复杂程度和比例；已完成的任务和质量；实际的成本开支；项目的当事人、关系人对项目执行的态度；项目组成员之间的配合、协作。

1. 按照控制方式分类

项目的控制方式包括前馈控制（事前控制）、过程控制（现场控制）和反馈控制（事后控制）。

（1）前馈控制。

前馈控制也称事前控制，是指在项目正式开始前利用最新的信息进行预测，对可能产生的偏差采取防范措施，使偏差消除在发生之前。它的优点表现在：首先，能够防患于未然，避免偏差造成的实际损失；其次，由于是在工作开始前对某项计划活动所依赖的条件进行控制而不针对具体人员，故不会造成正面冲突，易于被员工接受并实施。前馈控制可以避免出现预期偏差，是人们最渴望使用的控制手段。但它也有缺点，即管理人员必须掌握及时和准确的信息，但由于未来的不确定性和信息成本制约，在现实中要做到这一点是十分困难的。

（2）过程控制。

过程控制也称现场控制，是指对正在进行的活动给予指导和监督，以保证活动按照规定的政策程序和方法进行。例如，沃尔玛通过采用全球互联网的管理信息系统，能够把每个月的销售额数据立刻传送到数据中心，从而立即获得有关库存、销售量、总利润和其他各种数据资料，以便随时控制采购活动。

过程控制一般都在现场进行，主要适用于基层管理人员。它的优点在于：立竿见影，经济有效，并且能够提高工作人员的工作能力和自我控制能力。但它也有一些缺点，如现场控制等临时决定的或个人主观确定的标准有可能产生多样性，无法统一测量和评价。此外，现场控制也对控制者个人素质要求较高，如工厂的质量检验人员由有经验的员工担任，效果会更好一些。

（3）反馈控制。

所谓反馈，是指把系统的输出信息返回传送到输入端，与输入信息时所期望达到的目标进行比较，发现二者的偏差，找出偏差产生的原因，采取纠正措施来实行控制的过程。反馈控制是一种传统的控制过程，是在工作结束或行为发生后进行的控制活动，所以又称事后控制。例如，事故出现后对当事人进行责任追究，对销售不好的产品做出减产或促销决定都是这种控制。

2. 按照控制内容分类

项目控制的目的是确保项目的实施能满足项目的目标要求。由于项目可交付成果的目标描述一般都包括交付期、成本和质量三项指标，因此项目控制的基本内容就包括进度控制、费用控制和质量控制三项内容。

（1）进度控制。

项目进行过程中，必须不断监控项目的进程以确保每项工作都能按照进度计划进行。同时，必须不断掌握计划的实施状况，并将实际情况与计划进行对比分析，必要时应采取有效的对策，使项目按照预定的进度目标进行，避免出现工期的拖延。这一过程称为进度控制。按照不同管理层次对进度控制的要求，可以将进度控制分为总进度控制、主进度控制和详细进度控制。

（2）费用控制。

费用控制就是为保证各项工作都在各自预算范围内而进行的过程。费用控制的基础是事先对项目进行的费用预算。费用控制的基本方法是规定各部门定期上报其费用报告，再由控制部门对其进行费用审核，以保证各种支出的合法性，然后再将已经发生的费用与预算相比较，分析其是否超支，并采取相应的措施加以弥补。费用控制不能脱离技术管理和进度管理独立存在，相反，要在成本、技术、进度三者之间进行综合平衡。及时而准确的成本、进度和技术跟踪报告是项目经费管理和费用控制的依据。

（3）质量控制。

质量控制的目标是确保项目质量能满足有关方面所提出的质量要求。质量控制的范围涉及项目质量形成全过程的各个环节。在项目控制过程中，成本、进度和质量这三项控制指标通常是互相矛盾和冲突的。加快进度往往会导致成本上升和质量下降，降低成本也会影响进度和质量，过于强调质量也会影响工期和成本。因此，在项目的进度、成本和质量控制过程中，还要注意三者的相互协调。

（二）项目控制的主要方法

项目控制的主要方法分为传统控制和计算机辅助控制两种。传统控制方法以各种文件、报表和图表等为主要工具，以定期或不定期地召开各类有关人员参加的会议为主要方法。对于投入昂贵、内容复杂、约束条件苛刻的现代大中型项目，还需要开发设计一种以计算机为基础的信息管理和控制系统。本书主要介绍传统控制方法。

1. 项目控制文件

在项目的工作范围、规模、工作任务和进度等明确以后，就应准备项目控制所需的其他文件。

（1）合同。

合同中签订的是在项目实施过程中各项工作应遵守的标准，它规定了双方的责、权、利，是项目实施管理、跟踪、控制的首要依据，具有法律效力。

（2）工作范围及职责划分细则。

工作范围确定了项目实施中每一项任务的具体业务内容变动的基准；职责划分细则指明了项目实施过程中各个部门或个人所应负责的工作，包括工艺、过程设计、采购供应和成本控制等。

（3）项目程序细则。

项目程序细则主要涉及项目组、用户和主要供货商之间关于设计、采购、施工、作业前准备、质量保证和信息沟通等方面协调活动的程序。

（4）技术范围条件及计划文件。

技术范围条件列出了项目的设备清单、项目的设计依据，如标准、规范、编码、手续和步骤等；计划文件是指项目实施工作进行前拟订的具体工作内容和步骤。

2. 项目控制会议

项目控制会议的主要内容是检查、评估上一阶段的工作，分析问题，寻找对策，并介绍下一阶段的主要任务和目标。由于项目会议特别多，管理者应对会议进行管理和控制，否则，项目工作人员很容易陷入"会海"之中。为举办好会议，组织者一要做好会前组织和准备工作，如明确会议目的和内容、科学制订会议议程及要求与会者做好会前准备工作等；二要做好会上管理和控制工作，如做好会议记录、确定会议核心人员等，使会议举办得既有效果又有效率。

❖ 第五节　网络计划的优化

◆ 一、时间优化

时间优化是指在人力、原材料、设备和资金等资源基本有保证的条件下，寻求最短的工程项目总工期。其具体途径如下。

（1）采取措施，压缩关键作业的作业时间，如采取改进工艺方案、合理划分工序的组成、改进工艺装备等措施压缩作业时间。

（2）采取组织措施，在工艺流程允许的条件下，让关键路线上的各作业组织平行或交叉作业；合理调配人员，尽量缩短各关键路线上的作业时间。

（3）充分利用时差，如在非关键作业上抽调人力、财力、物力，以用于关键路线上的作业，缩短关键路线的作业时间。

◆ 二、成本优化

成本优化是指根据计划规定的期限确定最低成本，或根据最低成本的要求寻求最佳工期。运用网络计划技术制订工程计划，不仅要考虑工期和资源情况，而且必须考虑成本，讲求经济效益。

（一）时间与费用的关系

某一计划任务或工程项目的总费用由该任务的直接费用和间接费用两部分

组成。

直接费用是指与完成工程项目直接有关的费用。直接费用与工期成正比关系。

间接费用是指不能或不宜直接计算，必须按照一定标准分摊于成本计算对象的费用。这部分费用与各项作业没有直接关系，只和工期长短有关。工期越长，间接费用越大。

（二）成本优化的方法

成本优化的步骤：第一，作网络图；第二，寻找网络计划的关键路线，并计算计划完成的时间；第三，计算正常时间的总费用；第四，计算网络计划各项作业的成本斜率；第五，选关键路线上成本斜率最低作业作为赶工对象进行赶工，以达到缩短计划完成时间的目的；第六，寻找新的关键路线，并计算赶工后计划完成时间；第七，计算赶工后时间总成本费用；第八，重复第五、第七步，计算各种改进方案的时间成本费用；第九，选定最佳费用成本时间。

时间费用优化应按照以下规则进行。

第一，压缩工期时，应选关键路线上直接费用最小的作业，以增加最少直接费用来缩短工期。

第二，在确定压缩某项作业期限时，既要满足作业极限时间所允许的赶工限制，又要考虑网络图中长路线工期同关键路线工期的差额限制，并应取二者中的较小者。

第三，为使网络图不断优化，出现数条关键路线时，继续压缩工期就必须在这数条关键路线上同时进行；否则，仅压缩其中一条关键路线的时间，不会达到缩短工程总工期的目的。

◆ 三、资源优化

资源优化是指在一定的工期条件下，通过平衡资源求得工期与资源的最佳结合。资源优化是一项工作量很大的作业，往往难以将工程进度和资源利用都做出合理的安排，常常是需要进行几次综合平衡后，才能得到最后的优化结果。资源优化主要靠试算。对于比较简单的问题，可以按照以下步骤进行：根据日程进度绘制线条图；绘制资源需要动态曲线；依据有限资源条件和优化目标，在坐标图上利用非关键工序的时差，依次调整超过资源约束条件的工作时期内各项作业的开工时间，直到满足平衡条件。

　　资源优化是有限资源的调配优化问题，就是在资源一定的条件下，使完成计划工期最短。资源优化步骤和方法的要点如下：① 根据规定的工期和工作量，计算出作业所需要的资源数量，并按照计划规定的时间单位做出日程上的进度安排；② 在不超过有限资源和保证总工期的条件下，合理调配资源，将资源优先分配给关键线路上的作业和时差较小的作业，并尽量使资源能均衡地、连续地投入，避免骤增骤减；③ 必要时适当调整总工期，以保证资源的合理使用。

第四章 企业运营与风险防范管理

❖ 第一节 人力资源风险及其防范

◆ 一、人力资源风险管理

(一)人力资源风险管理的概念

在知识经济的大背景下，人力资本不仅是现代型企业高产出的资本，而且是其高风险的资本。现代型企业的生存很大程度上依赖于人力资本，无论是决策风险、人员流动风险，还是道德风险，都有给企业带来重大损失的可能。

企业普遍认识到，有效的人力资源风险管理机制的建立有助于企业保留、吸引和激励人才，并能有效地防范人才使用中的种种风险。当一家企业在人力资源管理质量和结构方面超越了对手，同时能够有效控制人员任用、管理中的风险时，这个企业就具备了在市场中脱颖而出的实力。

人力资源风险管理是指在招聘、工作分析、职业计划、绩效考评、工作评估、薪金管理、员工福利、激励机制、员工培训、员工管理等各个环节中进行风险管理，防范人力资源管理中风险的发生和风险发生后的补救工作。研究结果表明，人力资源管理风险是企业管理风险的主要风险之一，它来自人力资源管理的各个阶段，具体包括人力资源管理的人事风险、外部环境风险、工作分析风险、招聘风险、绩效管理风险、薪酬管理风险、培训管理风险、员工关系管理风险和跨文化管理风险等。

(二)企业人力资源风险管理的必要性

1. 可以提高人力资源管理的整体效果

人力资源管理各模块之间具有密切联系，是一个不可分割的整体。然而，每个环节又具有各自的特征，存在不同的风险。将风险管理运用于其中，在保证各环节顺利进行的前提下，能更进一步地加强彼此的联系，使它们在战略的整合下共同发挥作用，为企业的经营管理提供支持。

2.具有支持性，使人力资源战略更好地支持企业战略

人力资源战略的出发点和落脚点，是从人的角度支持企业战略的实现。人力资源战略管理是一个与企业战略管理动态匹配的过程。面对复杂多变的环境，企业中存在很多风险。人力资源战略管理要真正支持企业战略管理，那么也应该具备风险管理意识。

3.提高人力资源战略的适应性

风险管理有助于人力资源战略适应环境的变化。战略的确定，以对未来变化的预见为依据。战略形成之后，也不是一成不变的，而要视宏观环境和微观环境的变化，及时进行调整。风险管理的一个重要意义在于，能够保持对环境变化的敏感度，使人力资源管理主动地适应环境的变化。

如果现代型企业缺失了风险管理，其后果是很严重的。风险管理作为现代型企业人力资源管理的重要环节，直接影响企业的健康发展。

（三）企业人力资源风险管理的成因

关于人力资源风险的起因，应该从人为和非人为两个方面来考虑和分析，即人为因素和非人为因素。这是从人力资源管理对象的角度来划分的。非人为的因素在于人的心理、生理的复杂性。人为因素关键在于人力资源中单个劳动力所具有的人力资本产权。正是人力资本产权的自主性、排他性和可交易性的特征导致了人才外流或无所作为这样的风险。从人力资源管理过程的角度分析，人力资源管理的风险一方面来自人力资源本身的特性，另一方面来自对人力资源过程的管理不善。

1.人力资源本身的风险

人力资源和其他所有资源相比较而言，唯一的区别就是它的资源是"人"，也正是人的特殊性决定了人力资源本身的风险。

（1）人力资源是一种主动资源。

人力资源潜在能量的发挥取决于其载体——人的主观能动性的发挥程度，除了体力、体质等生理状态，还与人的经济状况、所处社会环境、信仰的满足程度等有关，与企业文化、环境、制度，特别是人力资源的管理、开发激励等手段有直接关系。这种资源可以通过激励实现资源价值的不断增长；也可能由于激励不当，而导致消极价值的产生，甚至影响组织的发展。

（2）人力资源的流动性。

人力资源的能动性和动态性决定了人力资源的流动性，具体表现在不可"压榨性"。人力资源作为天然的个人私产，在当今社会，企业很难拥有终身雇员，而雇员也很难"从一而终"。重新选择企业、重新选择职业的现象在其他国家尤为突出。这说明，企业人力资源不仅是一种流动性资源，而且越是在市场经济发达的国家，这种流动性越强。

2. 人力资源管理过程的风险

所谓人力资源管理过程的风险，主要是指因为对人力资源管理的科学性、复杂性和系统性的认识不足，而在具体实施人力资源的工作设计与工作分析、招募、甄选、绩效管理，以及晋升、培训等各个环节中管理不当所造成的可能性危害。企业竞争环境的变化使得企业的人力资源管理工作变得更加复杂。复杂多变的经济环境，使得管理的不确定性大大增加，这些都加大了人力资源管理中的风险。由于信息的不对称，员工的行为具有不可预测性，很难准确测度工作人员的行为，加上人力资本的产权特性，就构成了人力资源风险管理的原因。员工靠他们自身的人力资源取得收益，其利己动机或投机动机是普遍存在的，当信息的不对称存在时，这种动机就有可能行为化，从而产生一种管理者与被管理者非协作、非效率的"道德风险"。

◇◆ 二、核心员工流失风险管理

（一）核心员工流失风险识别

企业要想吸引和留住核心员工，首先必须知道哪些员工是自己需要的核心人才。核心员工是指那些终日与顾客直接面对面打交道或通过电话与客户进行各种业务洽谈，可以称之为公司的"形象大使"或"形象代言人"的一群人；核心员工还包括那些从事与企业的生死存亡相关的核心业务的人。一般而言，企业核心员工是指那些拥有专门技术，掌握核心业务，控制关键资源，对企业会产生深远影响的员工。他们一般具有以下特征：创造、发展企业的核心技术；建立与推动企业的技术和管理升级；扩大企业产品的市场占有率，提高企业的经济效益；务实、忠诚、积极且有牺牲精神。

企业核心员工是企业的核心、灵魂和骨干。同时，核心员工是人才市场上主要的争夺对象，他们"跳槽"的机会较多、可能性较大。他们一旦"跳槽"，给企业造成的损失往往很大。因此，企业应明确自己核心员工的名单，并根据实际情况制订有针对性的培养计划和留人计划。

（二）防范核心员工流失风险管理的措施

防范核心员工流失风险管理的措施分为事前控制措施、事后控制措施两方面。

1. 事前控制措施

在核心员工流失风险没有发生前，企业的人力资源管理者应该有核心员工流失的风险意识，并制订相关的预防措施、应对方案，做到未雨绸缪。

（1）培育核心员工对企业的认同感。

妨碍核心员工业绩提高的一个因素是在一线员工中缺乏关于企业的真正的和有意义的信息。大多数企业并未将信息共享放在一个优先位置，结果，许多一线员工对企业究竟取得什么样的收益，自己如何能为企业做出更大的贡献等只有一个笼统且模糊的概念。因此，企业应通过各种信息平台，如企业简报、论坛、"草根会议"、内部网站等，使核心员工更多地了解企业的理念、运营状况等，让他们对企业感到更多的骄傲，增进他们对公司客户需求的认识和了解，这样才能有效地实现"双赢"。

（2）提供多种升迁和培训的机会，创造员工成长和发展的空间。

随着社会物质文化水平的提高，优厚的薪水已不再是企业调动核心员工积极性的主要手段，如福利、住房补助、员工持股计划等其他福利起了一段时间的促进作用后也会日趋平淡。企业如何为核心员工创造一个学习及职业成长的工作环境，如何为员工提供升迁和发展的机会，将成为企业留住核心员工的关键措施。企业可采用如内部职位招聘、后备人才考评培养制度等，经过考试、面试、一年培养期、内部轮岗、通过主管或者经理资格考试等一系列考核培养过程，为员工提供公开平等的升迁机会。企业还可以为员工提供免费的职业培训，具体表现为企业送员工参与如职称、学历、技术等方面的培训。企业可以在与核心员工签订的培训合同书中，采用单独款项注明培训结束后企业为员工报销培训费用的比例和培训结束后核心员工须为企业服务的年限。

企业应根据自身的实际情况，关注核心员工的职业生涯发展，提供职业生涯机会的评估，帮助员工设定职业生涯目标，制订具体的行动计划和措施，营造企业与员工共同成长的组织氛围。即使是制造工厂一线的操作工人，也要让其明确自身的职业发展规划。职业生涯发展规划最好由员工参与制订，让员工明确、认可，使其对未来充满信心和希望。

（3）建立动态的绩效评估体系，提供有竞争力的薪酬水平。

核心员工一般都希望自己的能力能够得到充分发挥，自己的工作能够得到企业的及时认可，在事业上有成就感和满足感。因此，企业需要建立一套完整的员工绩效评估体系，及时对核心员工的工作进行评价。该评估体系必须从以往关注员工的工作态度转移到工作业绩上，能够对员工的工作给予客观公正、全面准确的评价，让员工及时了解自己的业绩情况，从而极大地激发员工的工作积极性。整个绩效评估体系中最重要的是要建立评价会见机制，考核的执行者应保持与员工的顺畅交流，营造一个开放的环境。双向沟通是考核双方"双赢"的前提，也是绩效考核的"生命线"。

薪酬虽已不再是激励核心员工的最重要因素，但核心员工仍希望能够得到与其业绩相符的薪酬，因为它也是衡量自我价值的标准之一。人力资源管理部门需进行年度薪酬及福利调查，重点与同类型竞争企业相类似岗位进行对比，参考GDP增长率，每年对核心员工按照8%～10%的比率调整薪酬。

2. 事后控制措施

核心员工的工作对企业总体目标的达成的重要性不言而喻，但有时企业事前控制措施做得再周密，也难免有员工因各种原因而离职。企业一旦明确感知核心员工即将流失，就需要采取事后控制措施，而不要等到员工已经离开后才采取措施。

（1）建立岗位接替制度及员工洗涤期。

在对核心员工考核中，如发现员工缺勤异常、员工满意度降低、员工已经向其直接领导表述离意时，企业需要立即启动核心员工流失风险管理预案。根据其职位，由相关职能部门负责人同其谈话，了解其离职原因及去向。一线核心操作工人由人力资源部普通职员面谈；普通核心管理人员由人力资源部部门经理面谈；中层核心管理人员由人力资源部负责人面谈；高层管理人员由企业高层管理者面谈。谈话内容也因职位级别的不同而不同。

谈话结束后确定无法挽留的，启动岗位接替制度及员工"洗涤"期。核心员工因掌握了企业客户、市场、技术等关键机密，即无形资产，所以核心员工在岗时企业应建立岗位接替制度，秘密为其岗位设置接替者，在岗者称为A角，将来的接替者称为B角，A角确定离职时，现有B角直接转化为A角。由新的A角将核心员工的市场、客户、技术等信息全面接管，在核心员工正式被批准离开企业前，原核心员工在企业正式被"洗涤"，"洗涤"期间其不得再接触企业核心机密，直到新 A 角完全接替其工作为止。企业人力资源管理部门对已经离职的核心员工也需定期回访，了解其新工作情况，同时完善公司管理体系。

（2）加强企业人力资源管理，降低核心员工的流失率。

针对企业核心员工流失风险管理，企业内部要设立专门的危机管理部门，更新人力资源风险管理理念，并不断健全和完善部门制度。

人力资源风险管理实践的得失成败主要取决于管理者对人力资源风险管理思想精髓的认识。在"人才瓶颈"的背后，真正限制人力资源风险管理体系建设的障碍在于"观念瓶颈"。许多企业人才流失严重，最主要的是犯了"善'堵'而不善'疏'"的理念错误。

企业的人力资源风险管理离不开制度化的理性原则，它要在一套行之有效的制度下实施。所以，缺乏现代人力资源风险管理理念指导下的制度，或制度本身不健全、不系统，都会产生人力资源管理的风险。人力资源管理的各项职能是一个整体的系统，而不是简单的堆加。制度的系统性就是要使人力资源管理的各项制度（包括工作分析、招聘、考核、激励、薪资、晋升、奖惩、风险等）形成一个完整的体系，不可把任何一项割裂开来。

现在企业不仅认识到了人力资源管理中核心员工流失风险控制的重要性，而且越来越多的企业在核心员工风险管理方面增强了风险防范意识。可以确信的是，随着风险控制理念的不断推广，企业的风险防范水平将会得到很大的提升。

❖ 第二节　市场营销风险及其防范

◆ 一、市场营销风险概述

（一）市场营销风险的含义

影响企业市场营销活动及其目标实现的各种因素和力量构成了企业赖以生存的市场营销环境，这些因素和力量直接影响营销管理者保持和发展同其目标市场顾客进行交换的能力。不管企业的营销活动规划得多么完美，都不可能在真空中实施，都要受到市场环境的影响。因此可见，市场营销环境是企业生存和发展的条件。企业如同自然生物一样，要想得到生存和发展，就必须与它的生存环境相适应。在市场经济条件下，市场营销环境总在发生着不断的变化，这种变化基本上可以分为两大类：一类是市场营销机会；另一类是环境威胁，即市场营销风险。不断变化的市场环境，既给企业的市场营销活动提供机会，也可能带来威胁（营销风险）。同一环境发生变化，对某些企业是机会，对另一些企业则可能是威胁（营销风险）。企业必须随着环境的变化而不断地调整自身的组织、战略和方法等一切可以控制的因素，以达到与周围环境的平衡。

综上所述，市场营销风险是指企业在开展市场营销活动过程中，由于出现不利的环境因素而导致市场营销活动受损甚至失败的状态。企业在开展市场营销活动过程中，必须分析市场营销可能出现的风险，并努力加以预防，设置控制措施和方案，最终实现企业的营销目标。

（二）市场营销风险的内容

1. 产品风险

产品风险是指产品在市场上处于不适销时的状态。产品风险又包括产品设计风险、产品功能质量风险、产品入市时机选择风险、产品市场定位风险和产品品牌商标风险等。

产品设计风险是指企业所设计的产品过时或者过于超前，不适应市场顾客的需要。

产品功能质量风险主要是指企业所销售的产品，功能质量不足或产品功能质量过剩，不能完全满足用户需求。

产品入市时机选择风险是指产品进入市场时间的选择出现不当。

产品市场定位风险是指产品的特色等与市场顾客要求不相符。

产品品牌商标风险是指名牌产品被侵权或维护不当，使名牌产品信誉受损害时的状态。其具体表现为三个方面：一是被外部企业或个人侵权；二是品牌未经及时注册而被别人抢注；三是名牌形成后疏于维护或维护不当而使信誉受损等。

2. 定价风险

定价风险是指企业为产品所制定的价格不当导致市场竞争加剧，或用户利益受损，或企业利润受损的状态。定价风险包括以下三类。

（1）低价风险。

低价是指将产品的价格定得较低。从表面上看，低价有利于销售，但定低价并不是在任何时候，对任何产品都行得通的。相反，产品定低价，一方面会使消费者怀疑产品的质量；另一方面会使企业营销活动中价格降低的空间缩小，销售难度增加。另外，产品定低价依赖于消费需求量的广泛且较长时间内稳定不变。而实际上，消费者的需求每时每刻都在变动，因此企业的这种价格依赖性是非常脆弱的。

（2）高价风险。

高价是指企业将产品价格定得较高，单件产品盈利较大。高价产品的风险主要表现为：一是高价招致市场竞争程度白热化，从而导致高价目标失效；二是高价为产品营销制造了困难，因为低收入者会因商品价高望而却步；三是定高价也容易使顾客利益受损，尤其是对前期消费者的积极性伤害较大。

（3）价格变动的风险。

价格变动主要有三种形式：一是由高价往低价变动，即降价；二是商品价格由低价往高价变动，即提价；三是因市场竞争产品价格发生变动，本企业的产品价格维持不变。在企业营销活动中，实施价格变动时，若处置不当，往往会产生不利的局面，如降价行为会引发竞争对手的恶性"价格战"，提价会使消费者转买其竞争对手产品进而导致顾客流失，等等。

3. 分销渠道风险

分销渠道风险是指企业所选择的分销渠道不能履行分销责任和不能满足分销目标及由此造成的一系列不良后果。分销渠道风险包括分销商风险、储运风险和货款回收风险等。

（1）分销商风险。

大多数企业都选择分销商销售产品，企业在选择分销商时若出现失误，将难以达到预期的目的。分销商风险主要表现为分销商的实力不适应企业产品销售条件、分销商的地理位置不好、分销商的其他违约行为等。

（2）储运风险。

储运风险主要是指商品在储运、运输过程中导致的商品损失。储运风险主要表现为三种形式：一是商品数量上的损失；二是商品质量上的损失；三是商品供应时间上的损失。

（3）货款回收风险。

货款回收风险主要是指企业不能按照约定从分销商处及时地收回货款而产生的货款被占用、损失等风险。货款回收风险是目前我国大多数企业所面临的十分棘手的问题，其主要表现为分销商恶意拖欠和侵占货款、分销商因经营发生困难而无力支持等。

4. 促销风险

促销风险主要是指企业在开展促销活动过程中，由于促销行为不当或干扰促销活动的不利因素的出现，而导致企业促销活动受阻、受损甚至失败的状态。促销风险包括广告风险、人员推销风险、营业推广风险及公共关系风险等。

（1）广告风险。

广告风险主要是指企业利用广告进行促销而没有达到预期结果。企业进行广告促销必须向广告发布公司支付一定的费用，企业所支付的这些费用具有特殊性，即费用所产生的效果具有不可衡量性。虽然大量的事例证明广告能够促进销售，但这仅是事后的证明，能否促销及能在多大程度上促进销售，事前并不能估计。

（2）人员推销风险。

人员推销风险主要是指由于主、客观因素而造成推销人员推销产品不成功的状态。人员推销风险包括由于推销人员知识、技巧、责任心等方面的不完备而呈现的各种状态。人员推销虽然是一种传统、有效的促销方式，但若使用不当，同样会给企业带来损失，尤其是在大多数企业对推销人员按照销售业绩计酬的情况下，更容易出现问题。

（3）营销推广风险。

营销推广是指企业为在短期内招徕顾客、刺激购买而采取的一种促销措施。企业营销推广的内容、方式及时间若选择不当，则难以达到预期的效果。

（4）公共关系风险。

企业开展公共关系，目的是为企业或其产品树立一个良好的社会形象，为市场营销开辟一个宽松的社会环境空间。开展公共关系需要支付成本，如果该费用支出达不到预期的效果，甚至无效果或产生负效果，则会形成公共关系风险。

（三）市场营销风险的成因

从实质上分析，市场营销风险的成因主要有两种：一种是由企业主观因素造成的；另一种是由市场环境的客观因素造成的。

1. 市场营销风险的主观因素成因

（1）企业未摆脱传统计划经济体制的影响，仍然保持传统的市场营销观念。

计划经济时期商品供不应求，传统的营销观念奉行的是"以产定销"原则，企业生产什么商品，顾客就消费什么产品。现代市场营销观念奉行"按需生产，以销定产"原则，强调根据市场需求组织生产经营活动。在现代市场经济条件下，商品供应相对过剩，消费是一种属于消费者主权的行为。企业营销观念错误，必然导致行为错误，错误的行为就会产生风险。

（2）企业决策者习惯于凭主观想象做出营销决策。

企业决策者习惯于凭主观想象做出营销决策，最终将会导致产品积压，资金搁浅。

（3）企业营销管理者和营销人员不了解市场规则、规范或法规。

在市场经济体制下，为了维护公平的竞争环境，长期以来形成了一系列规则规范、法律、法规（如国家有关的法律、法规、行业行为规范、惯例等）。如果某一家企业的营销活动违反了市场规则规范，重者则受到国家法律的制裁，轻者则受到同行其他企业的抵制、封杀和联合反击，最终使企业败北。市场经济的运行有内在的规律和机制，如供求规律、价格规律、价格机制和竞争机制等，企业营销行为若违背了市场经济规律，或不能合理、有效地运用这些规律，就会产生营销风险。

（4）企业缺乏处理市场营销风险的经验和知识。

当企业产生营销风险后，由于缺乏处理营销风险的经验和知识，风险就不能被及时控制并化险为夷。

（5）企业对市场营销风险的危害认识不足。

在我国企业组织机构中，很难找到有关处理风险危机的机构，企业营销管理中关于风险危机的管理也往往被轻视，这些都是对风险危害缺乏警惕的表现。

（6）企业信息不灵。

企业没有及时、足量地了解和搜集用户、中间商、竞争者等有关信息资料，没有对交易对象进行信誉调查，盲目发生业务往来，最终产生风险。

2. 市场营销风险的客观因素成因

市场营销活动受到企业外部各种环境因素的影响和干扰，并由此引发市场营销的风险。对此类原因，企业必须加以研究。

（1）市场需求变化的客观性，是导致市场营销风险客观存在的首要因素。

随着我国市场经济体制的建立、发展和完善，企业的生产经营活动越来越受制于市场需求。而市场需求是一个不断发生变化的不可控因素。我国企业所面对的市场需求，已经由数量型需求转变为质量型需求，并且正朝着个性化需求演进。市场需求的这种变化，一方面是经济发展的必然结果，另一方面进一步促进了社会经济的发展。当企业市场营销活动不适应市场需求变化时，就会产生营销风险。市场需求由低层次向高层次变化，由数量型向质量型变化，由群体共同性向个体独特性变化，是一种客观存在的趋势，不充分认识其客观性，并努力调整市场营销活动，就不可避免地会产生营销风险。

（2）经济形势与经济政策变化产生市场营销风险。

近年来，我国的社会经济形势可以说发生了翻天覆地的变化。纵观我国经济的方方面面，无一不在快速变化中，并继续快速变化着。从全球经济形势看，各国经济之间的相互联系度和影响度也在进一步上升，世界上某一国家经济形势的变化，也导致其他国家的经济形势发生变化。经济形势无论是循序渐进式的变化，还是因突发事件产生的剧烈变化，都会直接或间接地影响并决定企业的市场营销活动。当某种变化呈现不利因素时，就会产生营销风险。此外，各国政府为了适应经济形势的变化，推动经济的发展，其指导经济的政策也在发生变化。国家经济政策的变化会导致经济形势及市场需求发生变化，进而也会给企业的市场营销活动带来风险。

（3）科技进步是导致市场营销风险的又一因素。

科学技术的变革，对企业的市场营销活动具有双重作用：一方面，科技进步为企业的市场营销活动提供了新的机遇、新的方式和方法，丰富和发展了企业的市场营销活动；另一方面，每一次技术的变革，就意味着原有技术的淘汰，从这个角度上讲，也给企业的市场营销活动带来威胁。

◇ 二、市场营销风险的防范与控制

（一）不同营销风险类型下的具体防范措施

1. 价格风险及其防范

价格风险是市场营销的第一大风险，不仅因为价格对企业利润至关重要，更重要的是在当前资源和市场两大约束条件下，企业对价格的自主权几乎丧失殆尽。但是，企业在价格风险管理方面并非无所作为，建立企业上下游产业的战略联盟就是一条思路。但有的企业利用价格风险给自身创造了发展机遇。例如，江苏省的一家化工原料企业建立了缜密的市场价格监测网，能从一些蛛丝马迹中准确判断价格走势。多年来，其以一个行业内中型企业的地位领先众多大企业，做到了"领涨领跌"，先人一步，在价格上涨时通过领涨使企业利润最大化，在价格下跌时通过领跌争取了新客户。

从企业内部来说，要长期制订降低成本的规划，要通过价值工程、设计创新等方式保持企业成本领先的地位，为应对价格风险提供较大的空间。

2. 销量风险及其防范

销量风险是指企业因对其产品的销量估计不足而造成的收益损失风险，其主要原因在于没有充分估计环境变化和"企业惰性"。销量风险主要来自需求、供应链的结构变化或是竞争环境的意外变故。例如，互联网购物就对传统的图书、音像制品销售行业的销量造成很大影响；又如，DELL公司开始销售自有品牌的打印机，就对惠普公司的销量形成威胁。

企业控制销量风险的主要途径有两条：一是强化企业市场地位。宝洁公司在分析市场占有率时，有一个指标是本企业具有绝对优势的产品市场占有率，这一指标较好地反映了企业的市场稳定性；二是积极拓展新市场，使新产品、新市场的比重不断加大，企业也可以将销量风险转移。例如，联通CDMA手机和上海永乐的合作，上海永乐通过包销的方式承担了CDMA手机开拓市场初期的销量风险，同时获得了丰厚的回报。

3. 经销商风险及其防范

经销商风险主要是指企业选择分销商来分销产品时出现决策失误而带来的难以实现分销目标的风险。经销商风险主要表现在以下两个方面。

其一，经销商尤其是在某一区域非常有实力的经销商会要求供应商给予较优惠的结算条件，如信用期限、信用额度、大订单采购的特殊优惠、现金折扣等。在此种条件下，如果不能够合理分析经销商的支付能力和信用状况，就会面临非常大的账款回收风险。

其二，通过经销商销售，需要设置相关信用管理部门或相关人员对经销商进行管理，并制定相应的信用管理政策。此类人员需要有一定的专业知识和技术水平，其素质直接影响到对经销商管理的风险程度。

由此可见，为降低经销商风险，企业除了要进行严格的选拔，还要有针对性地采取措施。

（1）进行信用调查，挑选合适的经销商。

对那些有不良交易记录、应收款较多、付款能力较差、资本构成不合理、经营风险较大，以及经营状况不好的经销商，坚决不与其合作。

（2）与经销商建立长期、稳定、互信、互利的合作机制。

这不仅能大大降低交易成本，而且能大大降低商业风险。

（3）严格挑选新经销商。

对新经销商，要把握"从小到大"的合作原则，即先从低业务量做起，尽可能降低经销商的占用资金。当对该经销商的资信状况了解透彻之后，再开展大业务。有些新经销商，一开口就要做大生意，而且不问质量、不问价格、不提任何附加条件，对厂家提出的所有要求都满口应承，这样的经销商风险是非常大的。因此，对不了解其商业信用的新经销商，在交易条件和交易程序上要严格进行控制，避免风险发生。

（4）制定自己的赊销政策。

赊销政策包括赊销条件、赊销期、收款策略、现金折扣等。最重要的是对赊销总规模进行控制，可制订应收款警戒线。

（5）对新销售人员进行培训。

为了减少乃至杜绝来自经销商的风险，必须对销售人员，特别是新招聘的销售人员进行全面的培训，做到培训不合格不能从事销售工作。与减少营销风险有关的培训内容包括信用调查技巧、客户识别技巧、经济合同法、财务结算等，并要求销售人员对营销风险发生的各种方式有比较透彻的了解。有些销售人员在长期的营销实践中积累了一定经验，对上述内容有一定的了解，但新销售人员不能靠他们的实践和摸索慢慢积累经验，而必须进行短期的强化培训。

4. 销售人员风险及其防范

销售人员风险尤其在民营企业和新成立企业中表现甚为突出。企业可采取以下措施来降低或规避该风险。

（1）实行"品行为先"的人才录用机制。

在对销售人员进行选拔时，品行最重要，能力居其次。如果一个销售人员品行不良，他的能力越强，对企业的危害性可能就越大。因此，在对销售人员进行甄选时，要把品行放在头等的位置。

（2）实行第三方担保制度。

企业中发生的销售人员携款、携物潜逃的事件屡见不鲜，企业为了减少损失和避免风险发生，可以采取由第三人对销售员担保的办法。当上述风险发生时，担保人承担连带责任。

（3）实行"买卖制"。

"买卖制"即销售人员与企业之间采取买卖关系，企业按照100%的回款标准向销售人员收取货款，客户的货款由销售人员负责收取。"买卖制"由于将营销风险的责任落实到销售人员身上，销售人员在向有一定风险的客户供货时必将三思而行、反复调查，从而能大大减少营销风险。

（4）实行收支两条线。

销售人员和销售机构的销售收入应先汇入企业或企业指定的账户，支出由企业返还给销售人员和销售机构，减少销售人员掌握大笔现金的机会。例如，某企业要求办事处每天必须将当天的营业收入全部存入企业指定的银行账户，而且该账户是一个"只能存，不能取"的账户，该账户的所有汇票上都盖有本企业的印章，即办事处只能将账户上的现金汇入本企业的账户，不能汇入其他的任何账户。

（5）实行"各权分立"的制衡管理机制。

"各权公立"的制衡管理机制即在货物、现金等管理上采取类似于财务管理的互相制衡机制。对财、物、事实行分人管理，管钱的不花钱，花钱的不管钱。尽量避免将人、财、物、事等各种大权集于一身，从制度上避免风险的发生。

（6）实行"全面过程管理"机制。

对营销过程进行全方位监控，坚决杜绝只管营销结果不管营销过程的"黑箱"式管理方式。只要做到对营销既管"过程"又管"结果"，就可大大减少个别品行不良人员钻营销管理漏洞的机会。

（7）实行营销巡视检查制度。

企业不能单纯依靠销售人员反馈的信息对其进行管理，管理人员必须亲自掌握第一手的信息，对销售人员提供的信息进行甄别。可设立巡视经理，对各个目标市场的销售状况进行巡视、检查，做到防微杜渐。

5. 信用风险及其防范

首先，对企业的风险业务实行"流程化管理"。在对该公司的"销售与回款"业务流程特点进行仔细分析的基础上，管理咨询专家提出了一套"售前、售中、售后"全过程的信用风险管理方案，将应收账款的管理重点前移，既强化信用风险的事中控制，又注重事前对客户的信用分析工作，将"防""控""救"三者紧密地结合在一起。

其次，按照"内部控制"的原理，例如，在原来的销售管理模式中，由销售部门自己决定信用销售的期限和数量，新的管理模式则实行独立的"授信制度"，由信用管理部门审核每一个客户的信用限额。为此，企业可制订三大措施来保证全程信用风险模式的有效实施。

（1）实行规范的客户信用管理制度。

企业可建立一套专业化的客户资信管理业务制度，其中包括客户信用信息的搜集方法、客户资信档案的建立与管理、客户信用风险分析模型的建立及对客户的信用风险动态监控措施等。

（2）强化营销系统的信用风险管理。

营销系统是企业经营管理中最为复杂、风险性最高的领域之一。企业以信用政策的制定和实施、信用限额的评审为核心，对赊销业务实行规范化管理，能从根本上提高企业销售与回款业务流程的效率，并且从源头上控制信用风险的产生。

（3）在财务管理系统中建立应收账款的预算与报告制度。

企业可建立以账龄管理为核心的账款回收业务流程管理体系，由专职人员对整个账款回收过程进行监控，并将财务管理的重点移至货款到期日之前。

（二）市场营销风险的控制

1. 加强市场营销环境的调查研究，是市场营销风险控制的根本性措施

企业从设计产品开始，到定位、分销和促销活动的全过程，都必须深入市场，进行调查研究。通过市场的调研活动，掌握相关的情报资料信息，包括顾客需求信息、竞争者信息、国家宏观经济及相应的政策信息、国际政治与经济形势信息及其他信息。企业的营销活动，只有在充分掌握相关信息资料的基础上才能顺利展开，否则企业营销活动就会产生风险。例如，中粮美特是一家生产包装产品的企业，为众多生产企业提供包装产品，近年来营销风险得到了有效控制，应收款都已收回。该企业规定营销人员在销售产品时，随货同行，货到人到，与客户当场验货，并办妥相应手续。同时，营销人员必须了解客户相应的信息，如产品销售是否正常、是否出现催要款项的情况等，通过营销人员深入客户的现场调查来分析和判断交易是否存在风险。该企业在与某生产饮料公司业务往来中，发现该公司出现了催要款的人员，且该公司产品库存积压上升，于是就及时调整对该公司的供应方式。后来该饮料公司宣布破产，许多供应商的货款无法回收，而中粮美特则毫发未损。

2. 建立风险防范与处理机构

在变化的市场环境下，企业在运营中随时都可能发生风险，因此建立风险防范与处理机构就如同建立营销机构一样重要。风险防范与处理小组的工作应包括四个方面：① 在企业内部建立风险预防的规章制度，并督促制度的贯彻执行；② 调查研究相关信息资料，对企业客户的信息和能力进行分析和评定；③ 在日常管理工作中进行风险处理演练，以提高对风险处理的应对能力，强

化员工的风险防范意识；④ 在企业出现风险后，由风险防范与处理机构统一处理风险事件。

3. 正确面对发生的风险

当风险产生以后，如何面对风险，是决定风险能否被正确和顺利处理的关键。风险的发生会给企业带来损害，也可能给社会、顾客带来损害。为此，首先应该诚实地面对社会和顾客。一方面，这可以最大限度地减少对社会和顾客的损害；另一方面，可快速采取措施制止风险的扩大和扩散。如果风险产生后，企业回避、推托甚至辩解，反而会使风险扩大，增加损害。其次要控制和影响信息发布源。通过企业的一系列措施，最终要成功地控制风险的损害程度。

4. 依法处理

风险产生后，企业应该迅速地运用法律武器来处理风险。国家为了规范市场行为，保护公平竞争，维护企业合法权益，制定了一系列相关的经济法律和法规，如《中华人民共和国合同法》《中华人民共和国价格法》《中华人民共和国反不正当竞争法》等，企业决策者应该了解相应的法律、法规，在营销活动中依法办事。在日常业务往来中，企业对一些具有潜在风险的业务，首先要依法签订好合同，签订合同是预防风险的第一道门槛；其次，当因对方的原因而给企业造成风险后，应该当机立断，积极寻求法律途径处理风险。

5. 提高企业员工素质

企业营销活动中的一些风险，是由企业员工素质不高或其他主观因素造成的。例如，有些企业销售人员因不熟悉所推销产品的相关知识而发生销售阻碍，或责任心不强而导致货款不能及时回收及损失，都属于员工素质问题而产生的营销风险。因此，加强对企业员工素质的培训与提高，是控制企业市场营销风险的重要措施之一。企业员工素质培训应包括员工的政治素质、文化素质、业务素质、道德素质等多方面的内容。对于营销第一线的员工，其综合素质的提升与否，直接影响企业营销，因此，对其强化培训就显得更为迫切和重要。企业在对营销人员的考核中，注重销售额及利润的考核固然重要，但对其责任心、与有关风险防范的考核同样重要。目前，许多企业实现的销售额从会计账面看非常大，但实际的销售回笼资金却不理想，有些资金甚至可能成为吊账或死账。因此，营销人员既要努力促进销售额的提高，也要注意风险的防范。

❀ 第三节 新产品开发风险及其防范

◆ 一、新产品开发概论

（一）新产品的定义

营销学对新产品的定义与一般概念不同，它包含六种不同意义的新产品：① 新问世的产品，即开创了一个全新市场的产品，如圆珠笔笔芯的问世是硬笔消费市场中的新产品；② 现有产品线外新增加的产品，即公司补充现有产品线的产品，占新产品的大多数，如3M公司推出的新型树胶；③ 现有产品的改良或更新，即改善了功能或有较大感知价值并且替换现有产品的新产品，如遥控彩电相对传统手控彩电而言是新产品；④ 新产品线，即公司首次进入一个现有市场的产品；⑤ 重新定位的产品，即以新的市场或细分市场为目标市场的现有产品；⑥ 成本降低的产品，即提供同样功能但成本较低的新产品。

（二）新产品开发的失败率

新产品开发是企业远离残酷竞争，获取持续经营优势和实现绩效目标的不二法宝。通用电气、微软、思科、英特尔、宝洁和杜邦等获得持续成功的国际性企业无一例外都在产品创新方面成为行业领导者。我国的许多企业也正在逐步摆脱低水平模仿的红海，开始走上自主创新之路。很多企业在新产品开发过程和市场推广活动中投入了大量的人力、资源和金钱，但回报却往往不尽如人意，有的企业甚至由此失去了再次卷土重来的本钱。纵观众多失败或成功的案例，新产品开发成败的关键主要在于三个方面：战略、流程和团队。

1. 战略方面

对于企业新产品开发而言，战略是指路明灯，其决定了企业新产品开发的方向和范围。有效的战略定位能使企业专注于自己的事业而不受其他短期诱惑的干扰；能使企业为其目标顾客创造出独特的价值；能使企业将有限的资源聚焦在能产生最大绩效的少数几件事情上。缺乏清晰、明确的战略定位的企业在新产品开发方面可能"赢得一场战斗，但很可能输掉整场战争"。战略的缺失导致新产品开发失败主要表现在以下三个方面。

（1）目标顾客定位不清晰。

一些企业将目标顾客定位为渠道商或是购买产品的人，而未能充分考虑最终的消费者的行为特征及需求。目标顾客定位的目的就是要在对目标顾客群的地理范围、行为特征及心理需要进行充分了解和分析的基础上，提出独具特色的新产品创意。

（2）顾客价值定位没特色。

一些企业清楚自己的目标顾客是谁，但是未能对目标顾客的价值需要进行深入分析和了解，未能有效地倾听顾客的声音，也未能将企业拟开发新产品的价值要素与竞争对手的同类产品进行对比，很多企业只是简单地模仿竞争对手的产品或在竞争产品的基础上稍加改进便急不可耐地将"新产品"推向市场。由于产品与竞争对手雷同，企业只能通过"广告战""渠道战""价格战"与同类产品在红海中进行"搏杀"，其结果要么是两败俱伤，要么就是一败涂地。这样的案例在我国当前的彩电、空调、手机、饮料和啤酒等行业层出不穷。

（3）商业模式定位无实效。

有些企业的目标顾客定位清晰，产品也受顾客喜爱，但是成本却居高不下。如果维持高价，则销量很难达到规模效应；如果低于成本价格销售，则可能卖得越多赔得越多，形成"赔钱赚吆喝"的局面。有效的商业模式定位应该在提升顾客价值的同时降低企业成本，而不是在二者之间进行权衡和取舍。企业可在内部运营流程、外部合作伙伴及产品定价模式等方面进行创新，以有效控制企业成本，达到目标利润水平。

2. 流程方面

战略定位决定企业是否"做正确的事"，而流程设计则决定企业能否"正确地做事"。有好的战略的企业不少，但如果流程设计不对或流程实施质量不高，最终也难以开发出成功的新产品。流程是最佳实践的总结，是企业做事的规范。设计和实施经实践验证系统有效的流程，能使企业缩短自行摸索前行的时间，避免走一些不必要的弯路。多、快、好、省地开发出新产品是新产品开发流程设计和实施的目的。企业在新产品开发流程方面容易出现的主要问题是缺乏系统科学的新产品开发流程、前期产品定义准备工作不充分、产品组合管理决策失效。

（1）缺乏系统科学的新产品开发流程。

很多企业在新产品开发方面的管理还局限于项目管理的水平，甚至项目管理做得都不太理想。在项目筛选、开发、测试和上市的各个阶段相互衔接之处缺乏有效的检测和评价标准。由于缺乏系统规范的流程而导致项目半途而废、多次返工和上市时机延误的情况比比皆是。

（2）前期产品定义准备工作不充分。

很多企业以赶进度为由，对新产品开发前的论证阶段投入的人力和资源非常有限。成功的新产品开发经验表明，在正式进入开发阶段前，应进行非常严肃的市场、技术和商业可行性研究，产品本身定义也至少应有50%的确定内容，其余50%应有基本的想法，并在开发过程中进行验证和调整。

（3）产品组合管理决策失效。

一些企业创意很多，而且觉得这些创意都有被开发成新产品的必要。但是，企业的资源特别是人力资源总是非常有限的，同时展开过多的项目会导致重要项目一再延期上市或者最终开发不出有市场竞争力的新产品。"百鸟在林不如一鸟在手"，在进行项目筛选时，企业管理团队应设定"必须满足的条件"和"应该满足的条件"。对于"必须满足的条件"如战略一致性、市场吸引力和技术可行性等应遵循"一票否决制"的原则，对不符合其中任何一条的新产品项目应坚决中止。而对于那些通过"必须满足的条件"检验的项目，也应该继续按照"应该满足的条件"，通过打分进行资源优先排序，对排序靠后但是公司没有资源的项目也应该暂行搁置，而不应该试图勉强为之。

3. 团队方面

团队是决定"做什么"及践行"如何做"的主体。在明确方向和掌握方法的基础上，团队能力及团队行动最终决定企业的绩效水平。团队能力是潜在的，是需要激发与培养的，不同企业在不同的发展阶段需要提升和发挥不同侧重点的能力。团队能力、内外资源及企业声誉共同构成了企业实力的三大要素。就新产品开发而言，企业团队需要具备的能力主要体现在以下三个方面。

（1）领导决策能力。

领导者最重要的三项职能是指引方向、整合资源和激励团队。其中，指引方向是指领导者要具备卓有成效的决策能力。企业要决定其"狩猎"范围，即决定通过什么方式为谁提供什么产品和服务，这也是企业战略定位的核心。在明确企业整体发展战略的基础上，还应制定具体的产品组合战略，即决定基础研发、新产品开发及现有产品改进各占多大的比例。有些企业只注重短期目标的实现，不愿在基础研究方面适当"下注"，其结果是企业发展后劲不足，无法确立可持续的核心经营优势。此外，企业的领导决策能力还应体现在具体的产品筛选层面，即在进入正式的开发流程前要决定哪些新产品创意可以进入开发阶段、哪些应该扼杀、哪些应该搁置、哪些应该做进一步的调查研究。

（2）流程管理能力。

明确了新产品开发的决策流程及内容后，企业需要做的就是通过系统的流程将新产品开发出来并成功上市。具备一定规模的高新技术企业都有专职或兼职的流程经理。流程经理的主要职责就是在企业中导入系统科学的新产品开发过程管理流程并进行有效的管理，确保新产品开发从创意搜寻、范围确定、可行性研究，到开发实施、测试，再到上市及上市后的评价等每个环节都能"执行到位"。其中，还包括组织对产品人员及研发人员的相关培训，以及每个重要决策点决策的组织和落实等工作。出色的流程经理能使企业的新产品开发过程有条不紊地进行，不会忽略或遗忘任何重要的环节。

（3）相关专业能力。

如果说领导决策能力和流程管理能力是实现成功的新产品开发的保证，那么相关专业能力则是其基础。再好的决策和流程，如果没有相应专业人员付出智慧和汗水，也不可能成就任何事业。软件、电子、IT、通信、医药、化工等行业的新产品开发都需要相应专业人员的专业能力。高新技术企业的专业人员就好比饭店的厨师，没有优秀的厨师，饭店是不可能做出各种各具特色的美食的。因此说，相关专业人员专业能力的培养和提升是企业进行新产品开发的基础。

◆ 二、新产品开发的风险

（一）新产品开发风险的类型

由于现代企业所面临的外部环境日益复杂多变，加上新产品开发活动本身的探索性、创新性和系统性，风险来源极为广泛，而对其中任何风险因素的忽视都可能导致新产品开发的失败。因此，辨识和分析新产品开发中存在的风险因素，是进行风险控制的前提。新产品开发风险为企业对新产品开发的内外环境不确定性的估计不足或无法适应，或对新产品开发过程难以有效控制而造成新产品开发失败的可能性。新产品开发风险主要表现在以下五个方面。

1. 开发新产品的市场风险

市场风险是指新产品的相对竞争优势的不确定性，以及市场接受的时间、市场寿命及市场开发所需资源投入强度等难以确定，而导致新产品开发失败的可能性。市场风险的来源：①对顾客需求状况及其变化把握不足；②市场接受新产品的时间和市场容量的不确定性；③缺乏有效的营销手段。新产品被开发出来以后，价格往往较贵，同时人们对新产品的质量、性能及其稳定性往往要观望一段时间，或等别人使用后再购买，这就阻碍了新产品快速渗透并占领市场。若新产品不能在短时间内占领市场，则很可能夭折。因为这项技术也被竞争对手看中，他们很可能模仿并加以改进，在短时间内追赶上来，且其产品更具优势。

2. 开发新产品的技术风险

技术风险是指由于新产品开发技术本身的不成熟、不完善或新的替代技术提前出现所带来的风险。由于新产品开发具有探索性和不确定性，可能会因为技术上不成熟、不可行而造成创新项目半途而废，或者虽然能研制开发出来，但达不到预计的技术效果。同时，新产品在不断发展，当更新、更好的换代产品比预计的时间提前出现，或市场上出现了其他功能上可替代的产品时，就会对已有产品产生巨大冲击，甚至使之被提前淘汰，造成新产品开发的投资难以收回。现代科学技术呈现出快速发展态势，各种新技术层出不穷，使得产品寿命周期和技术寿命周期大大缩短，因而现代企业新产品开发新产品的技术风险越来越凸显。

有些关于新产品开发的发明和设想虽然在技术上、市场上都很有吸引力，而且最初看来在技术上也是可行的。然而，一旦实施，就会发现许多技术问题还没有被解决或无法解决，需要对发明进行较大的改动，甚至进行再发明，而企业又可能没有这方面的能力和精力，新产品开发项目不得不半途而废。此外，当企业进行新产品开发时，开始时所用的技术也许是先进的，但由于产品创新过程需要一定的时间，当产品创新完成时，一项新的、更好的技术也许出现了，该项创新的技术就会变得过时，原有技术将可能提前被淘汰。

3. 开发新产品的资金风险

资金风险是指因资金供应出现问题或新产品研发费用超支而导致创新失败的可能性。新产品开发项目通常对资金需求量大且难以预测，在新产品开发活动中，可能由于对资金需求估计不足或项目费用控制不力造成超支，若不能及时供应资金，会使新产品开发活动停顿，其技术价值随着时间的推移不断贬值，甚至被后来的竞争对手超越，初始投入也就付诸东流。在新产品开发中，多数企业都会出现费用超出预算的情况。材料、设备价格的上涨，人工成本的升高，政府在产品安全、控制污染、节约能源等方面要求的不断提高等因素都会导致新产品开发费用呈不断上升趋势。资金风险包括新产品开发资金不足、筹资渠道不畅、筹资成本较大和通货膨胀。

4. 开发新产品的生产风险

新产品即使能在技术上被成功研制出来，但在批量生产、规模化生产方面可能仍然存在不确定性。新产品开发活动所需要的生产能力与现有产品生产能力是有差别的，它是指把研究开发成功的新产品样品及时地转化为可批量生产的产品的能力，它要求生产系统具有较强的柔性和灵活适应性。企业的配套技术不适应、生产工艺不过关、原材料供应跟不上、设备适应性差、生产规模难以迅速提高或工程技术人员及操作人员专业技能无法满足需要等因素都会产生生产风险，导致创新产品质量与性能达不到设计标准、生产能力不足或生产成本过高而无法满足市场需要。生产系统中有关因素及其变化的不确定性会导致新产品开发失败，如难以实现大批量生产、生产周期过长、工艺不合理、设备和仪器损坏、检测手段落后、产品质量难以保证、可靠性差、供应系统无法满足批量生产的要求等。

5. 开发新产品的其他社会风险

国家产业技术政策或区域经济发展规划的变动和调整，在新产品技术规范、安全性能、环保等方面法律和规定的变化，以及社会对新产品其他限制的增多，都可能会给新产品进入市场带来障碍；国家进出口政策、汇率变动、地区贸易保护主义、意外灾害等，也会给新产品开发项目带来风险。

除了上述风险，企业开发新产品还会面临管理、政治、法律和政策等方面的风险。

（二）新产品开发的风险

从营销学角度来看，一家企业新产品开发的主要风险在于资金投入的回收预期和市场销售的不确定性，也就是说，资金的投入和收益之间是否对称是不易预测的。例如，决策人员对产品抱有较大信心，投入了大量的资金而且时限较长；相反，市场反应却并未像决策人员预计的那样，或销售量增长缓慢，产品极易被对手模仿；或产品销售的整个市场前景平平。这种情况如果出现在处于增加科研技术投入和彻底放弃新产品开发的两难之间，形势就会变得更加严峻。

◆◇ 三、新产品开发中的风险防范

由于企业新产品开发的创新性和探索性，要完全规避市场风险是不太现实的，也是不可能的。但如果针对新产品开发系统中的风险因素，开展以市场风险防范为关键的新产品开发技术管理，采取积极且行之有效的防范对策和措施，努力化解各阶段的风险因素，则可以大大降低新产品开发的市场风险。企业采取以下措施，可在一定程度上减少新产品开发的风险。

（一）树立正确的理念

实践结果证明，正确的理念对产品开发有着非同寻常的意义。树立正确的理念也就是企业必须认识到新产品开发的收益与风险是共生体，即较大的收益面临着较大风险。新产品开发是一项系统工程，涉及企业的各个方面，企业各部门必须真诚合作，充分协调各生产要素才能成功。新产品开发团队成员要树立正确的创新理念，了解和把握新产品开发过程中可能出现的各种风险，团结一致，献计献策，使新产品开发顺利进行。只有在企业各层人员之间形成统一的、共同的理念，才能将大家最大化地团结起来，发挥团队效力，从而为新产品开发的实施奠定好基础。要树立正确的理念，企业的管理层要有明确的目标，然后要有鼓励性的措施，鼓励员工去完成目标；要加强绩效管理，以激励员工朝企业的共同目标努力。

（二）制订风险防范与控制预案

制订风险防范与控制预案必须遵循系统论与控制论原理。预案是在风险发生前对可能预见的事件的多个替代性补救方法加以评估，在可供选择的方案中选择最佳方案。风险防范与控制预案的实施条件应加以确定，并明确记录下来。与预案相关联各方应达成一致，并做出权威性承诺。预案一旦被确定，必须传达给新产品开发团队的所有成员，一旦风险发生，必须按照预案实施。另外，预案还应包括以下三项内容。

1. 识别技术风险

技术风险是个疑难问题，常常是导致新产品开发终止的原因所在。对于可以预见的那些可能性，要制订防范与控制预案；对于关键性技术问题，要制订多个预案。

2. 应急基金

应急基金用来应付新产品开发实施时可能出现的估价误差、遗漏和不确定性问题，至于实际运用多少资金，只有在风险发生时才知道。应急基金的储备规模和数量取决于新产品的"新颖性"。在实践中，应急基金占1%～10%。在独特的和高科技的产品开发中，应急基金占20%~60%也不少见。对应急基金的使用和消耗速度，必须严格监督和控制。

3. 管理储备基金

管理储备基金用来应付重大意外风险，因此它应用于新产品开发的全过程。例如，产品开发过程中出现意料之外或没有被识别出的重大变动、突发事件（自然灾害等），都要用管理储备基金来应付。管理储备基金的确定，绝大多数依据历史数据，或根据对产品开发独特的判断。这部分基金都是由高管层控制的。

（三）对新产品开发活动过程进行系统化管理

1. 高效的新产品开发组织机制建立的必要性

企业领导层应明确企业的重点经营业务、经营领域和发展方向，制定与总体战略相符合的新产品开发战略，明确新产品开发目标和新产品活动范围，并以战略为纽带将全体创新人员连为一体；应根据需要设立灵活的新产品开发组织机构，由高层管理者负责协调研究开发、工程技术、生产、供应、营销、财务和人力资源等职能部门的合作与配合，明确各环节的风险责任；高层管理者应高度重视新产品开发，并制定合理的创新激励政策，有效分配创新资源。

2. 科学的新产品开发项目管理机制建立的必要性

应合理地运用项目管理工具和管理方法，从新产品开发项目立项、开发、生产到销售，建立一套严格的决策程序、系统科学的评价标准和周详的计划。企业重大新产品开发项目决策应由高层管理者、科研人员、生产人员、营销人员共同参与制定，对创新项目中存在的各种不确定性因素，如资金需求量、研制周期、新产品竞争力、市场容量等进行全方位的、细致的分析与评价，而且这种评价与论证往往不是一蹴而就的，而是需要多次反复进行的。在项目实施过程中，要随时进行监控，及时搜集和反馈有关信息，并在项目进行的各主要阶段，根据反馈的信息对开发项目进行再次评估，并决定该项目是继续、修改、放弃还是重做，由传统的一次性决策转变为多阶段追踪决策，以提高项目的有效性，最大限度地降低风险。对于重大的新产品开发项目，除正常计划，还应有应变计划，以便及时采取补救措施，降低不利事件发生所带来的损失。

3. 加强新产品开发各环节的沟通与协作

新产品开发是一项系统活动，要提高创新成效，企业各部门之间必须具有良好的沟通渠道和沟通方式。在创新项目实施中，研究开发、产品设计、工艺制造、采购、营销等职能环节要始终做到相互交叉渗透，通过开展有组织的团队工作，加强沟通与合作。例如，研究开发人员、产品设计人员应直接面对市场，参与对市场和用户的调查分析，与营销人员共同测度客户需求，从市场营销的角度进行产品的概念开发与构思；设计人员进行产品设计、工艺设计时，必须与制造部门人员共同确定，这样可避免因沟通不足所导致的设计反复更改变动，从而加快创新进度，缩短新产品进入市场的时间，更好地把握先机，降低产品开发的成本费用，减少风险；要加强与外界的信息沟通，积极开展协作，并与供应商、顾客建立密切的联系，及时掌握市场和顾客需求的动态变化。

（四）加强新产品开发的市场调研工作

由于新产品开发被看成一个信息的收集、评价、处理、传递和应用的过程，因此产品开发小组的任务就是最大限度地收集关于用户需求、技术、竞争环境和所需资源的信息，以减少不确定性。不确定性降低得越多，产品获得商业化成功的可能性就越大。在开发小组中，来自不同职能部门的人扮演着不同的角色，如市场营销人员主要立足于降低有关市场营销信息的不确定性，R&D人员主要负责有关技术信息的不确定性。产品开发的过程就是一个不确定性逐渐减少的过程，因此，加强不同职能部门如R&D部门、市场营销部门、工程部门、制造部门的人员同外部顾客和供应商之间的交流，能实现信息共享，降低不确定性，从而降低风险。

（五）选择好新产品投入市场的时机

掌握好新产品投入市场的时机，是降低产品创新风险的另一重要方法。如果新产品相对于老产品投入市场过早，就会影响老产品的收益最大化；反之，在老产品开始衰退时仍没有新产品投入市场，就会造成销售额和利润的急剧下降，使企业陷入困境。如果新产品相对于竞争者的新产品投入市场过早，企业就会面临难以被顾客接受的风险；如果新产品相对于竞争对手的新产品投入市场过晚，竞争将非常激烈，没有较强的成本、质量或服务优势是很难取得成功的。

对于改进型产品来说，在老产品销售额开始下降（或销售额最大）时投入市场较为合适，既不影响原有产品的销售，又能使新产品尽快被市场接受。而对于创新型产品来说，应尽早投入市场，其原因有三个：① 创新型产品被市场接受需要较长的时间；② 企业在早期阶段可以获得较多的"撇脂"利润，以尽快弥补开发费用；③ 创新型产品技术变化速度较快，所用技术被新技术取代的可能性更大。

此外，新产品入市时机的选择，除了所考虑的市场因素，也要考虑新产品本身的技术成熟程度。新产品研制工作完成后，未经试产、试销、试用、反复验证改进，在质量尚未过关的情况下，就匆忙大量投入市场，一时可能得到一些利益，但终究要以败坏产品声誉而告终；反之，在市场激烈竞争情况下，若不将一种技术已过了关的新产品迅速投入市场，就会使企业错失良机。

（六）通过合作进行新产品开发

随着科学技术的发展、市场竞争程度的加剧，市场对新产品的要求不断提高，有时企业不可能拥有所有的新产品开发所需的人才和设备。在这种情况下，与其他企业和科研单位共同开发、销售新产品，可以弥补企业的薄弱环节、分散创新风险。

总之，任何一个经过周密计划的新产品开发项目都存在失败的潜在风险。这些风险虽然不能被完全消除，但可以采用一些方法加以防范。例如，做好项目选择并及时中止进行不下去的项目，能促进资源的合理配置，减少资源的浪费；加强开发人员之间的信息交流，能尽量减少技术和市场的不确定性；加快产品开发速度可以掌握市场竞争的主动权；选好入市时机可以为企业创造最大利润；合作开发能实现风险共担；等等。

第五章 财务管理价值观念

✤ 第一节 货币时间价值

◆ 一、货币时间价值的概念

货币时间价值，是指货币经历一定时间的投资和再投资所增加的价值。

任何企业的财务活动都是在特定的时空中进行的。货币的时间价值原理正确地揭示了在不同时点上资金之间的换算关系。货币投入生产经营过程后，其金额随时间的持续不断增长，这是一种客观的经济现象。企业资金循环的起点是投入货币资金，企业用来购买所需的资源，然后生产出新的产品，产品出售时得到的货币量大于最初投入的货币量。资金的循环及因此实现的货币增值，需要或多或少的时间，每完成一次循环，货币就增加一定金额，周转的次数越多，增值额也越大。因此，随着时间的延续，货币总量在循环中按照几何级数增长，形成了货币的时间价值。

需要注意的是，将货币作为资本投入生产过程所获得的价值增加并不全是货币的时间价值。这是因为，所有的经营都不可避免地具有风险，而投资者承担风险也要获得相应的报酬；此外，通货膨胀也会影响货币的实际购买力，对所投资项目的报酬率也会产生影响。资金的供应者在通货膨胀的情况下，必然要求索取更高的报酬以补偿其购买力损失，这部分补偿称为通货膨胀贴水。可见，货币在经营过程中产生的报酬不仅包括时间价值，而且包括货币资金提供者要求的风险报酬和通货膨胀贴水。因此，时间价值是指扣除风险报酬和通货膨胀贴水后的真实报酬率。

货币的时间价值有两种表现形式：相对数形式和绝对数形式。相对数形式，即货币时间价值率，是指扣除风险报酬和通货膨胀贴水后的平均资金利润率或平均报酬率；绝对数形式，即时间价值额，是指资金与时间价值率的乘积。时间价值虽有两种表示方法，但在实际工作中并不进行严格的区分。因此，在述及货币时间价值的时候，有时用绝对数形式，有时用相对数形式。

银行存款利率、贷款利率、各种债券利率、股票的股利率都可以看作投资报酬率，与时间价值是有区别的，只有在没有风险和通货膨胀的情况下，时间价值才与上述各报酬率相等。为了分层次、由简到难地研究问题，在论述货币时间价值时常采用抽象分析法，一般假定没有风险、没有通货膨胀，以利率代表货币时间价值率。本章以此假设为基础。

◆ 二、现金流时间线

计算货币资金的时间价值，首先要清楚资金运动发生的时间和方向，即每笔资金在哪个时点上发生，资金流向是流入还是流出。现金流量时间线提供了一个重要的计算货币资金时间价值的工具，可以直观、便捷地反映资金运动发生的时间和方向。现金流量时间线对于更好地理解和计算货币时间价值很有帮助。

◆ 三、一次性收付款项的终值和现值

一次性收付款项是指在某一特定时点上一次性支出或收入，经过一段时间后再一次性收回或支出的款项。例如，现在将一笔 1 万元的现金存入银行，5 年后一次性取出本利和。

资金时间价值的计算，涉及两个重要的概念，即现值和终值。现值（present value，P）又称本金，是指未来某一时点上的一定量现金折算到现在的价值。终值（future value，F）又称将来值或本利和，是指现在一定量的现金在将来某一时点上的价值。

由于终值和现值的计算同利息的计算方法有关，而利息的计算方法又有复利和单利两种，因此，终值与现值的计算也有复利和单利计算之分。单利是指一定期间内只根据本金计算利息，当期产生的利息在下一期不作为本金，不重复计算利息。例如，本金为 1000 元、年利率为 3.6% 的 5 年期单利定期存款，到期时的利息收入为 180 元，每年的利息收入为 36 元（1000×3.6%）。而复利是本金要计算利息，利息也要计算利息，即通常所说的"利滚利"。复利的概念充分体现了资金时间价值的含义，因为资金可以再投资，而且理性的投资者总是尽可能快地将资金投向合适的领域，以赚取报酬。在讨论资金的时间价值

时，一般都按照复利计算。

（一）单利

通常用 P 表示现值，F 表示终值，i 表示利息率（贴现率、折现率），n 表示计息期数，I 表示利息。

1. 单利利息

$$I = P \times i \times n$$

每年的单利利息额实际上就是资金的增值额。

2. 单利终值

$$F = P \times (1 + i \times n)$$

资金的单利终值就是本金与每年的利息额之和。

3. 单利现值

$$P = \frac{F}{1 + i \times n}$$

（二）复利

计算复利时，每经过一个计息期，要将该期所派生的利息加入本金再计算利息，逐期滚动计算。这里所说的计息期，是指相邻两次计息的间隔，如年、月、日等。除非特别说明，计息期一般为 1 年。

1. 复利终值

复利终值是指一定量的本金按照复利计算的若干年后的本利和，即现有资金 P，经过 n 年，其终值 F 为多少。复利终值的计算公式为

$$F = P \times (1 + i)^n$$

其中，$(1 + i)^n$ 称为复利终值系数，可记作 $\left(\frac{F}{P}, i, n \right)$，则复利终值的计算公式也可以表示为

$$F = P \times (1 + i)^n = P \times \left(\frac{F}{P}, i, n \right)$$

2. 复利现值

复利现值是复利终值的对称概念，是指未来一定时间的特定资金按照复利

计算的现在价值，或是为将来取得一定的本利和而现在所需要的本金。复利现值计算，是指已知 F，i，n 时，求 P。通过复利终值计算已知 $F = P \times (1 + i)^n$，所以

$$P = F \times \frac{1}{(1 + i)^n}$$

其中，$\dfrac{1}{(1 + i)^n}$ 称为复利现值系数，可记作 $(P/F, i, n)$，则复利现值的计算公式也可以表示为

$$P = F \times \left(\frac{P}{F}, i, n\right)$$

◆ 四、非一次性收付款项的终值和现值

上面介绍了一次性收付款项，此外，还存在一定时期内多次收付的款项，即非一次性收付款项。非一次性收付款项根据每次收付款项金额是否相等，可分为等额系列收付款项和不等额系列收付款项。

（一）等额系列收付款项的终值和现值

等额系列收付款项是指等额、定期的系列收支，也称为年金（annuity，A）。例如，分期付款赊购、分期偿还贷款、发放养老金、分期支付工程款、每年相同的销售收入等，都属于年金收付形式。按照收付时点和方式的不同，可以将年金分为普通年金、预付年金、递延年金和永续年金四种。

需要注意的是，在财务管理中讲到年金，除非特别指明，一般是指普通年金。

1. 普通年金

普通年金，又称后付年金，是指每期期末等额收付款项的年金。这种年金形式在现实经济生活中最为常见。

（1）普通年金终值。

普通年金终值犹如零存整取的本利和，是在一定时期内每期期末等额收付款项的复利终值之和。

（2）偿债基金。

偿债基金是指为了在约定的未来某一时点清偿某笔债务或积聚一定数额的

资金而必须分次等额储存的款项。每次等额储存的款项就是年金，可以获得按照复利计算的利息，未来的债务或需积聚的资金实际上等于年金终值（final value of annuity，F_A）。

（3）普通年金现值。

普通年金现值（present value of annuity，P_A）是指在一定时期内每期期末等额收支款项的复利现值之和。实际上就是指为了在每期期末取得或支出相等金额的款项，现在需要一次性投入或借入多少金额。

（4）资本回收额。

资本回收额是指在给定的年限内等额回收或清偿初始投入的资本或所欠的债务，这里的等额款项为年资本回收额。

年资本回收额的计算实质为：已知年金现值P_A求年金数额A。资本回收额的计算实际上是年金现值的逆运算。

2. 预付年金

预付年金又称先付年金或即付年金，是指在每期期初等额收付的年金。预付年金与普通年金的区别在于收付款的时点不同。由于普通年金是最常用的，因此年金终值和现值的系数表是按照普通年金编制的，为了便于计算和查表，必须根据普通年金的计算公式，推导出预付年金的计算公式。

3. 递延年金

递延年金又称延期年金，是指在最初若干期没有收付款项的情况下，后面若干期等额的系列收付款项，是普通年金的特殊形式。普通年金和预付年金的第一次收付时间都发生在整个收付期的第1期，要么在第1期期末，要么在第1期期初。但有时会遇到第一次收付不发生在第1期，而是隔了几期后才在以后的每期期末发生一系列的收付款项，这种年金形式就是递延年金。因此，凡是不在第1期开始收付的年金，就可称为递延年金。

4. 永续年金

永续年金是指无限期的收入或支出相等金额的年金，也称永久年金，是普通年金的一种特殊形式。永续年金期限趋于无限，没有终止时间，故没有终值，只有现值。

（二）不等额系列收付款项的终值和现值

不等额系列收付款项是指在一定时期内多次收付，而每次收付的金额不相等的款项。不等额收付款项的货币时间价值的计算包括终值和现值的计算。

1. 不等额系列收付款项终值

前面讲的年金每次收入或付出的款项都是相等的，但在财务管理实践中，更多的情况是每次收入或付出的款项并不相等。不等额系列收付款项终值等于每期收付款项的终值之和。

2. 年金和不等额系列收付款项混合情况下的现值

在年金和不等额系列收付款项混合的情况下，不能用年金计算的部分，则用复利公式计算，然后与用年金计算的部分加总，便得出年金和不等额系列收付款项混合情况下的现值。

❖ 第二节　风险与报酬

◈ 一、风险与报酬概述

对于大多数投资者而言，个人或企业当前投入资金是因为期望在未来会赚取更多的资金。报酬为投资者提供了一种恰当地描述投资项目财务绩效的方式。报酬的大小可以通过报酬率来衡量。假设某投资者购入10万元的短期国库券，利率为10%，一年后可获得11万元，那么这一年的投资报酬率为10%，即

$$投资报酬率 = \frac{投资所得 - 初始投资}{初始投资}$$

事实上，投资者获得的投资报酬率就是国库券的票面利率，一般认为该投资是无风险的。然而，如果将这10万元投资于一家刚成立的高科技公司，该投资的报酬就无法明确估计，即投资面临风险。

风险是指在一定条件下、一定时期内，某一行动具有多种可能但结果不确定。人们一般可以事先估计采取某一行动可能导致的各种结果，以及每种结果出现的可能性的大小，但无法确定最终结果是什么。例如，掷一枚硬币，可以事先知道硬币落地时有正面朝上和反面朝上两种结果，并且每种结果出现的可能性各为50%，但谁也无法事先知道每一次硬币落地时究竟是正面朝上还是反面朝上，这就是不确定性。从财务管理角度而言，风险就是企业在财务活动中由于各种难以预料和无法控制的因素，使企业的实际收益与预期收益发生背离，从而蒙受经济损失的可能性。例如，企业所期望的收益率是30%，而实际

获得的收益率是20%，二者的差异即反映了风险。

公司的财务决策几乎都是在包含风险和不确定性因素的情况下做出的。离开了风险，就无法正确评价公司投资报酬率的高低。风险是客观存在的，按照风险的程度，可以把公司的财务决策分为以下三种类型。

（一）确定性决策

决策者对未来的情况是完全确定的或已知的决策，称为确定性决策。例如，前述投资者将10万元投资于利息率为10%的短期国库券，由于国家实力雄厚，到期得到10%的报酬几乎是肯定的，因此，一般认为这种决策为确定性决策。

（二）风险性决策

决策者对未来的情况不能完全确定，但不确定性出现的可能性的具体分布是已知的或可以估计的，这种情况下的决策称为风险性决策。

（三）不确定性决策

决策者不仅对未来的情况不能完全确定，而且对不确定性可能出现的概率也不清楚，这种情况下的决策称为不确定性决策。

从理论上讲，不确定性是无法计量的，但在财务管理中，通常为不确定性规定了一些主观概率，以便进行定量分析。不确定性在被规定了主观概率以后，就与风险十分近似了。因此，在企业财务管理中，对风险与不确定性并不进行严格区分，当谈到风险时，可能是风险，也可能是不确定性。

投资者之所以愿意投资风险高的项目，是因为其获得的报酬率足够高，能够补偿其投资风险。很明显，在上述例子中，如果投资高科技公司的期望报酬率与短期国库券一样，那么几乎没有投资者愿意选择投资高科技公司。

◇◆ 二、单项资产的风险与报酬

对投资活动而言，风险是与投资报酬的可能性相联系的，因此，对风险的衡量就要从投资报酬的可能性入手。

（一）概率

在完全相同的条件下，某一事件可能发生，也可能不发生，可能出现这种结果，也可能出现另外一种结果，这类事件称为随机事件。概率就是用来反映随机事件发生的可能性大小的数值，一般用 R 表示随机事件，R_i 表示随机事件的第 i 种结果，P_i 表示第 i 种结果出现的概率。一般随机事件的概率在 0 与 1 之间，即 $0 \leqslant P_i \leqslant 1$，$P_i$ 越大，表示该事件发生的可能性越大；反之，P_i 越小，表示该事件发生的可能性越小。所有可能的结果出现的概率之和一定为 1，肯定发生的事件概率为 1，肯定不发生的事件概率为 0。

概率分布是指一项活动可能出现的所有结果概率的集合。概率分布有两种类型：一种是离散型概率分布，即随机事件可能出现的结果只取有限个值，概率分布在各个特定的 R 值上；另一种是连续型概率分布，即随机事件可能出现的结果有无数个值，也对应无数个相应的概率，概率分布在连续图像两点之间的区间上。

（二）期望报酬率

将各种可能结果与其所对应的发生概率相乘，并将乘积相加，得到各种结果的加权平均数。此处权重系数为各种结果发生的概率，加权平均数则为期望报酬率。概率分布图越集中，实际结果接近期望值的可能性越大，其背离期望报酬率的可能性则越小。由此可知，概率分布越集中，对应的风险越小。

（三）离散程度

利用概率分布的概念能够对风险进行衡量，即期望报酬率的概率分布越集中，则该投资的风险越小。为了定量地衡量风险大小，可以借助统计学中衡量离散程度的指标。

1. 标准差

为了准确度量风险的大小，引入标准差（standard deviation，SD）这一度量概率分布密度的指标。标准差越小，概率分布越集中，风险越小。

2. 离散系数

如果两个项目期望报酬率相同、标准差不同，理性投资者会选择标准差较小，即风险较小的那个。类似的，如果两个项目具有相同的风险（标准差），但期望报酬率不同，投资者通常会选择期望报酬率较高的项目，因为投资者都希望冒尽可能小的风险而获得尽可能高的报酬。但是，如果有两项投资，一项期望报酬率较高而另一项标准差较低，投资者该如何抉择呢？此时另一个风险度量指标离散系数（coefficient of variation，CV，也称变异系数）可以较好地解决这一问题。

◇◆ 三、投资组合的风险与报酬率

投资者在进行证券投资时，一般并不把所有资金投资于一种证券，而是同时持有多种证券。这种同时投资多种证券的方式，称为证券的投资组合，又称证券组合或投资组合。这里的"证券"是"资产"的代名词，可以是任何产生现金流的东西，如一项生产性生物资产、一条生产线或是一家企业。由多种证券构成的投资组合，会减少风险，报酬率高的证券会抵销报酬率低的证券带来的负面影响。因此，绝大多数法人投资者，如工商业企业、信托投资公司、投资基金公司等都同时投资多种证券，即使是个人投资者，一般也是持有证券的投资组合而不只是投资某一个公司的股票或债券。所以，了解证券投资组合的风险与报酬，对于企业财务人员来说非常重要。

（一）投资组合的期望报酬率

投资组合的期望报酬率是指组合中单项证券期望报酬率的加权平均值，权重为整个组合中投入各项证券的资金占总投资额的比重。

（二）投资组合的风险

投资组合的风险可以用标准差来衡量。投资组合的期望报酬率是证券组合中各单项证券期望报酬率的加权平均值，但投资组合的风险并不是各项证券的方差或标准差的加权平均值。证券组合的风险不仅取决于组合内各单项证券的风险，而且与各单项证券间的相互关系有关。

（三）投资组合与风险分散

与投资组合的报酬率不同，投资组合的风险通常并非组合内部单项资产标准差的加权平均数。事实上，可以利用某些有风险的单项资产组成一个完全无风险的投资组合，这就是风险分散。

若投资组合包含的股票多于两只，通常情况下，投资组合的风险将随所包含股票数量的增加而降低。想要找到期望报酬率呈负相关的股票很困难。因为当经济繁荣时，多数股票都走势良好；而当经济低迷时，多数股票都表现不佳。因此，即使是非常大的投资组合，也仍然存在一些风险。

因此，任意一只股票所包含的风险，几乎有一半能够通过构建一个适度最

大分散化的投资组合而消除。不过，由于总会残留一些风险，因此几乎不可能完全分散那些影响所有股票报酬率的整个股票市场的波动。

股票风险中通过投资组合能够被消除的部分称为可分散风险，而不能够被消除的部分则称为市场风险。如果组合中股票数量足够多，则任意单只股票的可分散风险都能够被消除。

可分散风险是指由某些随机事件（如个别公司遭受火灾、公司在市场竞争中的失败等）导致的。这种风险可以通过证券持有的多样化来抵销，即多买几家公司的股票，其中某些公司的股票报酬率上升，另一些公司的股票报酬率下降，从而将风险抵销。市场风险则产生于那些影响大多数公司的因素：经济危机、通货膨胀、经济衰退和高利率。由于这些因素会对大多数股票产生负面影响，因此无法通过分散化投资消除市场风险。

投资组合可以分散隐含在单项资产中的风险，从而降低投资组合总体的风险。但是，影响市场上所有资产的市场风险却是无法通过投资组合分散的。因此，投资者因承担风险而期望得到的补偿也应该是对市场风险进行的补偿，而不能期望市场对可分散风险进行补偿。

市场风险的衡量采用贝塔系数（符号为β）。财务管理上用β系数来衡量市场风险，是指单只股票的报酬率随着市场组合的报酬率波动（市场风险）而波动的程度，揭示了单只股票报酬率相对于市场组合报酬率变动的敏感程度。

标准差较高的股票，其β系数也较大。因此，在其他条件都相同的情况下，高风险的股票将为投资组合带来更多的风险。同时，与市场组合间相关系数较高的股票具有较大的β系数，从而风险也更高，此时意味着分散化的作用将不大，该股票将给投资组合带来较多风险。

市场组合（包括所有股票）在股票市场上，其报酬率代表股票的平均收益水平，报酬率的变动程度通常根据有代表性的股票市场指数的变化来衡量。在整个股票市场波动时，个别股票的反应各不一样，有的发生剧烈变动，有的只发生较小的变动，即各种股票对市场变化的敏感程度不一样，相应的β系数也就不一样。与市场水平同步波动的股票称为平均风险股票，平均风险股票的β系数为1。

（四）投资组合的风险报酬率

投资者进行组合投资与进行单项投资一样，都要求对所承担的风险进行补偿，股票的风险越大，要求的报酬率越高。但是，与单项投资不同，组合投资要求补偿的风险只是市场风险，而不要求对可分散风险进行补偿。如果可分散风险的补偿存在，善于科学地进行组合投资的投资者将会购买这部分股票，并抬高其价格，其最后的报酬率只反映市场风险。因此，组合投资的风险报酬率是投资者因承担不可分散风险而要求的，超过时间价值的那部分额外报酬率。调整各种证券在投资组合中的比重，可以改变投资组合的风险、风险报酬率和风险报酬额。在其他因素不变的情况下，风险报酬率取决于投资组合的β系数，β系数越大，风险报酬率越大；反之亦然。

（五）最优投资组合

1. 有效投资组合的概念

根据风险报酬均衡原则，投资者希望报酬高、风险低，因此，投资者只希望投资于有效投资组合。有效投资组合是指在任何既定的风险程度上，提供的期望报酬率最高的投资组合；也可以指在任何既定的期望报酬率水平上，带来的风险最低的投资组合。

一个有效的投资组合中不会仅仅包括两项资产。当然，列示出所有可能的资产组合也是不可能的。只要先估计出各项投资实际报酬率的数值，就能用图形表示出各组合的风险报酬率对应点的集合是什么形状。

2. 最优投资组合的建立

要建立最优投资组合，还必须加入一个新的因素——无风险资产。一个投资组合不仅包括风险资产，而且包括无风险资产。有了无风险资产，就能说明投资者是如何选择投资组合的。

简言之，无风险资产的标准差为零。也就是说，未来报酬率没有不确定性，实际报酬率永远等于期望报酬率。从严格意义上讲，完全没有风险的资产是不存在的。但一般情况下，一些标准差非常小（或者说风险非常小）的资产可以视为无风险资产，如政府发行的国库券。

当能够以无风险利率借入资金时，可能的投资组合对应点所形成的连线就是资本市场线（capital market line，CML），资本市场线可以看作所有资产（包括风险资产和无风险资产）的有效集。

◆ 四、主要资产定价模型

众所周知，投资者只有在期望报酬率足以补偿其承担的投资风险时才会购买风险性资产。由风险报酬均衡原则可知，风险越高，必要报酬率也就越高。

多高的必要报酬率才足以抵补特定数量的风险呢？市场又是怎样决定必要报酬率的呢？一些基本的资产定价模型将风险与报酬率联系在一起，把报酬率表示成风险的函数，这些模型包括资本资产定价模型、多因素模型和套利定价模型。

（一）资本资产定价模型

市场的期望报酬率是指无风险资产的报酬率加上因市场组合的内在风险所需的补偿，可以用公式表示为

$$R_\mathrm{m} = R_\mathrm{p} + R_\mathrm{F}$$

其中，R_m 表示市场的期望报酬率；R_F 表示无风险资产的报酬率；R_p 表示投资者因持有市场组合而要求的风险溢价。

因为股票具有风险，所以期望报酬率与实际报酬率往往不同，某一时期市场的实际报酬率可能低于无风险资产的报酬率，甚至出现负值。但投资者要求风险与报酬均衡，所以风险溢价一般都假定为正值。这个值应该是多少呢？实际操作中通常用过去风险溢价的平均值作为未来风险溢价的最佳估计值。

在构造证券投资组合并计算它们的报酬率之后，资本资产定价模型（capital asset pricing model，CAPM）可以进一步测算投资组合中的每一种证券的报酬率。资本资产定价模型建立在一系列严格假设的基础之上：所有投资者都关注单一持有期；通过基于每个投资组合的期望报酬率和标准差，在可选择的投资组合中选择，都寻求最终财富效用的最大化；所有投资者都可以给定的无风险利率无限制地借入或借出资金，卖空任何资产均没有限制；投资者对期望报酬率、方差和任何资产的协方差评价一致，即投资者有相同的期望；所有资产都是无限可分的，并有完美的流动性（即以任何价格均可交易），没有交易费用，没有税收，所有投资者都是价格接受者（即假设单个投资者的买卖行为不会影响股价）；所有资产的数量都是确定的。

（二）多因素模型

CAPM 的假设条件是均值和标准差包含了资产未来报酬率的所有相关信息，但是可能还有更多的因素影响资产的期望报酬率。原则上，一种资产的期望报酬率的大小取决于单一因素，但是在现实生活中多因素模型可能更加有效。因为即使无风险报酬率是相对稳定的，受风险影响的那部分风险溢价仍可能受多种因素影响，一些因素影响所有企业，另一些因素可能仅影响特定企业。假设有 n 种相互独立因素影响不可分散风险，此时，股票的报酬率将会是

一个多因素模型。

（三）套利定价模型

套利定价模型基于套利定价理论（arbitrage pricing theory，APT），从多因素的角度考虑证券报酬率，假设证券报酬率是由一系列产业方面和市场方面的因素确定的。

套利定价模型与资本资产定价模型都建立在资本市场效率的原则之上，套利定价模型仅仅是在同一框架之下的另一种证券估值方式。套利定价模型把资产报酬率放在一个多变量的基础上，并不试图规定一组特定的决定因素，反而认为资产的期望报酬率取决于一组因素的线性组合，这些因素必须经过实验来判别。

❀ 第三节　证券估值

◆ 一、证券投资概述

（一）证券的含义

证券是多种经济权益凭证的统称，是指一种具有一定票面金额，证明持券人或证券指定的特定主体拥有所有权或债权的凭证。证券的主要内容有双方交易的标的物、标的物的数量和质量、交易标的价格、交易标的物的时间和地点等。不同证券规定的内容有所不同。

（二）广义证券与狭义证券

1. 广义证券

广义证券主要包括资本证券、货币证券和商品证券。资本证券是指由金融投资或与金融投资有直接联系的活动而产生的证券，持券人对发行人有一定的收入请求权。资本证券包括股票、债券、基金及其衍生品种，如期货、期权等。货币证券是指本身能使持券人或第三者取得货币索取权的有价证券。货币证券主要包括汇票、本票、支票。商品证券是指证明持券人有商品所有权或使用权的凭证，取得这种证券就等于取得这种商品的所有权。属于商品证券的有提货单、运货单、仓库栈单等。

2. 狭义证券

狭义证券又称资本证券，或直接称为证券。

3. 证券的分类

证券按照不同的标准，可以分为以下四种类型：① 按照证券发行主体的不同，分为政府证券、金融机构证券和公司证券；② 按照证券所体现的关系不同，分为所有权证券和债权证券；③ 按照募集方式不同，分为公募证券和私募证券；④ 按照证券收益的决定因素不同，分为原生证券和衍生证券。

（三）证券投资的目的

证券投资是指投资者将资金投资于股票、债券、基金及衍生证券等资产，从而获取收益的投资行为。企业持有的证券是企业资产的一部分，具有与企业现金相同的性质和价值。

证券投资是企业对外投资的一种重要形式。企业用结余的资金、所得税后的正常留利，既可以到证券交易市场认购各种有价的债券，又能以法人名义认购各种上市公司发行的股票。企业进行证券投资主要出于以下四个方面的目的。

1. 充分利用闲置资金，增加企业收益

企业在生产经营过程中，一般都拥有一定数量的资金，以满足日常经营的需要，但是从资金管理的角度来看，盈利性较差的资金余额过多是一种浪费。因此，企业可以将闲置的资金进行有价证券投资，以获取一定的收益，并在资金流出超过资金流入时，将持有的证券出售，以取得经营所需的资金。这样，既能调节资金余额，又能增加企业的投资收益。

2. 与筹集长期资金相配合

处于成长期或扩张期的企业一般每隔一段时间就会发行股票或公司债券，但所获得的资金一般并不一次用完，而是逐渐、分次使用。这样，暂时不用的资金可投资于有价证券，以获取一定收益，而当企业进行投资需要资金时，则可出售有价证券，以获得现金。

3. 满足季节性经营对资金的需求

从事季节性经营的公司在一年内的某些月份有剩余资金，在其他月份则会出现资金短缺，这些公司通常在资金有剩余时买入证券，而在资金短缺时出售证券。

4. 获得对相关企业的控制权

有些企业为了牵制其他企业，往往会动用一定资金购买别的企业的股票，以便获得对这些企业的控制权。企业的生产经营达到一定规模后，为了发展就需要不断投资。企业可以通过兴建新厂房、购置新设备等实物投资形式扩大生产经营规模；也可以通过在证券市场上购进其他企业发行的有价证券，实现不断扩张的目的。但后者与前者相比，对企业来说是一种更方便的投资途径。如果企业购买某个企业发行的股票达到一定规模，则可以兼并该企业。若不想兼并，则可以拥有参与该企业经营的决策权，甚至是控制权。

（四）证券投资的风险

证券投资风险是指证券投资中存在的使投资者遭受损失的危险。

按照构成内容的不同，可将证券投资风险分为以下五类。

1. 信用风险

信用风险是指由于发行人到期不能还本付息而使投资人遭受损失。这种风险主要受证券发行人的经营能力、资本大小、事业的前途、事业的稳定性等影响。一般政府证券的信用风险小，属于投资级证券；而那些信誉差、风险大的证券，属于投机级证券。

2. 利率风险

利率风险是指由于金融市场上利率水平的变化，而可能给投资者带来损失。

3. 通货膨胀风险

通货膨胀风险是指由于货币贬值、物价上涨，投资于证券所获得的报酬相对于物价上涨幅度已经贬值，实际购买力降低，从而给投资人带来损失。

4. 市场风险

市场风险是指由于证券市场变化或经济形势动荡给投资人带来的损失。

5. 期限风险

期限风险是指证券到期、期限较长而引起的不稳定因素较多所造成的损失。为了补偿这种损失，同类证券如果期限较长，其投资的收益就应较高。

此外，还有政治风险、外汇风险等。证券投资风险一般与投资收益正相关，收益高的证券，投资风险也大；收益低的债券，投资风险也小。

按照引起事件范围的不同，可将证券投资风险分为以下两类。

1. 系统性风险

系统性风险是指由于全局性事件引起的投资收益变动的不确定性。系统性风险对所有企业、证券投资者和证券种类均产生影响，因而通过多样化投资不能抵消这样的风险，所以又称为不可分散风险或不可多样化风险。

2. 非系统性风险

非系统性风险是指由非全局性事件引起的投资收益率变动的不确定性。在现实生活中，各个公司的经营状况会受其自身因素（如决策失误、新产品研制的失败）的影响，这些因素跟其他公司没有什么关系，只会造成该家公司证券收益率的变动，不会影响其他公司的证券收益率，它是某个行业或公司遭受的风险。因为一种或几种证券收益率的非系统性变动跟其他证券收益率的变动没有内在的、必然的联系，因而可以通过证券多样化方式来消除这类风险，所以又称为可分散风险或可多样化风险。

◇◆ 二、债券的特征及估值

债券是由公司、金融机构或政府发行的，表明发行人对其承担还本付息义务的一种债务性证券，是公司对外进行债务筹资的主要方式之一。作为一种有价证券，其发行者和购买者之间的权利和义务是通过债券契约固定下来的。

（一）债券的主要特征

尽管不同公司的债券往往在发行的时候订立了不同的债券契约，如有的债券到期可以转换成公司的普通股，有的债券在约定的条件下可以提前偿付等，但是典型的债券契约至少包括以下条款。

1. 票面价值

债券票面价值又称面值，是指债券发行人借入并且承诺于债券到期时偿付持有人的金额，如美国公司发行的大多数债券面值是1000美元，而我国公司发行的企业债券面值大多为100元。

2. 票面利率

债券的票面利率是指债券持有人定期获取的利息与债券面值的比率。例如，某铝业公司2020年5月发行的5年期企业债券面值为100元，每年支付3.8

元的利息，债券的票面利息是3.8元，债券的票面利率是3.8%。3.8元是100元借款的利息，该支付额在债券发行时就确定了，在债券的流通期限内固定不变。多数债券的票面利率在债券持有期间不会改变，但也有一些债券在发行时不明确规定票面利率，而是规定利率水平根据某一标准（如银行存款利率）的变化而同方向调整，这种债券的利率一般称为浮动利率。

还有一些债券根本不支付利息，但是会以大大低于面值的折价方式发行，因而会提供资本利得而不是利息收入，这类债券称为零息债券。零息债券在美国应用较多，如IBM、马丁公司，甚至美国财政部都发行过零息债券。我国的企业很少发行零息债券，中国进出口银行发行的金融债券是国内第一只真正意义上的零息债券。

3. 到期日

债券一般都有固定的偿还期限，到期日即期限终止之时。债券期限有的短至3个月，有的则长达30年。往往到期时间越长，其风险越大，债券的票面利率也越高。

（二）债券的估值方法

任何金融资产的估值都是资产预期创造现金流的现值，债券也不例外。债券的现金流依赖于债券的主要特征。对于一只典型的公司债券而言，如某铝业公司发行的企业债券，其现金流由5年的债券利息支付加上债券到期时需偿还的本金（100元面值）组成。如果是浮动利率债券，利息支付随时间变化而变化。如果是零息债券，则没有利息支付，只在债券到期时按照面额支付。

（三）债券投资的优缺点

1. 债券投资的优点

债券投资的优点主要体现在以下三个方面。

（1）本金安全性高。

与股票相比，债券投资风险比较小。政府发行的债券有国家财力作后盾，其本金的安全性非常高，通常视为无风险证券。公司债券的持有者拥有优先求偿权，即当公司破产时，优先于股东分得公司资产，因此，其本金损失的可能性小。

（2）收入比较稳定。

债券票面一般都标有固定利息率，债券的发行人有按时支付利息的法定义务，因此，在正常情况下，投资于债券都能获得比较稳定的收入。

（3）许多债券都具有较好的流动性。

政府及大公司发行的债券一般都可在金融市场上迅速出售，流动性很好。

2. 债券投资的缺点

债券投资的缺点主要体现在以下三个方面。

（1）购买力风险比较大。

债券的面值和利息率在发行时就已确定，如果投资期间的通货膨胀率比较高，则本金和利息的购买力将不同程度地受到侵蚀，在通货膨胀率非常高时，投资者虽然名义上有报酬，实际上却遭受了损失。

（2）没有经营管理权。

投资于债券只是获得报酬的一种手段，无权对债券发行单位施以影响和控制。

（3）需要承受利率风险。

市场利率随时间上下波动，市场利率的上升会导致流通在外的债券价格下降。市场利率上升导致的债券价格下降构成了利率风险。假如以100元的价格购买面值为100元的A公司债券，期限为5年，票面利率为10%。第2年市场利率升至15%，则债券的价格会下跌到85.73元，因此每张债券将损失14.27元，上升的市场利率导致了债券持有者的损失。因此，投资债券的个人或公司承受着市场利率变化的风险。

◆ 三、股票的特征及估值

股票投资是公司进行证券投资的一个重要方面。随着我国股票市场的发展，股票投资已变得越来越重要。

（一）股票的构成要素

为了更好地理解股票估值模型，下面介绍股票的一些构成要素。

1. 股票价值

投资股票通常是为了在未来能够获得一定的现金流入。这种现金流入包括两部分：每期将要获得的股利和出售股票时得到的价格收入。有时为了将股票的价值与价格相区别，也把股票的价值称为股票内在价值。

2. 股票价格

股票价格是指其在市场上的交易价格，分为开盘价、收盘价、最高价和最低价等。股票价格会受到各种因素的影响而出现波动。

3. 股利

股利是指股份有限公司以现金的形式从公司净利润中分配给股东的投资报酬，也称红利或股息。但也只是当公司有利润并且管理层愿意将利润分给股东而不是将其进行再投资时，股东才有可能获得股利。

（二）股票的类别

股票有两种基本类型：普通股和优先股。普通股股东是公司的所有者，可以参与选举公司的董事，但是当公司破产时，普通股股东只能最后得到偿付。普通股股东可以从公司分得股利，但是发放股利并不是公司必须履行的义务。因此，普通股股东与公司债权人相比，要承担更大的风险，其报酬也具有更大的不确定性。

优先股是指公司发行的求偿权介于债券和普通股之间的一种混合证券。优先股相对于普通股的优先权是指清算时的优先求偿权，但是这种优先权的获得使优先股股东通常丧失了与普通股股东一样的投票权，从而限制了其参与公司事务的能力。优先股的现金股利是固定的，且先于普通股股利发放，每期支付的股利类似于债券支付利息。不同的是，如果公司未能按时发放股利，优先股股东不能请求公司破产。当然，公司为保持良好的财务声誉，总是会想方设法满足优先股股东的股利支付要求。

（三）优先股的估值

优先股的支付义务很像债券，每期支付的股利与债券每期支付利息类似，因此债券的估值方法也可以用于优先股估值。如果优先股每年支付股利为 D，n 年后该公司以每股 P 元的价格回购，股东要求的必要报酬率为 R，则优先股的价值为

$$V = D \times \left(\frac{P}{A},\ R,\ n\right) + P \times \left(\frac{P}{F},\ R,\ n\right)$$

其中，V 表示优先股的价值；其他符号含义同前。

与债券不同的是，优先股有时按照季度支付股利。此时，其价值计算如下：

$$V = D \times \left(\frac{P}{A}, \frac{R}{4}, 4n \right) + P \times \left(\frac{P}{F}, \frac{R}{4}, 4n \right)$$

多数优先股永远不会到期，除非企业破产，因此这样的优先股估值可进一步简化为永续年金的估值，即

$$V = \frac{D}{R}$$

（四）普通股的估值

普通股的估值与债券的估值本质上都是未来现金流的折现，但是由于普通股的未来现金流是不确定的，依赖于公司的股利政策，因此普通股的估值与债券的估值存在差异。

普通股股票持有者的现金收入由两部分构成：一部分是在股票持有期间收到的现金股利；另一部分是出售股票时得到的变现收入。

（五）股票投资的优缺点

1. 股票投资的优点

股票投资是一种最具挑战性的投资，其报酬和风险都比较高。股票投资的优点主要有以下三点。

（1）能获得比较高的报酬。

普通股的价格虽然变动频繁，但从长期看，优质股票的价格是上涨的居多，只要选择得当，一般都能获得优厚的投资报酬。

（2）能适当降低购买力风险。

普通股的股利不固定，在通货膨胀率比较高时，由于物价普遍上涨，股份公司盈利增加，股利的支付也随之增加，因此，与固定报酬证券相比，普通股能有效地降低购买力风险。

（3）拥有一定的经营控制权。

普通股股东属于股份公司的所有者，有权监督和控制公司的生产经营情况。

2. 股票投资的缺点

股票投资的缺点主要是风险大，其原因有以下三点。

（1）普通股对公司资产和盈利的求偿权均居最后。

公司破产时，股东原来的投资可能得不到全数补偿，甚至可能血本无归。

（2）普通股的价格受众多因素影响，很不稳定。

政治因素、经济因素、投资者心理因素、企业的盈利情况、风险情况等，都会影响股票价格，这也使股票投资具有较高的风险。

（3）普通股的收入不稳定。

普通股股利的多少，视企业经营状况和财务状况而定，其有无、多寡均无法律上的保证，其收入的风险也远远大于固定收益证券。

第六章　企业筹资管理

❖ 第一节　企业筹资方式

◈ 一、企业筹资的主要内容

（一）企业筹资动机

企业筹资的基本目的是为企业的经营活动提供资金保障，但每次具体的筹资行为，往往受特定动机的驱动。具体的筹资动机，可以归纳为以下四类。

1. 创立性筹资动机

创立性筹资动机是指企业设立时，为取得资本金并形成开展企业经营活动的基本条件而产生的筹资动机。

2. 支付性筹资动机

支付性筹资动机是指为了满足经营业务活动的正常波动所形成的支付需求而产生的筹资动机。

3. 扩张性筹资动机

扩张性筹资动机是指企业因扩大经营规模或对外投资需要而产生的筹资动机。

4. 调整性筹资动机

调整性筹资动机是指企业因调整现有资本结构而产生的筹资动机。

（二）企业筹资的分类及管理原则

1. 企业筹资的分类

企业筹资按照所取得资金的权益特性可以分为股权筹资、债务筹资和混合筹资。股权筹资形成股权资本。股权资本也称股东权益资本、自有资本、主权资本，是指企业依法长期拥有、能够自主调配运用的资本。债务筹资是指银行借款、债券等筹资形成的债务资本，是企业按照合同取得的、在规定期限内需要清偿的债务。混合筹资包括兼具股权与债务特性的混合融资和其他衍生工具融资，其主要包括可转换债券和认股权证。

企业筹资按照是否以金融机构为媒介可以分为直接筹资和间接筹资。直接筹资是指直接与资金供应者协商筹集资金。直接筹资方式主要有发行股票、发行债券、吸收直接投资等。间接筹资是指企业通过银行和非银行金融机构筹集资金，主要包括银行借款和融资租赁。

企业筹资按照资金的来源范围可以分为内部筹资和外部筹资。内部筹资是指企业通过利润留存而形成的筹资来源。外部筹资是指向企业外部筹措资金而形成的筹资来源。

企业筹资按照所筹集资金的使用期限可以分为长期筹资和短期筹资。长期筹资是指企业筹集使用期限在1年以上的资金筹集活动。短期筹资是指企业筹集使用期限在1年以内的资金筹集活动。

2. 企业筹资管理原则

（1）筹措合法。

遵循国家法律法规，合法筹措资金。

（2）规模适当。

分析生产经营情况，正确预测资金需求量。

（3）筹措及时。

合理安排筹资时间，适时取得资金。

（4）来源经济。

了解各种筹资渠道，选择资金来源。

（5）结构合理。

研究各种筹资方式，优化资本结构。

（三）企业筹资方式

企业筹资方式是指企业筹集资金时所采取的具体形式，受法律环境、经济体制、融资市场等因素的制约，特别是受金融市场和融资行为方面的法律法规的制约。一般来说，企业基本的筹资方式有两种：债务筹资和股权筹资。

1. 债务筹资

（1）银行借款。

银行借款是指企业根据借款合同从银行或非银行金融机构取得资金的筹资方式。

（2）发行债券。

发行债券是指企业以发售公司债券的方式取得资金的筹资方式。

（3）租赁。

租赁也称为资本租赁或财务租赁，企业与租赁公司签订租赁合同，从租赁公司取得租赁物资产后，通过对租赁物的占有、使用来取得资金的筹资方式。

（4）商业信用。

商业信用是指企业之间在商品或劳务交易中，由于延期付款或延期交货而形成的借贷信用关系。商业信用是由业务供销活动形成的。

2. 股权筹资

（1）吸收直接投资。

吸收直接投资是指企业以投资合同、协议等形式定向地吸收国家、法人单位、自然人等投资主体资金的筹资方式。

（2）发行股票。

发行股票是指企业以发售股票的方式取得资金的筹资方式。只有股份有限公司才能发行股票。

（3）留存收益。

留存收益是指企业从税后利润中提取的盈余公积和从可供分配的利润中留存的未分配利润。

◇◆ **二、债务筹资**

债务筹资一般包括银行借款、发行债券、租赁等方式。

（一）银行借款

1. 银行借款的种类

（1）信用贷款和担保贷款。

信用贷款是指以借款人的信誉或保证人的信用为依据而获得的贷款。企业取得这种贷款无须以财产作抵押。对于这种贷款，由于风险较高，银行通常要收取较高的利息，往往还附加一定的限制条件。

担保贷款是指由借款人或第三方依法提供担保而获得的贷款。担保包括保证责任、财产抵押、财产质押。据此，可以将担保贷款分为保证贷款、抵押贷款和质押贷款三种基本类型。

保证贷款是指按照《中华人民共和国担保法》（以下简称《担保法》）规定的保证方式，以第三方作为保证人，承诺在借款人不能偿还借款时，按照约定承担一定保证责任或连带责任而取得的贷款。

抵押贷款是指按照《担保法》规定的抵押方式，以借款人或第三方的财产作为抵押物而取得的贷款。抵押是指债务人或第三方不转移对财产的占有，只是将该财产作为对债权人的担保。债务人不能履行债务时，债权人有权将该财产折价或者拍卖，变卖的价款优先受偿。作为贷款担保的抵押品，可以是不动产、机器设备、交通运输工具等实物资产，可以是依法有权处分的土地使用权，也可以是股票、债券等有价证券，必须是能够变现的资产。如果贷款到期而借款企业不能或不愿意偿还贷款，那么银行可以取消企业对抵押品的赎回权。抵押贷款有利于降低银行贷款的风险，提高贷款的安全性。

质押贷款是指按照《担保法》规定的质押方式，把借款人或第三方的动产或财产权利作为质押物而取得的贷款。质押是指债务人或第三方将其动产或财产权利移交给债权人占有，将该动产或财产权利作为债权的担保。债务人不能履行债务时，债权人有权以该动产或财产权利折价或者拍卖，变卖的价款优先受偿。作为贷款担保的质押品，可以是汇票、支票、债券、存款单、提单等信用凭证，可以是依法可转让的股份、股票等有价证券，也可以是依法可转让的商标专用权、专利权、著作权中的财产权利等。

（2）政策性银行贷款、商业银行贷款和其他金融机构贷款。

政策性银行贷款是指执行国家政策性贷款业务的银行向企业发放的贷款，一般为长期贷款。政策性银行包括国家开发银行、中国进出口银行和中国农业发展银行。

商业银行贷款是指由中国工商银行、中国建设银行、中国农业银行和中国银行等商业银行向企业提供的贷款，用于满足企业生产经营的资金需求，包括长期贷款和短期贷款。

其他金融机构贷款包括从信托投资公司、财务公司和保险公司等金融机构取得的贷款。

2. 银行借款常见保护性条款

（1）例行性保护条款。

例行性保护条款要求定期向提供贷款的金融机构提交财务报表，以使债权人随时掌握公司的财务状况和经营成果；不准在正常情况下出售较多的非产成品存货，以保持企业正常的生产经营能力；如期清偿应缴纳税金和其他到期债务，以防被罚款而造成不必要的现金流失；不准以资产作其他承诺的担保或抵押；不准贴现应收票据或出售应收账款，以避免负债；等等。

（2）一般性保护条款。

一般性保护条款是指关于对企业资产的流动性及偿债能力等方面的要求条款，这类条款应用于大多数借款合同。例如，保持企业资产的流动性，该条款要求企业需持有一定最低额度的货币资金及其他流动资产，以保持企业资产的流动性和偿债能力，一般规定了企业必须保持的最低营运资金数额和最低流动比率数值；限制企业非经营性支出，如限制支付现金股利、购入股票和职工加薪的数额规模，以减少企业资金的过度外流；限制企业资本支出的规模，控制企业资产结构中的长期性资产的比例，以减少公司日后不得不变卖固定资产以偿还贷款的可能性；限制公司的举债规模，该条款的目的是防止其他债权人取得对公司资产的优先索偿权；限制公司的长期投资，如规定公司不准投资于短期内不能收回资金的项目，不能未经银行等债权人同意而与其他公司合并；等等。

（3）特殊性保护条款。

特殊性保护条款是指针对特殊情况而出现在部分借款合同中的条款，只有在特殊情况下才能生效。例如，要求公司的主要领导人购买人身保险；借款的用途不得改变；违约惩罚条款；等等。

（二）发行债券

债券是指持券人拥有公司债权的书面证书，代表债券持券人与发债公司的债权债务关系。公司债券又称企业债券，是企业依照法定程序发行的、约定在一定期限内还本付息的有价证券。

1. 债券的种类

（1）记名公司债券和无记名公司债券。

记名公司债券是指应当在公司债券存根簿上载明债券持有人的姓名及住所、债券持有人取得债券的日期及债券的编号等信息的债券。记名公司债券由债券持有人以背书方式或法律、行政法规规定的其他方式转让，转让后由公司将受让人的姓名或名称及住所记载于公司债券存根簿。

无记名公司债券是指应当在公司债券存根簿上载明债券总额、利率、偿还期限和方式、发行日期及债券编号的债券。对于无记名公司债券的转让，在债券持有者将该债券交付给受让人后即发生转让的效力。

（2）可转换债券和不可转换债券。

可转换债券是指债券持有者可以在规定的时间内按照规定的价格转换为发债公司股票的一种债券。这种债券在发行时，对债券转换为股票的价格和比率等都做了详细规定。可转换债券的发行主体是股份有限公司中的上市公司。

不可转换债券是指不能转换为发债公司股票的债券，大多数公司债券属于这种类型。

（3）担保债券和信用债券。

担保债券是指以抵押方式担保发行人按期还本付息的债券，主要是指抵押债券。抵押债券按照抵押品的类型，分为不动产抵押债券、动产抵押债券和证券信托抵押债券。

信用债券是指仅凭公司自身的信用发行的、没有抵押品作抵押担保的债券。在公司清算时，信用债券的持有人因无特定的资产作担保品，故只能作为一般债权人参与剩余财产的分配。

2. 发行债券的条件

（1）发行资格。

在我国，股份有限公司、国有独资公司和两个以上的国有企业设立的有限责任公司及两个以上的国有投资主体投资设立的有限责任公司，具有发行债券的资格。

（2）发行条件。

公开发行公司债券，应当符合下列条件：股份有限公司的净资产不低于人民币3000万元，有限责任公司的净资产不低于人民币6000万元；累计债券余额不超过公司净资产的40%；最近3年平均可分配利润足以支付公司债券1年的利息；筹集的资金投向符合国家产业政策；债券的利率不超过国务院限定的利率水平。

（3）资金用途。

公开发行公司债券筹集的资金，必须用于核准的用途，不得用于弥补亏损和非生产性支出。

3. 发行公司债券的程序

（1）做出发债决议，提出发债申请。

拟发行公司债券的公司需要由公司董事会制订公司债券发行的方案，并由公司股东大会批准，做出决议。公司申请发行债券需由国务院证券监督管理部门批准。申请时应提交公司登记证明、公司章程、公司债券募集办法、资产评估报告和验资报告等正式文件。

（2）公告募集办法。

公司发行债券的申请经批准后，要向社会公告公司债券的募集办法。公司债券募集分为私募发行和公募发行。私募发行是指以特定的少数投资者为指定对象发行债券；公募发行是指在证券市场上以非特定的广大投资者为对象公开发行债券。

（3）委托证券经营机构发售债券。

公司债券的公募发行采取间接发行方式。在这种发行方式下，发行公司与承销团签订承销协议。承销团由数家证券公司或投资银行组成，承销方式有代销和包销两种。其中，代销是指承销机构代为推销债券，在约定期限内未售出的余额可退还发行公司，承销机构不承担发行风险；包销是指由承销团先购入发行公司拟发行的全部债券，然后再售给社会上的投资者，如果约定期限内未能全部售出，则余额要由承销团负责认购。

（4）交付债券，收缴债券款。

债券购买人向债券承销机构付款购买债券，承销机构向债券购买人交付债券。然后，债券发行公司向承销机构收缴债券款、登记债券存根等，并结算发行代理费。

4. 债券的偿还

债券偿还时间按照其实际发生与规定的到期日之间的关系，分为提前偿还与到期偿还两类，其中后者又包括分批偿还和一次偿还。

（1）提前偿还。

提前偿还又称提前赎回或收回，是指在债券尚未到期之前就予以偿还。只有在公司发行债券的契约中明确规定了有关允许提前偿还的条款，公司才可以进行此项操作。提前偿还所支付的价格通常要高于债券的面值，并随到期日的临近而逐渐下降。具有提前偿还条款的债券可使公司筹资有较大的弹性。当公司资金有结余时，可提前赎回债券；当预测利率下降时，也可提前赎回债券，再以较低的利率来发行新债券。

（2）到期分批偿还。

如果一家公司在发行同一种债券时就为不同编号或不同发行对象的债券规定了不同的到期日，那么这种债券就是分批偿还债券。由于各批债券的到期日不同，且各自的发行价格和票面利率也可能不相同，从而导致发行费较高。但由于这种债券便于投资人挑选最合适的到期日，因而便于发行。

（3）到期一次偿还。

多数情况下，发行债券的公司在债券到期日一次性归还债券本金，并结算债券利息。

5. 发行公司债券的筹资特点

（1）一次筹资数额大。

利用发行公司债券筹资，能够筹集大额的资金，满足公司大规模筹资的需要。这是与银行借款等债务筹资方式相比，选择发行公司债券筹资的主要原因。大额筹资能够适应大型公司经营规模的需要。

（2）募集资金的使用条件限制少。

与银行借款相比，发行公司债券募集的资金在使用上相对灵活和自主。特别是发行公司债券所筹集的大额资金，能够用在流动性较差的公司的长期资产上。从资金使用的性质来看，银行借款一般期限短、额度小，主要用途为增加适量存货或增加小型设备等。反之，期限较长、额度较大，用于公司扩展、增加大型固定资产和基本建设投资的资金，多采用发行公司债券的方式筹资。

（3）资本成本负担较高。

相对于银行借款筹资，发行公司债券的利息负担和筹资费用都比较高，而且公司债券不能像银行借款一样进行债务展期，加上大额的本金和较高的利息，在固定的到期日，将会对公司现金流量产生巨大的财务压力。不过，尽管公司债券的利息比银行借款高，但公司债券的期限长、利率相对固定，在预计市场利率持续上升的金融市场环境下，发行公司债券筹资能够锁定资本成本。

（4）提高公司的社会声誉。

公司债券的发行主体有严格的资格限制。发行公司债券往往是股份有限公司和有实力的有限责任公司所为。通过发行公司债券，一方面能筹集大量资金，另一方面能扩大公司的社会影响力。

（三）租赁

租赁是指通过签订资产出让合同的方式，使用资产的一方（承租方）通过支付租金，向出让资产的一方（出租方）取得资产使用权的一种交易行为。在这项交易中，承租方通过得到所需资产的使用权，完成了筹集资金的行为。

1. 租赁的基本特征

（1）所有权与使用权相分离。

租赁资产的所有权与使用权分离是租赁的主要特点之一。银行信用虽然也是所有权与使用权相分离，但其载体是货币资金，而租赁是资金与实物相结合基础上的分离。

（2）融资与融物相结合。

租赁是以商品形态与货币形态相结合的方式提供信用活动，出租人在向企业出租资产的同时，解决了企业的资金需求，具有信用和贸易双重性质，不同于一般的借钱还钱、借物还物的信用形式，而是借物还钱，并以分期支付租金的方式来体现租赁。这一特点使银行信贷和财产信贷融合在一起，成为企业融资的一种特定形式。

（3）租金分期支付。

在租金的偿还方式上，租金与银行信用到期还本不一样，而是采取了分期支付的方式。出租方的资金一次投入、分期收回。对于承租方而言，通过租赁可以提前获得资产的使用价值，分期支付租金便于分期规划未来的现金流出量。

2. 租赁的分类

按照租赁方式，可以将其分为经营租赁和融资租赁。

经营租赁是指由租赁公司向承租单位在短期内提供设备，并提供维修、保养、人员培训等的一种服务性业务，又称服务性租赁。经营租赁的特点主要包括：出租的设备一般由租赁公司根据市场需要选定，然后再寻找承租企业；租赁期较短，短于资产的有效使用期；在合理的限制条件内，承租企业可以中途解约；租赁设备的维修、保养均由租赁公司负责；租赁期满或合同中止以后，出租资产由租赁公司收回。经营租赁比较适用于租用技术过时较快的生产设备。

融资租赁是指由租赁公司按照承租单位要求出资购买设备，在较长的合同期内提供给承租单位使用的融资信用业务，是以融通资金为主要目的的租赁。融资租赁的主要特点包括：出租的设备根据承租企业提出的要求购买，或由承租企业直接从制造商或销售商那里选定；租赁期较长，接近于资产的有效使用期，在租赁期间双方无权取消合同；由承租企业负责设备的维修、保养；租赁期满，按照事先约定的方法处理设备，包括退还给租赁公司、继续租赁或企业留购，通常采用企业留购办法，即以很低的"名义价格"（相当于设备残值）买下设备。

3. 融资租赁的基本形式

融资租赁包括直接租赁、售后回租和杠杆租赁三种形式。

（1）直接租赁。

直接租赁是融资租赁的主要形式，承租方提出租赁申请时，出租方按照承租方的要求选购设备，然后再出租给承租方。

（2）售后回租。

售后回租是指承租方因急需资金等原因，将自己的资产售给出租方，然后以租赁的形式从出租方原封不动地租回资产的使用权。在这种租赁合同中，除了资产所有者的名义改变，其余情况均无变化。

（3）杠杆租赁。

杠杆租赁是指涉及承租方、出租方和资金出借者三方的融资租赁业务。一般来说，当涉及的资产价值昂贵时，出租方自己只投入部分资金，通常为资产价值的20%~40%，其余资金则通过将该资产抵押担保的方式，向第三方（通常为银行）申请贷款解决。然后，租赁公司将购进的设备出租给承租方，用收取的租金偿还贷款，该资产的所有权属于出租方。出租方既是债权人也是债务人，如果出租方到期不能按期偿还借款，则会将资产所有权转移给资金的出借者。

4. 融资租赁的基本程序

（1）选择租赁公司，提出委托申请。

当企业决定采用融资租赁的方式来获取某项设备时，需要了解各个租赁公司的资信情况、融资条件和租赁费率等。分析比较后，选定一家作为出租单位，然后向租赁公司申请办理融资租赁。

（2）签订购货协议。

由承租企业和租赁公司中的一方或双方，与选定的设备供应厂商进行购买设备的技术谈判和商务谈判，在此基础上与设备供应厂商签订购货协议。

（3）签订租赁合同。

承租企业与租赁公司签订租赁设备的合同，如需要进口设备，则还应办理设备进口手续。租赁合同是租赁业务的重要文件，具有法律效力。融资租赁合同的内容可以分为一般条款和特殊条款两部分。

（4）交货验收。

设备供应厂商将设备发运到指定地点，承租企业要办理验收手续。验收合格后签发交货及验收证书并交给租赁公司，作为其支付货款的依据。

（5）定期交付租金。

承租企业按照租赁合同规定，分期交纳租金，这就是承租企业对所筹资金的分期还款。

（6）合同期满处理设备。

承租企业根据合同约定，对设备进行续租、退租或留购。

5. 融资租赁租金的计算

（1）融资租赁租金的支付方式。

融资租赁租金通常采用分次支付的方式。其按照支付间隔期的长短，可以分为年付、半年付、季付和月付等；其按照在期初和期末支付，可以分为先付租金和后付租金两种；其按照每次支付额，可以分为等额支付和不等额支付两种。

（2）融资租赁租金的计算。

融资租赁租金的计算大多采用等额年金法。采用等额年金法时，通常要根据利率和租赁手续费率确定租费率，作为折现率。

6. 融资租赁的筹资特点

（1）无需大量资金就能迅速获得资产。

在资金缺乏的情况下，融资租赁能迅速获得所需资产。融资租赁使企业在资金短缺的情况下引进设备成为可能。对于中小企业而言，融资租赁是一条重要的获取资金的途径。有些大型企业也经常通过融资租赁的方式解决巨额资金的需要，如商业航空公司的飞机，大多是通过融资租赁取得的。

（2）财务风险小，财务优势明显。

融资租赁与购买的一次性支出相比，能够避免一次性支付的负担，而且租金支出是未来的、分期的，企业无须一次筹集大量偿还资金。还款时，租金可以通过项目本身产生的收益来支付，是一种基于未来的"借鸡生蛋、卖蛋还钱"的筹资方式。

（3）筹资的限制条件较少。

企业在运用股票、债券、长期借款等方式进行筹资时，都会受到相当多的资格条件的限制，如足够的抵押品、银行贷款的信用标准、发行债券的政府管制等。相比之下，融资租赁筹资的限制条件很少。

（4）能延长资金融通的期限。

通常为购置设备而贷款的借款期限比该资产的物理寿命要短得多，而融资租赁的融资期限却可接近其全部使用寿命期限。并且，其金额随设备价款金额而定，无融资额度的限制。

（5）资本成本负担较高。

融资租赁的租金通常比银行借款或发行债券所负担的利息高得多，租金总额通常要比设备价值高出30%。尽管与银行借款方式相比，融资租赁能够避免到期一次性集中偿还的财务压力，但高额的固定租金也给企业各期的经营带来了压力。

（四）债务筹资的优缺点

1. 债务筹资的优点

（1）筹资速度较快。

与股权筹资相比，债务筹资不需要经过复杂的审批手续和证券发行程序，可以迅速地获得资金。

（2）筹资弹性较大。

发行股票等股权筹资，一方面需要经过严格的政府审批；另一方面从企业的角度出发，由于股权不能退还，故股权资本在未来给企业带来了永久性的资本成本负担。利用债务筹资，可以根据企业的经营情况和财务状况，灵活地商定债务条件，控制筹资数量，安排取得资金的时间。

（3）资本成本负担较轻。

一般来说，债务筹资的资本成本要低于股权筹资：一是取得资金的手续费用等筹资费用较低；二是利息、租金等用资费用比股权资本低；三是利息等资本成本可以在税前支付。

（4）可以利用财务杠杆。

债务筹资不改变企业的控制权，所以股东不会因控制权稀释而反对企业举债。债权人从企业那里只能获得固定的利息或租金，不能参加企业剩余收益的分配。当企业的资本报酬率（息税前利润率）高于债务利率时，会增加普通股股东的每股收益，提高净资产报酬率，提升企业价值。

（5）稳定企业的控制权。

利用债务筹资不会改变和分散股东对企业的债权人无权参加企业经营管理的控制权。在信息沟通与披露等公司治理方面，债务筹资的代理成本也较低。

2. 债务筹资的缺点

（1）不能形成企业稳定的资本基础。

债务资本有固定的到期日，到期需要偿还，只能作为企业的补充性资本来源，再加上取得债务往往需要进行信用评级，没有信用基础的企业往往难以取得足额的债务资本，所以，现有债务资本在企业的资本结构中达到一定比例后，往往会因财务风险而不容易再取得新的债务资金。

（2）财务风险较大。

由于债务资本有固定的到期日和债息负担，故抵押、质押等担保方式取得的债务、资本在使用上可能会有特别的限制。这些都要求企业必须保证有一定的偿债能力，要保持资产流动性及其资产报酬水平，以作为债务清偿的保障。这对企业的财务状况提出很高的要求，满足不了要求则会给企业带来财务危机。

（3）筹资数额有限。

债务筹资的数额往往受贷款机构资本实力的制约，除了发行债券的方式，一般难以像发行股票那样一次筹集到大笔资金，无法满足企业大规模筹资的需要。

三、股权筹资

股权筹资形成企业的股权资金，也称权益资本，是企业最基本的筹资方式。吸收直接投资、发行股票和利用留存收益，是股权筹资的三种基本形式。

（一）吸收直接投资

吸收直接投资是指企业按照"共同投资、共同经营、共担风险、共享收益"的原则，直接吸收国家、法人、个人和外商投入资金的一种筹资方式。吸收投入资本不以证券为媒介，是非股份制企业筹集权益资本的基本方式。在吸收直接投资实际出资额中，注册资本部分形成实收资本；超过注册资本部分属于资本溢价，形成资本公积。

1. 吸收直接投资的种类

（1）吸收国家投资。

国家投资是指有权代表国家投资的政府部门或机构，将国有资产投入公司，这种情况下形成的资本叫作国有资本。在公司持续经营期间，公司以盈余公积、资本公积转增实收资本的，国有公司和国有独资公司由公司董事会或经理办公会决定，并报主管财政机关备案，股份有限公司和有限责任公司由董事会决定，并经股东大会审议通过。吸收国家投资入股具有以下特点：产权归属国家；资金的运用和处置受国家约束较大；在国有企业中采用比较广泛。

（2）吸收法人投资。

法人投资是指法人单位以其依法可支配的资产投入公司，这种情况下形成的资本叫作法人资本。吸收法人投资一般具有以下特点：发生在法人单位之间；以参与公司利润分配或控制为目的；出资方式灵活多样。

（3）合资经营。

合资经营是指来自两个及以上的不同国家的投资者共同投资，创办企业，并且共同经营、共担风险、共负盈亏、共享利益的一种直接投资方式。在我国，中外合资经营企业也称股权式合营企业，是外国公司、企业和其他经济组织或个人同中国的公司、企业或其他经济组织在中国境内共同投资举办的企业。合资经营一般具有如下特点：合资经营企业在中国境内，按照中国法律规定取得法人资格，为中国法人；合资经营企业为有限责任公司；在注册资本中，外方合营者的出资比例一般不低于25%；合资经营期限，遵循相关法律规定；合资经营企业的注册资本与投资总额之间应依法保持适当比例关系，投资总额是指按照合营企业合同和章程规定的生产规模投入的基本建设资金和生产流动资金的总和。

合作经营企业和合资经营企业都是中外双方共同出资、共同经营、共担风险和共负盈亏的企业。二者的区别主要体现在以下三方面：一是合作经营企业可以依法取得中国法人资格，也可以办成不具备法人条件的企业；而合资经营企业必须有法人。二是合作经营企业属于契约式的合营，不以合营各方投入的资本数额、股权为利润分配的依据，它通过签订合同，具体规定各方的权利和义务，而合资经营企业属于股权式企业，即将投资比例作为确定合营各方权利和义务的依据。三是合作经营企业在遵守国家法律的前提下，可以通过合作合同来约定收益或产品的分配，以及风险和亏损的分担；合资经营企业则是根据各方注册资本的比例来进行分配的。

（4）吸收社会公众投资。

社会公众投资是指社会个人或本企业职工将个人合法财产投入企业，这种情况下形成的资本称为个人资本。吸收社会公众投资一般具有以下特点：参加投资的人员较多；每人投资的数额相对较少；以参与企业利润分配为目的。

2. 吸收直接投资的出资方式

（1）以货币资产出资。

以货币资产出资是吸收直接投资中最重要的出资方式。企业有了货币资产，便可以获取其他物质资源，支付各种费用，从而满足企业创建开支和随后的日常周转的需要。

（2）以实物资产出资。

实物资产出资是指投资者以房屋、建筑物、设备等固定资产和材料、燃料、商品产品等流动资产进行的投资。实物投资应符合以下条件：适合企业生产、经营、研发等活动的需要；技术性能良好；作价公平合理。实物资产出资中实物的作价可以由出资各方协商确定，也可以由专业的资产评估机构评估确定。国有企业及国有控股企业在接受其他企业的非货币资产出资时，必须委托有资格的资产评估机构进行资产评估。

（3）以土地使用权出资。

土地使用权是指土地经营者对依法取得的土地在一定期限内有进行建筑、生产经营或其他活动的权利。土地使用权具有相对的独立性，在土地使用权存续期间，包括土地所有者在内的其他任何人和单位，不能任意收回土地和非法干预使用权人的经营活动。企业吸收土地使用权投资应符合以下条件：适合企业生产、经营、研发等活动的需要；地理、交通条件适宜；作价公平合理。

（4）以工业产权出资。

工业产权通常是指专有技术、商标权、专利权、非专利技术等无形资产。投资者以工业产权出资应符合以下条件：有助于企业研究、开发和生产新的高科技产品；有助于企业提高生产效率，改进产品质量；有助于企业降低生产消耗、能源消耗等；作价公平合理。

吸收工业产权等无形资产出资的风险较大。因为，以工业产权投资实际上是把技术转化为资本，使技术的价值固定化了，而技术具有强烈的时效性，会因其不断老化落后而导致实际价值不断减少甚至完全丧失。此外，国家相关法律法规对无形资产出资方式另有限制：股东或发起人不得以劳务、信用、自然人姓名、商誉、特许经营权或设定担保的财产等作价出资。

（5）以特定债权出资。

特定债权是指企业依法发行的可转换债券和按照国家有关规定可以转作股权的债权。在实践中，企业可以将特定债权转为股权的情形主要有：上市公司依法发行的可转换债券；金融资产管理公司持有的国有企业及国有控股企业的债权；企业实行公司制改建时，经银行以外的其他债权人协商同意，可以按照有关协议和企业章程的规定，将其债权转为股权；若国有企业的境内债权人将持有的债权转给外国投资者，则国有企业可通过债转股改组为外商投资企业；国有企业改制时，账面原有应付工资余额中欠发职工工资部分，在符合国家政策、职工自愿的条件下，依法扣除个人所得税后可转为个人投资，未退还职工的集资款也可转为个人投资。

3. 吸收直接投资的程序

（1）确定筹资数量。

企业在新建或扩大经营时，要先确定资金的需求量。资金需求量应根据企业的生产经营规模和供销条件等核定，筹资数量与资金需求量应当相适应。

（2）寻找投资者。

企业既要广泛了解有关投资者的资信、财力和投资意向，又要通过信息交流和宣传，使出资方了解企业的经营能力、财务状况和未来预期，以便于从中寻找最合适的合作伙伴。

（3）协商和签署投资协议。

找到合适的投资者后，双方进行具体协商，确定出资数额、出资方式和所用时间。企业应尽可能吸收货币投资，如果投资者确有先进且满足需要的固定资产和无形资产，也可采取非货币投资方式。对实物投资、工业产权投资、土地使用权投资等非货币资产投资，双方应按照公平合理的原则协商定价。当出资数额、资产作价确定后，双方签署投资的协议或合同应明确双方的权利和责任。

（4）取得所筹集的资金。

签署投资协议后，企业应按照规定或计划取得所筹集的资金。如果采取现金投资方式，通常还要编制拨款计划，确定拨款期限、每期数额及划款方式，有时投资者还要规定拨款的用途，如把拨款区分为固定资产投资拨款、流动资金拨款、专项拨款等。如果为实物、工业产权、非专利技术、土地使用权投资，那么还需核实财产。财产数量是否准确，特别是价格有无高估或低估的情况，关系到投资各方的经济利益，必须认真处理，必要时可由资产评估机构来评定，然后办理产权的转移手续以取得资产。

4. 吸收直接投资的筹资特点

（1）能够尽快形成生产经营能力。

吸收直接投资不仅可以取得一部分货币资金，而且能够直接获得所需的先进设备和技术，尽快形成生产经营能力。

（2）容易进行信息沟通。

吸收直接投资的投资者比较单一，股权没有社会化、分散化，投资者甚至可以直接担任企业管理层职务，企业与投资者易于沟通。

（3）资本成本较高。

相对于股票筹资方式，吸收直接投资的资本成本较高。当企业经营较好、盈利较多时，投资者往往要求将大部分盈余作为红利分配，因为向投资者支付的报酬是按照其出资数额和企业实现利润的比率来计算的。不过，吸收直接投资的手续相对比较简便，筹资费用较低。

（4）企业控制权集中，不利于企业治理。

采用吸收直接投资方式筹资时，投资者一般都要求获得与投资数额相适应的经营管理权。如果某个投资者的投资额很大，则该投资者就会对企业的经营管理有相当大的控制权，这容易损害其他投资者的利益。

（5）不易进行产权交易。

吸收直接投资没有证券作媒介，不利于产权交易，也难以进行产权转让。

（二）发行股票

股票是股份有限公司为筹措股权资本而发行的有价证券，是公司签发的证明股东持有公司股份的凭证。股票作为一种所有权凭证，代表对发行公司净资产的所有权。股票只能由股份有限公司发行。

1. 股票的特点

（1）永久性。

公司发行股票所筹集的资金属于公司的长期自有资金，没有期限，无须归还。换言之，一般情况下不能要求发行企业退还股金。

（2）流通性。

股票作为一种有价证券，既可以在资本市场上自由流通，也可以继承、赠送或作为抵押品。股票特别是上市公司发行的股票具有很强的变现能力，流动性很强。

（3）风险性。

股票的永久性，使股东成为企业风险的主要承担者。风险的表现形式有股票价格的波动性、红利的不确定性、破产清算时股东处于剩余财产分配的最后者等。

（4）参与性。

股东作为股份有限公司的所有者，拥有参与企业管理的权利，包括重大决策权、经营者选择权、财务监控权、企业经营的建议和质询权等。此外，股东还有承担有限责任、遵守企业章程等义务。

2. 股东的权利

股东最基本的权利是按照投入企业的股份额，依法享有获取企业收益、参与企业重大决策和选择企业管理者的权利，并以其所持股份为限对企业承担责任。

（1）企业管理权。

股东对企业的管理权主要体现在重大决策参与权、经营者选择权、财务监控权、企业经营的建议和质询权、股东大会召集权等方面。

（2）收益分享权。

股东有权通过股利方式获取企业的税后利润，利润分配方案由董事会提出并经股东大会批准。

（3）股份转让权。

股东有权将其持有的股票出售或转让。

（4）优先认股权。

原有股东拥有优先认购本企业增发股票的权利。

（5）剩余财产要求权。

当企业解散、清算时，股东拥有对清偿债务、清偿优先股股东以后的剩余财产的索取权。

3. 股份有限公司的设立、股票的发行与上市

（1）股份有限公司的设立。

设立股份有限公司，应当有2人以上200人以下的发起人，其中须有半数以上的发起人在中国境内有住所。股份有限公司的设立，可以采取发起设立或者募集设立的方式。发起设立是指由发起人认购公司应发行的全部股份而设立公司；募集设立是指由发起人认购公司应发行股份的一部分，其余股份向社会公开募集或向特定对象募集而设立公司。以募集设立方式设立股份有限公司的，发起人认购的股份不得少于公司股份总数的35%；法律、行政法规另有规定的，从其规定。

股份有限公司的发起人应当承担下列责任：公司不能成立时，对设立行为所产生的债务和费用负连带责任；公司不能成立时，对认股人已缴纳的股款，负返还股款并加算银行同期存款利息的连带责任；在公司设立过程中，由于发起人的过失致使公司利益受到损害的，应当对公司承担赔偿责任。

（2）股份有限公司首次发行股票的程序。

① 发起人认足股份、交付股资。

发起设立方式的发起人认购公司全部股份；募集设立方式的公司发起人认购的股份不得少于公司股份总数的35%。发起人可以用货币出资，也可以用非货币资产作价出资。发起设立方式下，发起人交付全部股资后，应选举董事会、监事会，由董事会办理公司设立的登记事项；募集设立方式下，发起人认足其应认购的股份并交付股资后，其余部分向社会公开募集或向特定对象募集。

② 提出公开募集股份的申请。

以募集方式设立的公司，发起人向社会公开募集股份时，必须向国务院证券监督管理部门递交募股申请，并报送批准设立公司的相关文件，包括公司章程、招股说明书等。

③ 公告招股说明书，签订承销协议。

公开募集股份申请经国家批准后，应公告招股说明书。招股说明书应包括公司章程、发起人认购的股份数、本次每股票面价值和发行价格、募集资金的用途等。同时，与证券公司等证券承销机构签订承销协议。

④ 招认股份，缴纳股款。

发行股票的公司或其承销机构一般用广告或书面通知的办法招募股份。认股者一旦填写了认股书，就要承担认股书中约定缴纳股款的义务。如果认股者总股数超过发起人拟招募总股数，则可以抽签的方式来确定哪些认股者有权认股。认股者应在规定的期限内向代收股款的银行缴纳股款，同时交付认股书。股款收足后，发起人应委托法定的机构验资，出具验资证明。

⑤ 召开创立大会，选举董事会、监事会。

发行股份的股款募足后，发起人应在规定期限内（法定30天内）主持召开创立大会。创立大会由发起人、认股人参加，有代表股份总数半数以上的认股人出席方可举行。创立大会通过公司章程，选举董事会和监事会成员，并有权对公司的设立费用进行审核，对发起人用于抵作股款的财产的作价进行审核。

⑥ 办理公司设立登记，交割股票。

经创立大会选举的董事会，应在创立大会结束后30天内，办理申请公司设立的登记事项。登记成立后，即向股东正式交付股票。

（3）股票的发行方式。

① 公开间接发行股票。

公开间接发行股票是指股份有限公司通过中介机构向社会公众公开发行股

票。采用募集设立方式成立的股份有限公司向社会公开发行股票时，必须由有资格的证券经营中介机构（如证券公司、信托投资公司等）承销。这种发行方式的发行范围广、发行对象多，易于足额筹集资本。公开间接发行股票同时有利于提高公司的知名度，扩大公司的影响力，但公开间接发行股票的方式审批手续复杂、严格，发行成本高。

② 非公开直接发行股票。

非公开直接发行股票是指股份有限公司只向少数特定对象直接发行股票，不需要中介机构承销。采用发起设立方式成立和向特定对象募集方式发行新股的股份有限公司，向发起人和特定对象发行股票，采用直接将股票销售给认购者的自销方式。这种发行方式弹性较大，公司能控制股票的发行过程，节省发行费用。但其发行范围小，不易及时足额筹集资本，且发行后股票的变现性差。

（4）股票的上市交易

① 股票上市的目的。

股票上市的目的是多方面的，主要是便于筹措更多资金。证券市场是一个资本商品的买卖市场，证券市场上有众多的资金供应者，同时，股票上市经过了政府机构的审查批准并接受严格的管理，执行股票上市和信息披露的规定，容易吸引社会资本投资者。另外，股票上市后，还可以通过增发、配股、发行可转换债券等方式进行再融资，从而促进股权流通和转让。股票上市后便于投资者认购和交易，提高了股权的流动性和股票的变现力。股票上市后，公司股价有市价可循，便于确定公司价值。对于上市公司来说，即时的股票交易行情，就是对公司价值的市场评价。同时，市场行情能够为公司收购、兼并等资本运作提供询价基础。但股票上市也有对公司不利的一面，主要包括：上市成本较高，手续复杂、严格；公司将负担较高的信息披露成本；信息公开的要求可能会暴露公司的商业机密；股价有时会歪曲公司的实际情况，影响公司声誉；可能会分散公司的控制权，从而造成管理上的困难。

② 严格的限制。

股份有限公司申请股票上市，应当符合如下规定：股票经国务院证券监督管理机构核准已公开发行；公司股本总额不少于人民币3000万元；公开发行的股份达到公司股份总数的25%以上（公司股本总额超过人民币4亿元的，公开发行股份的比例为10%以上）；公司最近3年无重大违法行为，财务会计报告无虚假记载。

4. 引入战略投资者

（1）战略投资者的概念与要求。

我国在新股发行中会引入战略投资者，并允许战略投资者在公司发行的新股中参与配售。按照中国证监会的规则解释，战略投资者是指与发行人具有合作关系或有合作意向和潜力、与发行公司业务联系紧密且欲长期持有发行公司股的法人。从国外风险投资机构对战略投资者的定义来看，一般认为，战略投资者是指能够通过帮助公司融资、提供营销与销售支持的业务或通过个人关系增加投资价值的公司或个人投资者。

一般来说，作为战略投资者的基本要求是：与公司的经营业务联系密切；出于长期投资目的而较长时期地持有股票；具有相当的资金实力，且持股数量较多。

（2）引入战略投资者的作用。

战略投资者具有资金、技术、管理、市场、人才等方面的优势，能够增强公司的竞争力和创新能力。上市公司引入的战略投资者能够和上市公司之间形成紧密的、伙伴式的合作关系，并由此增强公司经营实力、提高公司管理水平、改善公司治理结构。因此，对战略投资者的基本资质的要求是拥有比较雄厚的资金、核心的技术、先进的管理等，有较好的实业基础和较强的投、融资能力。

引入战略投资者的重大意义在于以下四个方面。

① 提升公司形象，提高资本市场认同度。

战略投资者往往都是实力雄厚的境内外大公司、大集团。其对公司股票的认购，是对公司潜在未来价值的认可和期望。

② 优化股权结构，健全公司法人治理。

战略投资者占一定股权份额并长期持股，能够分散公司控制权。同时，能吸引战略投资者参与公司管理，改善公司治理结构。战略投资者带来的不仅仅是资金和技术，更重要的是能带来先进的管理水平和优秀的管理团队。

③ 提高公司资源整合能力，增强公司的核心竞争力。

战略投资者往往都有较好的实业基础，能够带来先进的工艺技术和广阔的产品营销市场，并致力于长期投资合作，能促进公司的产品结构、产业结构的调整升级，有助于形成产业集群，整合公司的经营资源。

④ 达到阶段性的融资目标，加快实现公司上市融资的进程。

战略投资者具有较强的资金实力，并与发行人签订有关配售协议，长期持有发行人股票，从而能够给新上市的公司提供长期稳定的资本，帮助上市公司用较低的成本融得较多的资金，提高了公司的融资效率。

从现有情况来看，我国上市公司确定战略投资者还处于募集资金最大化的实用原则阶段。谁的申购价格高，谁就能够成为战略投资者，管理型、技术型的战略投资者还很少见。目前，资本市场中的战略投资者多是追逐持股价差、有较大承受能力的股票持有者，一般都是大型证券投资机构。

5. 股票筹资的特点

（1）两权分离，有利于公司自主经营管理。

公司通过对外发行股票进行筹资，公司的所有权与经营权相分离，分散了公司控制权，有利于公司自主管理、自主经营。虽然公司的日常经营管理事务主要由公司的董事会和经理层负责，但股票筹资的股东众多，公司的控制权比较分散，不容易被经理人控制。

（2）资本成本较高。

由于股票投资的风险较大，收益具有不确定性，故投资者会要求较高的风险补偿。因此，股票筹资的资本成本较高。

（3）能增强公司的社会声誉，促进股权流通和转让。

股票筹资、股东的大众化，为公司带来了广泛的社会影响。特别是上市公司，其股票的流通性强，有利于市场确认公司的价值。股票筹资以股票为媒介，便于股权的流通和转让，也便于吸收新的投资者。但是，流通性强的股票交易，也容易在资本市场上被恶意收购。

（4）不易及时形成生产经营能力。

一般的，股票筹资吸收的是货币资金，还需要通过购置和建造形成生产经营能力。相对吸收直接投资来说，不易及时形成生产经营能力。

（三）利用留存收益

1. 留存收益的性质

从性质上看，凡是企业通过合法、有效经营实现的税后净利润，都属于企业所有者的利润。因此，属于企业所有者的利润包括分配给企业所有者的利润和尚未分配、留存于企业的利润。企业将本年度的利润部分甚至全部留存下来的原因很多，主要包括：第一，收益的确认和计量是建立在权责发生制基础上的，企业有利润，但企业不一定有相应的现金净流量增加，因而企业不一定有足够的现金将利润全部或部分配给企业所有者；第二，法律法规从保护债权人利益和要求企业可持续发展等角度出发，限制企业将利润全部分配出去，企业每年的税后利润必须提取10%的法定盈余公积；第三，企业基于自身的扩大再生产和筹资需求，也会将一部分利润留存下来。

2. 留存收益的筹资途径

（1）提取盈余公积。

盈余公积是指有指定用途的留存净利润，其提取基数是抵减年初累计亏损后的本年度净利润。盈余公积主要用于企业未来的经营发展，经投资者审议后也可以用于转增股本（实收资本）和弥补以前年度经营亏损。盈余公积不得用于以后年度的对外利润分配。

（2）未分配利润。

未分配利润是指未限定用途的留存净利润。未分配利润有两层含义：第一，这部分净利润本年没有分配给企业的股东投资者；第二，这部分净利润未指定用途，可以用于企业未来经营发展、转增股本（实收资本）、弥补以前年度经营亏损、以后年度利润分配。

3. 留存收益的筹资特点

（1）不用发生筹资费用。

与普通股筹资相比较，留存收益筹资不需要发生筹资费用，资本成本较低。

（2）维持企业的控制权分布。

利用留存收益筹资，不用对外发行新股或吸收新投资者，由此增加的权益资本不会改变企业的股权结构，不会稀释原有股东的控制权。

（3）筹资数额有限。

当期留存收益的最大数额是当期的净利润时，不能一次性筹集大量资金。如果企业发生亏损，则当年没有利润留存。另外，股东和投资者从自身期望出发，往往希望企业每年发放一定股利，保持一定的利润分配比例。

（四）股权筹资的优缺点

1. 股权筹资的优点

（1）股权筹资是企业稳定的资本基础。

股权资本没有固定的到期日，无须偿还，是企业的永久性资本，只有在企业清算时才有可能予以偿还。这对于保障企业对资本的最低需求、促进企业长期持续稳定经营具有重要的意义。

（2）股权筹资是企业良好的信誉基础。

股权资本作为企业最基本的资本，代表了公司的资本实力，是企业与其他大单位组织开展经营业务、进行业务活动的信誉基础。同时，股权资本是其他方式筹资的基础，尤其可为债务筹资（如银行借款、发行公司债券等）提供信用保障。

（3）企业的财务风险较小。

股权资本不用在企业正常营运期内偿还，没有还本付息的财务压力。相对于债务资金而言，股权资本筹资限制少，资本使用上也无特别限制。另外，企业可以根据其经营状况和业绩的好坏来决定向投资者支付报酬的多少，资本成本负担比较灵活。

2. 股权筹资的缺点

（1）资本成本负担较重。

一般而言，股权筹资的资本成本要高于债务筹资。这主要是由于投资者投资于股权特别是投资于股票的风险较高，投资者或股东会相应地要求有较高的报酬率。从企业成本开支的角度来看，股利、红利从税后利润中支付，而使用债务资金的资本成本允许税前扣除。此外，普通股的发行、上市等方面的费用也十分庞大。

（2）控制权变更可能影响企业长期稳定发展。

利用股权筹资时，引进了新的投资者或出售了新的股票，这必然会导致企业控制权结构的改变；而控制权变更过于频繁，又势必会影响企业管理层的人事变动和决策效率，从而影响企业的正常经营。

（3）信息沟通与披露成本较大。

投资者或股东作为企业的所有者，有了解企业经营业务、财务状况、经营成果等的权利。企业需要通过各种渠道和方式加强与投资者的关系管理，保障投资者的权益。特别是上市公司，股东众多且分散，只能通过公司的公开信息披露来了解公司的运营状况，这就需要公司花更多的精力，有些公司还需要设置专门的部门，进行公司的信息披露和投资者关系管理。

❖ 第二节　资金需求量预测

◆ 一、因素分析法

（一）含义

因素分析法是指以有关项目基期年度的平均资金需求量为基础，根据预测年度的生产经营任务和资金周转加速的要求，进行分析调整，以预测资金需求量的一种方法。

（二）公式

资金需求量＝（基期资金平均占用额－不合理资金占用额）×

（1＋预测期销售增长率）÷（1＋预测期资金周转速度增长率）

◆ 二、销售百分比法

（一）预测原理

销售百分比法是指先假设某些资产和负债与销售收入存在稳定的百分比关系，然后根据这个假设来预测企业外部资金需求量的方法。企业销售规模扩大，要相应增加流动资产；如果销售规模扩大很多，还必须相应增加固定资产。为取得扩大销售所需要的增加的流动资产，企业需要筹措资金。这些资金，一部分来自随销售收入同比例增加的流动负债，另一部分来自预测期的留存收益，另外的部分则需要企业通过外部筹资获取。

（二）基本步骤

1. 确定随销售额变动的资产和负债项目

资产是资金使用的结果，随着销售额的变化，敏感资产项目将占用更多的资金。同时，随着敏感资产的增加，相应的敏感负债也会增加，如存货增加会导致应付账款增加，此类债务称为自动性债务，可以为企业提供暂时性资金。敏感资产与敏感负债的差额通常与销售额保持稳定的比例关系。

这里，敏感资产项目包括现金、应收账款、存货等；而敏感负债项目包括应付票据、应付账款等，但不包括短期借款、短期融资券、长期负债等筹资性负债。

2. 确定比例关系

如果企业资金周转的营运效率保持不变，那么敏感资产与敏感负债将会随销售额的变动而成正比例变动，保持稳定的百分比关系。企业应当根据历史资料和同业情况，提出不合理的资金占用，寻找与销售额的稳定百分比关系。

3. 确定需要增加的资金量

$$需要增加的资金量 = 增加的敏感资产 - 增加的敏感负债$$

$$增加的敏感资产 = 增量收入 \times 基期敏感资产占基期销售额的百分比$$

$$增加的敏感负债 = 增量收入 \times 基期敏感负债占基期销售额的百分比$$

4. 确定外部融资需求量

$$外部融资需求量 = 增加的资金量 - 增加的留存收益$$

$$增加的留存收益 = 预计销售收入 \times 销售净利率 \times 利润留存率$$

◆ 三、资金习性预测法

（一）资金习性的含义

资金习性是指资金变动与产销量变动之间的依存关系。按照资金习性，可将资金分为不变资金、变动资金和半变动资金。不变资金是指一定产销量范围内，不受产销量变动影响的资金，包括为维持营业而占有的最低数额的现金，原材料的保险储备，厂房、机器设备等固定资产占有的资金。变动资金是指随产销量变动而同比例变动的资金，包括直接构成产品实体的原材料、外购件等占用的资金。另外，在最低储备以外的现金、存货、应收账款等也具有变动资金的性质。半变动资金是指虽然随销量变动而变动，但不成正比例变动的资金，如一些辅助材料上占有的资金。半变动资金可以分为不变资金和变动资金，最终将资金总额分成不变资金和变动资金两部分。

（二）资金需求量预测的形式

1. 根据资金占用量与产销量的关系来预测

设产销量为自变量 x，资金占用量为因变量 y，则其之间关系可表示为 $y = a + bx$。其中，a 为不变资金，b 为单位产销量所需变动资金。只要求出 a，b，并知道预测期的产销量，就可以用上述公式测算资金需求情况。

2. 采用逐项分析法预测

根据两点可以确定一条直线的原理，将高点和低点的数据代入直线方程 $y = a + bx$ 就可以求出 a 和 b，得

$$最高收入期资金占用量 = a + b \times 最高销售收入$$

$$最低收入期资金占用量 = a + b \times 最低销售收入$$

解方程，得

$$b = \frac{最高收入期资金占用量/最低收入期资金占用量}{最高销售收入 - 最低销售收入}$$

$$a = 最高收入期资金占用量 - b \times 最高销售收入$$
$$= 最低收入期资金占用量 - b \times 最低销售收入$$

❖ 第三节　资本结构决策

◆ 一、资本成本

（一）资本成本的定义、构成和表现形式

资本成本是指企业为筹集和使用资金而付出的代价，包括筹资费和占用费两部分。筹资费是指企业在资本筹措过程中为获取资本而付出的代价，视为筹资数额的一项扣除。占用费是指企业在资本使用过程中因占用资本而付出的代价。占用费是占用他人资金而必须支付的费用，是资本成本的主要内容。

资本成本存在两种表现形式：资本成本额（绝对数形式）和资本成本率（相对数形式）。一般财务管理中应用的是相对数形式，即资本成本率。

（二）资本成本的作用

资本成本的作用主要包括：资本成本是比较筹资方式、选择筹资方案的依据；平均资本成本是衡量资本结构是否合理的依据；资本成本是评价投资项目可行性的主要标准，是企业对投入资本所要求的报酬率，即最低必要报酬率；资本成本是评价企业整体业绩（剩余收益计算）的重要依据。

（三）影响资本成本的因素

1. 总体经济环境

总体经济环境通过影响无风险报酬率来影响资本成本。

总体经济环境决定企业所处的国民经济发展状况和水平，以及预期的通货膨胀。国民经济保持健康、稳定、持续增长，整个社会经济的资金供给和需求相对均衡且通货膨胀水平低，资金所有者投资的风险小，预期报酬率低，筹资的资本成本相应就比较低。

2. 资本市场条件

资本市场条件通过影响风险报酬率来影响资本成本。

资本市场条件包括资本市场的效率和风险。如果资本市场缺乏效率，证券的市场流动性低，则投资者投资风险大，要求预期报酬率高。

3. 企业经营状况和融资状况

企业经营状况和融资状况通过影响风险报酬率来影响资本成本。

企业的经营风险和财务风险共同构成企业风险。如果企业经营风险大，财务风险大，则企业风险水平高，投资者要求的预期报酬率高。

4. 企业筹资规模和时限需求

企业筹资规模和时限需求通过影响风险报酬率来影响资本成本。

企业一次性需要筹集的资金规模大、占用资金时限长，资本成本就高。融资规模、时限与资本成本的正向相关性并非线性关系，当融资规模突破一定限度时，才会引起资本成本的明显变化。

◈ 二、资本结构优化

(一) 资本结构与最佳资本结构

资本结构是指长期负债与权益资本之间的构成及其比例关系。最佳资本结构是指在一定条件下使企业平均资本成本率最低、企业价值最大的资本结构。

(二) 影响资本结构的因素

1. 税务政策

所得税税率较高,应充分发挥债务资本抵税作用。

2. 货币政策

市场利率高,债务资本成本增大,资本结构倾向减少负债。

3. 行业特征

产品市场稳定的成熟产业,经营风险低,须提高债务资本所占比例;高新技术企业,应降低债务资本所占比例;以技术研发为主的企业负债较少。

4. 企业发展周期

企业初创阶段,经营风险高,应控制负债比例;企业发展成熟阶段,应增加债务资本所占比例;企业收缩阶段,应降低债务资本所占比例。

5. 经营稳定性

产销业务稳定,资本结构倾向负债筹资。

6. 企业成长率

经营发展能力表现为未来产销业务量的增长率,产销业务量能够以较高的水平增长,资本结构倾向负债筹资。

7. 信用等级

信用等级高,资本结构倾向负债筹资。

(三) 资本结构优化

资本结构优化要求企业权衡负债的低资本成本和高财务风险的关系,确定合理的资本结构。资本结构优化的目标是降低平均资本成本率或提高普通股每股的收益。

1. 每股收益分析法

基本原理：能够提高每股收益的资本结构是合理的资本结构。可按照每股收益大小判断资本结构的优劣。

2. 平均资本成本比较法

通过计算和比较各种可能的筹资组合方案的平均资本成本，选择平均资本成本率最低的方案。这种方法侧重于从资本投入的角度对筹资方案和资本结构进行优化分析。

3. 公司价值分析法

以上两种方法都是从账面价值的角度进行资本结构的优化分析，没有考虑市场反应，也没有考虑风险因素。公司价值分析法是指在考虑市场风险的基础上，以公司市场价值为标准进行资本结构优化，即能够提升公司价值的资本结构就是合理的资本结构。同时，在公司价值最大的资本结构下，公司的平均资本成本率是最低的。公司价值分析法主要用于对现有资本结构进行调整，适用于资本规模较大的上市公司的资本结构优化分析。

第七章　营运资金管理

❖ 第一节　营运资金管理概述

◈ 一、营运资金的含义与构成

营运资金又称营运资本，是指企业生产经营活动中占用在流动资产上的资金。营运资金有广义和狭义之分。广义的营运资金又称毛营运资金，是指企业生产经营中占用在流动资产上的资金；狭义的营运资金又称净营运资金，是指企业某个时点上流动资产与流动负债的差额。通常所说的营运资金是指狭义的营运资金，它是判断和分析企业流动资金运作状况和财务风险程度的重要依据。

营运资金＝流动资产－流动负债

流动资产是指可以在1年内或超过1年的一个营业周期内变现或运用的资产。流动资产具有占用时间短、周转快、易变现等特点。企业拥有较多的流动资产，可在一定程度上降低财务风险。流动资产在资产负债表上主要包括的项目有货币资金、短期投资、应收票据、应收账款、预付费用和存货。

流动负债是指需要在1年内或超过1年的一个营业周期内偿还的债务，具有成本低、偿还期短的特点，必须认真进行管理，否则，将使企业承受较大的风险。流动负债包括短期借款、应付票据、应付账款、预收账款、应付工资、应付福利费、应付股利、应交税金、其他暂收应付款项、预提费用和1年内到期的长期借款等。

◈ 二、营运资金的特点

为了有效地管理企业的营运资金，必须研究营运资金的特点，以便有针对性地进行管理。营运资金具有以下特点。

（一）周期的短期性

由于流动资产和流动负债在1年或超过1年的一个营业周期内完成一次循环，相对于长期资产或长期负债而言，营运资金的周期具有短期性。根据这一特点，营运资金需求可以通过商业信用、发行短期债券、短期银行借款解决。

（二）数量的波动性

流动资产和流动负债容易受内外条件的影响，数量的波动往往很大。随着企业内外条件的变化而变化，流动资产如存货、银行存款等会出现时高时低的情况，波动很大。季节性企业如此，非季节性企业也是如此。随着流动资产数量的变动，流动负债的数量也会相应发生变动。因而在企业营运资金管理中，要特别注意企业资金来源的稳定性和资金使用的灵活性，确保资金的供需平衡。

（三）来源的多样性

营运资金的需求既可以通过长期筹资方式解决，也可以通过短期筹资方式解决。企业筹集营运资金的方式也较为灵活多样，通常有银行短期借款、短期融资券、商业信用、应交税金、应交利润、应付工资、应付费用、预收货款、票据贴现等多种内外部融资方式。

（四）实物形态的变动性和易变现性

企业流动资产的占用形态是经常变化的，一般按照现金、材料、在产品、产成品、应收账款、现金的顺序转化。为此，在进行流动资产管理时，必须在各项流动资产上合理配置资金数额，做到结构合理，以促进资金周转顺利进行。

此外，非现金形态的营运资金（如存货、应收账款、短期有价证券等流动资产）一般具有较强的变现能力，如果遇到意外情况，如企业出现资金周转不灵、现金短缺等情况时，可以迅速变卖这些资产以获取现金，这一点对企业应对临时性的资金需求有重要意义。

◆ 三、营运资金的管理原则

营运资金管理是指对企业流动资产和流动负债的管理。一家企业要维持正常的运转，就必须拥有适量的营运资金，因此，营运资金管理是企业财务管理的重要组成部分。要管理好营运资金，必须解决好流动资产和流动负债两个问题。企业应该持有多少流动资产，即营运资金持有的管理。营运资金持有的管理主要包括现金管理、应收账款管理和存货管理。企业应该怎样来进行流动资产的融资，即营运资金筹措的管理。营运资金筹措的管理包括银行短期借款的管理和商业信用的管理。

可见，营运资金管理的核心内容就是对资金运用和资金筹措的管理，加强营运资金管理就是加强对流动资产和流动负债的管理。企业进行营运资金管理，应遵循以下原则。

（一）保证合理的资金需求

企业应认真分析生产经营状况，合理确定需要的营运资金的数量。企业营运资金的需求量与企业生产经营活动有直接关系。一般情况下，当企业产销两旺时，流动资产会不断增加，流动负债也会相应增加；而当企业产销量不断减少时，流动资产和流动负债也会相应减少。营运资金的管理必须把满足正常合理的资金需求作为首要任务。

（二）提高资金使用效率

加速资金周转是提高资金使用效率的主要手段之一。提高营运资金使用效率的关键就是采取得力措施缩短营业周期，加速变现过程，加快营运资金周转。因此，企业要千方百计地加速存货、应收账款等流动资产的周转，以便用有限的资金服务于更大的产业规模，为企业取得更好的经济效益提供条件。

（三）节约资金使用成本

在营运资金管理中，必须正确处理保证生产经营需要和节约资金使用成本间的关系。要在保证生产经营需要的前提下，遵循勤俭节约的原则，尽力降低资金使用成本。一方面，要挖掘资金潜力，盘活全部资金，精打细算地使用资金；另一方面，要积极拓展融资渠道，合理配置资源，筹措低成本资金，服务于生产经营。

（四）保持足够的短期偿债能力

偿债能力的高低是企业财务风险高低的标志之一。合理安排流动资产与流动负债的比例关系，保持流动资产结构与流动负债结构的适配性，保证企业有足够的短期偿债能力是营运资金管理的重要原则之一。流动资产、流动负债及二者之间的关系能较好地反映企业的短期偿债能力。流动负债是在短期内需要偿还的债务，流动资产则是在短期内可以转化为现金的资产。因此，如果企业的流动资产比较多、流动负债比较少，说明这家企业的短期偿债能力较强；反之，则说明短期偿债能力较弱。但如果企业的流动资产太多、流动负债太少，也不是正常现象，这可能是因流动资产闲置或流动负债利用不足所致。

◆ 四、营运资金的管理政策

营运资金管理政策包括营运资金持有政策和营运资金筹措政策两方面。

（一）营运资金持有政策

企业所需要的营运资金随企业业务量的变化而变化，企业的业务量越大，所需营运资金也越多，但二者间并非线性关系，外部融资环境、企业规模和企业所处行业等因素都会影响营运资金的需求量。按照企业流动资产与业务量的比例关系，营运资金持有政策可以分为三类。

1. 适中型营运资金持有政策

适中型营运资金持有政策是指企业在安排流动资产数量时，根据以往经验，确定流动资产的正常需求量，保证企业正常营运的需要。此外，企业适当地留有一定的保险储备量，以防不测之需。如某企业流动资产的正常需求量为销售额的30%，正常的保险储备量为销售额的10%，假设企业的销售额为1000万元，采用适中型营运资金持有政策，企业应持有的流动资产为400万元。

2. 宽松型运资金持有政策

企业在安排流动资产数量时，在正常生产经营需求量和正常保险储备量的基础上，再加上一部分额外的储备量，以便降低企业的风险，这就是宽松型营运资金持有政策。该政策使企业具有较高的营运资金持有量，从而保证生产经营活动的平稳进行，因而企业的风险较低，但较高的营运资金持有量也会降低企业的总收益率。

3. 紧缩型营运资金持有政策

企业在安排流动资产数量时，只安排正常生产经营需求量而不安排或只安排很少的保险储备量，这就是紧缩型营运资金持有政策。采用该政策，企业的营运资金收益率较高，但较少的现金、有价证券和较低的存货保险储备量降低了企业的偿债能力和支付能力，增加了企业的风险。

企业选择何种营运资金持有政策，取决于企业对风险和收益的权衡，企业必须选择与其业务需要和管理风格相符合的营运资金持有政策。例如，企业管理政策趋于保守，就会选择宽松型营运资金持有政策，保证更高的流动性，但盈利能力也较低。

（二）营运资金筹措政策

营运资金筹措政策主要是指就如何安排临时性流动资产和永久性流动资产的资金来源而言的。所谓临时性流动资产，是指那些受季节性、周期性影响的流动资产，如季节性存货、销售和经营旺季的应收账款等。永久性流动资产是指那些即使企业处于经营低谷也仍然需要保留的、用于满足企业长期稳定需要的流动资产。企业的营运资金筹措政策一般可以分为三种，即配合型营运资金筹资政策、激进型营运资金筹资政策和保守型营运资金筹资政策。

1. 配合型营运资金筹资政策

配合型营运资金筹资政策是指企业的负债结构与企业资产的寿命周期相对应。临时性流动资产所需资金用临时性流动负债筹集，永久性流动资产和固定资产等长期资产（统称为永久性资产）所需资金用自发性负债（是指直接产生于持续经营过程中的负债，如商业信用筹资和日常运营中产生的其他应付款，以及应付工资、应付利息、应交税金等）、长期负债和权益性资本筹集。

例如，某企业在生产经营的淡季，需占用500万元的流动资产和1000万元的固定资产；在生产经营的旺季，需额外增加200万元的存货。按照配合型营运资金筹资政策，企业只有在生产经营的旺季才借入200万元的短期借款，而1500万元的永久性资产均由自发性负债、长期负债和权益性资本解决。

2. 激进型营运资金筹资政策

激进型营运资金筹资政策是指临时性负债不仅融通临时性流动资产的资金需要，而且解决部分永久性资产的资金需要，甚至全部短期资产都要由临时性负债支持。上例中，这家企业需要1500万元的永久性资产，如果企业的自发性负债、长期负债和权益性资本只能解决1400万元，而100万元的永久性资产由临时性负债筹资解决，这种政策就是激进型营运资金筹资政策。

3. 保守型营运资金筹资政策

保守型营运资金筹资政策是指临时性负债只满足部分临时性流动资产的资金需要，另一部分临时性流动资产和永久性资产，则由自发性负债、长期负债和权益性资本作为资金来源。上例中，如果这家企业在旺季借入资金低于200万元，如100万元的短期借款，而无论何时自发性负债、长期负债和权益性资本之和总是高于1500万元，则该企业采用的就是保守型营运资金筹资政策。

◆ 五、营运资金管理的分类

营运资金管理是一项十分重要的基础性财务管理工作。很多企业倒闭都与企业营运资金出现问题有关，如现金短缺、坏账激增、存货积压等。然而，持有营运资金的成本往往是非常昂贵的。企业如果持有过多的存货，不但不能给企业赚一分钱，而且要为储存和保养存货花费大量资金。

营运资金管理主要分为现金管理、应收账款管理和存货管理等。本章接下来将关注营运资金各部分的管理。

❖ 第二节　现金管理

◆ 一、现金的持有动机

企业持有一定数额的现金，主要是用于满足企业的交易性动机、预防性动机和投机性动机。

（一）交易性动机

企业的交易性动机是指企业为了维持日常周转及正常商业活动所需持有现金的动机。企业每天发生许多支出和收入，这些支出和收入在数额上的不相等及时间上的不匹配使企业需要持有一定的现金来调节，以使生产经营活动能够持续进行。在许多情况下，企业向客户提供的商业信用条件和从供应商那里获得的信用条件不同，使得企业必须持有现金，如供应商提供的信用条件是30天内付款，而企业迫于竞争压力，向顾客提供45天的信用期，这样企业必须筹集够15天的营运资金来维持企业正常的运转。

另外，企业业务的季节性特征要求企业逐渐增加存货以等待季节性的销售高潮。这时，一般会发生季节性的现金支出，企业现金余额减少，随后又随着销售高潮到来，存货减少，而现金又逐渐恢复到原有水平。

（二）预防性动机

预防性动机是指企业需要维持充足的现金以应付突发事件。这种突发事件可能是政治环境变化，也可能是企业的某个大客户违约导致的企业突发性偿付等。尽管财务主管试图利用各种手段来比较准确地估算企业需要的现金数量，但这些突发事件会打乱原本的财务计划。因此，企业为了应付突发事件，有必要维持比日常正常运转所需金额更多的现金。

为应付意料不到的现金需要，企业掌握的现金数量取决于：企业愿承担现金风险的程度；企业预测现金收支可靠的程度；企业临时融资的能力。希望尽可能减少风险的企业倾向于保留大量的现金余额，以应付其交易性需求和大部分预防性需求。另外，企业会与银行维持良好关系，以备现金短缺之需。

（三）投机性动机

投机性动机是指企业为了在证券市场上获得收益或在原材料市场上投机买卖来获得投机收益而持有现金的动机。这种机会大多是一闪即逝的，如出现证券价格突然下跌的机会，企业若没有用于投机的现金，就会错过这一机会。

除了上述三种基本的现金持有动机，还有许多企业是将现金作为补偿性余额来持有的。补偿性余额是指企业同意保持的账户余额，是企业对银行所提供借款或其他服务的一种补偿。

◆ 二、持有现金的成本

现金具有最大的可接受性，作为企业重要的支付手段，可以随时有效地被用来购买商品，支付有关费用和偿还债务。现金是企业流动性最强的资产，是企业流动资产的重要组成部分，也是其他流动资产转化的最终对象。企业因为持有一定数量的现金而发生的费用或当现金发生短缺时可能承担的代价或损失被称为现金成本。通常，现金成本由以下四个部分组成。

（一）现金的机会成本

现金的机会成本是指企业因持有一定量的现金而丧失的再投资收益，这种成本在数额上等于资金的投资收益。机会成本属于变动成本，与现金持有量的多少密切相关，即现金持有量越大，机会成本越大；反之就越小。

（二）现金的管理成本

现金的管理成本是指企业因持有一定数量的现金而发生的管理费用，如管理者工资、安全措施费用等。一般认为这是一种固定成本，这种固定成本在一定范围内和现金持有量之间没有明显的比例关系。

（三）现金的短缺成本

现金的短缺成本是指在现金持有量不足，又无法及时通过有价证券变现加以补充而给企业造成的损失，包括直接损失与间接损失。现金的短缺成本随现金持有量的增加而下降，随现金持有量的减少而上升，即与现金持有量负相关。

（四）现金的转换成本

现金的转换成本是指企业用现金购买有价证券或将有价证券转换为现金所发生的交易费用，如买卖证券支付的佣金、手续费和进行证券交易支付的税金等。现金的转换成本可以分为两类：一类是与转换金额相关的费用，如买卖证券的手续费和证券交易的印花税等，这种费用一般按照成交金额的一定比例支付，与转换的次数关系不大，属于变动转换成本；另一类是与转换金额无关，只与转换次数有关的费用，如过户费等，这种费用按照交易的次数支付，每次交易支付的费用金额是相同的，属于固定转换成本。

◆ 三、最佳现金持有量

企业现金管理的目标是尽可能地降低现金占用，在实践中，确定企业的最佳现金余额是非常重要和必要的。现金持有量过多会导致企业的整体盈利水平下降，现金持有量不足则可能影响企业的生产经营。因此，最佳现金持有量的确定，必须基于对收益和风险的权衡。最佳现金持有量是指既能节约资金、减少资金占用成本，又能满足生产经营需要、保持企业正常支付能力的货币资金占用量。确定最佳现金持有量的方法主要有现金周转模式、成本分析模式和存货模式等。

（一）现金周转模式

现金周转模式是指根据企业现金需求总额、现金周转期及现金平均占用额来确定最佳现金持有量的一种方法。现金周转期是指从现金投入生产经营开始，到最终转化为现金的过程。现金周转期的计算公式为

$$现金周转期 = 应收账款周转期 + 存货周转期 - 应付账款周转期$$

其中，应收账款周转期是指从应收账款发生到收回所需要的时间；存货周转期是指从生产投入材料开始到产成品出售所需要的时间；应付账款周转期是指从收到尚未付款的材料开始到偿还货款所需要的时间。

现金周转期就是现金周转一次所需的天数。根据现金周转期可以计算出现金周转率，即现金在一年中周转的次数：

$$现金周转率 = \frac{360天}{现金周转期}$$

现金周转期确定后，便可确定企业最佳现金持有量，其计算公式为

$$最佳现金持有量 = \frac{企业年现金需求总额}{360 \times 现金周转期}$$

例如，某企业的原料购买和产品销售均采用商业信用方式，其应收账款的收款期为130天，从原料购买到产成品销售的期限平均为100天，应付账款的平均收款期为50天，该企业的现金周转期和现金周转率计算如下：

$$现金周转期 = 130 + 100 - 50 = 180（天）$$

$$现金周转率 = 360 \div 180 = 2$$

如果该企业现金年度需求总量为400万元，最佳现金持有量为

$$最佳现金持有量 = \frac{400}{360 \times 180} = 200（万元）$$

（二）成本分析模式

成本分析模式是指在综合考虑持有现金机会成本、短缺成本的情况下，通过分析，找出总成本最低时现金持有量的一种方法。成本分析模式的特点是只考虑持有一定量的现金而产生的机会成本和短缺成本，而不考虑管理成本和转换成本。通常持有现金的机会成本与现金持有量成正比，短缺成本与现金持有

量成反比。

（三）存货模式

存货模式是指把现金看作存货来进行管理，根据存货的经济批量模型来确定最佳现金持有量的方法。该模型是分析现金管理问题的传统方法，在此方法下，企业对其现金余额的管理是建立在持有现金（而非有价证券）的成本和把有价证券转换为现金的成本的基础上。最佳的政策是使这些成本之和最小。

◆ 四、现金的日常管理

在现金管理中，企业除了确定最佳现金余额，还必须进行现金的日常管理。

（一）现金预算管理

现金预算是企业财务预算的一个重要组成部分，其编制一般从销售预测开始，由企业每个职能部门分别编制出相应的分项预算，如销售预算、生产预算、直接原材料费用预算、直接人工费用预算、间接费用预算、销售费用预算和管理费用预算等，最终由财务管理部门汇总各分项预算，编制出现金预算表。

在编制各分项预算工作中，企业财务管理部门的主要职责是为销售、生产和采购等部门的分项预算建立共同的基本假设，如物价水平、基准贴现率、可供资源的限制条件等，参与协调分项预算工作的各部门人员，使之能够相互衔接与配合，防止各个职能部门和人员因部门利益或个人偏好而高估或低估现金的收支。

现金预算的编制方法主要有现金收支法。现金收支法实际上就是编制各个月份的现金收支计划，并与现金收支的实际情况进行比较，便于企业控制和分析现金预算的执行情况。利用现金收支法编制现金预算的主要步骤如下。

1. 预测企业的现金流入量

企业应根据销售预算和生产经营情况等因素，预测各个月份的现金流入量。现金流入量主要包括经营活动的现金流入量和其他现金流入量。

2. 预测企业的现金流出量

企业应根据生产经营的目标要求，预测为实现既定的经营目标所需要购入的资产、支付的费用等所要发生的现金流出量。现金流出量包括经营活动的现金流出量和其他现金流出量。

3. 确定现金余缺

企业根据预算的现金流入量与现金流出量，计算出净现金流量，之后在考虑期初现金余额和本期最佳现金余额的条件下，计算出本期的现金余缺。

根据现金预算，企业财务管理人员既要积极组织现金收入来保证生产经营需要，又要对现金预算上最后反映出来的预算期内的现金余缺进行具体分析，做出合理的财务安排。由于存在着企业无法预见的突发事件，如材料供应价格改变、新产品开发计划失败等，都可能影响企业的现金预算，这时企业可以考虑改变现金预算。

（二）银行存款管理

银行存款管理是指企业应对结算户存款、单位定期存款进行管理，以确保银行存款的安全、完整，同时应善于灵活运用各种转账结算方式有效地调度资金，以提高资金的使用效率。各单位之间的一切经济往来，包括产品销售、劳务供应和资金缴拨等的货币资金结算，除了结算金额起点以下的零星支付，都必须进行转账结算。此外，为保证责任的履行及防止发生违法乱纪行为，企业必须做好银行存款的定期对账工作，以及出纳、会计人员调动时的工作交接手续等基础工作。

（三）现金收支管理

企业应认真执行现金预算，加强对现金的日常管理，提高现金的使用效率。一方面，企业要尽可能地缩短现金的收入时间，加速回款；另一方面，在不损害企业信用地位的前提下，尽可能地延缓现金的支出时间，使在一定时期内可供企业支配使用的现金数额达到最大。企业现金收支管理的方法有以下五种。

1. 加速现金收款

为了提高现金的使用效率，加速现金周转，企业应尽量加快账款的收回工作。企业加速收款，不仅要尽量使顾客早付款，而且要尽快使这些付款转化为可用现金。

2. 集中银行业务

企业可设立一些收款中心，指定一个主要收款中心的开户银行作为集中银行，企业客户的货款交到距其最近的收款中心，收款中心将每天收到的货款存入当地收款中心的开户银行。收款中心开户银行再将扣除补偿性存款余额后的货币资金解缴到企业指定的集中银行，供企业集中使用。

3. 使用现金浮游量

现金浮游量是指企业账户上现金余额与银行账户上所显示的存款余额之间的差额。现金浮游量是由于企业提高收款效率和延迟付款时间所产生的结果。如果企业本身办理收款的效率高于接受其支票的企业的收款效率，就会产生现金浮游量，使企业账户上的现金余额小于其银行存款账户上所显示的存款余额，有时，企业账簿上的现金余额已为零或负数，而银行账簿上该企业的现金余额还有不少。利用现金浮游量，企业可以适当减少现金数量，达到节约现金的目的。

4. 推迟支付应付款

企业在不影响自身信誉的情况下，应尽可能推迟应付款的支付期，从而最大限度地利用现金。如果有现金折扣，企业应在现金折扣有效期的最后一天支付货款，既不提前付款也不拖欠。如果企业急需货币资金，甚至可以放弃现金折扣优惠，将付款期延长至信用期的最后一天。

5. 采用汇票付款

汇票分为商业承兑汇票和银行承兑汇票，与支票不同的是，承兑汇票并不是见票即付。这一方式的优点是推迟了企业调入资金支付汇票的实际所需时间，这样企业就只需在银行中保持较少的现金余额。其缺点是某些供应商可能并不喜欢用汇票付款，银行也不喜欢处理汇票，因为处理汇票通常会耗费较多的人力。此外，同支票相比，银行对汇票会收取较高的手续费。

（四）闲置现金投资管理

企业现金管理的目的首先是保证日常生产经营业务的需要，其次才是使这些现金获得最大的收益。这两个目的要求企业将闲置资金投入流动性高、风险性低、交易期限短的金融工具中，以期获得较多的收入。如果闲置现金管理得当，可为企业增加可观的净收益。

❖ 第三节　应收账款管理

◆ 一、应收账款的功能

应收账款的功能即其在生产经营中的作用，主要包括以下两方面。

（一）促进销售功能

在激烈的市场竞争中，通过提供赊销可以有效地促进销售。因为企业提供赊销不仅向顾客提供了商品，而且在一定时间内向顾客提供了购买该商品的资金，顾客将从赊销中得到好处。可见，赊销可以带来企业销售收入和利润的增加。

（二）减少存货功能

企业持有一定产成品存货时，会相应地占用资金，形成仓储费用、管理费用等，产生成本，而赊销可以避免这些成本的产生。因此，当企业的产成品存货较多时，一般会采用优惠的信用条件进行赊销，将存货转化为应收账款，节约支出。

◆ 二、应收账款的成本

应收账款是指企业为增加销售和盈利进行的投资，必然会产生一定的成本。应收账款的成本主要有以下三项。

（一）应收账款的机会成本

应收账款会占用企业一定量的资金，而企业若不把这部分资金投放于应收账款，便可以用于其他投资并可能获得收益，如投资债券获得利息收入。这种因投放于应收账款而放弃其他投资所带来的收益，即应收账款的机会成本。

（二）应收账款的管理成本

应收账款管理成本是指在进行应收账款管理时所增加的费用，主要包括调查顾客信用状况的费用、收集各种信息的费用、账簿的记录费用、收账费用等。

（三）应收账款的坏账成本

在赊销交易中，债务人由于种种原因无力偿还债务，有可能无法收回应收账款而发生的损失，就是坏账成本。可以说，企业发生坏账成本是不可避免的，而此项成本一般与应收账款的数量成正比。因此，为避免坏账给企业生产经营活动的稳定性带来不利影响，企业应按照应收账款余额的一定比例提取坏账准备。

◆ 三、应收账款的管理

为充分发挥应收账款的作用，必须加强对应收账款的管理。应收账款的管理核心是制定合理的信用政策。信用政策既有利于扩大销售，又有利于降低应收账款占用的资金，防止发生坏账损失。具体来说，应收账款管理的主要内容包括制定合理的应收账款信用政策；进行应收账款的投资决策；做好应收账款的日常管理工作，防止坏账发生。

（一）制定合理的应收账款信用政策

为了确保企业能够一致地运用信用和保证公平性，企业必须制定恰当的信用政策。最佳的信用政策，也就是说最佳的应收账款投资水平，取决于企业的生产经营状况和外部环境。信用政策包括信用标准、信用期限、折扣条件和收账政策四部分内容。

1. 信用标准

信用标准是指企业同意向客户提供商业信用而提出的基本要求，通常以预期的坏账损失率作为判别标准。企业要根据自身条件和市场竞争的具体情况，选择适当的信用标准。如果企业执行的信用标准过于严格，可能会降低对符合可接受信用风险标准客户的赊销额，因此会限制企业的销售机会；如果企业执行的信用标准过于宽松，可能会对不符合可接受信用风险标准的客户提供赊销，因此会增加随后还款的风险并增加坏账费用。企业在制定或选择信用标准时，应考虑以下三个因素。

（1）同行业竞争对手的情况。

企业要在市场竞争中保持优势地位，不断扩大市场占有率。如果竞争对手实力强，企业要保持其优势地位，就需要执行较低的信用标准；反之，其信用标准要相应严格一些。

（2）企业承担违约风险的能力。

当企业承担违约风险的能力较强时，企业可以以较低的信用标准争取客户，提高其市场竞争力；反之，则要执行严格的信用标准以降低违约风险的程度。

（3）客户的资信程度。

客户的资信程度是影响企业制定信用标准的重要因素。一般按照"5C"信用评价体系来评估客户的资信程度，具体标准如下。

品质（character）。它是指个人申请人或企业申请人管理者的诚实和正直表现。品质反映了个人或企业在过去的还款中所体现的还款意图和愿望。

能力（capacity）。它反映的是企业或个人在其债务到期时可以用于偿债的当前和未来的财务资源，可以使用流动比率和现金流预测等方法评价申请人的还款能力。

资本（capital）。它是指如果企业或个人当前的现金流不足以还债，在短期和长期内可供使用的财务资源。

抵押品（callateral）。它是指当企业或个人不能满足还款条款时，可以用作债务担保的资产或其他担保物。

条件（condition）。它是指影响顾客还款能力和还款意愿的经济环境，对申请人的条件进行评价以决定是否给其提供信用。

以上信息可以通过直接调整获得，即调查人员通过与被调查单位进行直接接触，通过当面采访、询问、观看等方式获取信用资料；此外，客户资信程度也可以通过间接调查获得。间接调查是指以被调查单位和其他单位保存的有关原始记录、核算资料为基础，通过加工整理获得被调查单位信用资料的一种方法。获得这些资料的渠道：通过财务报表分析来掌握一个企业的财务状况和信用状况；通过信用评估机构获得可信度较高的信用资料，许多银行都设有信用部，对其顾客信用状况进行记录、评估，因此银行也是信用资料的一个重要来源；其他途径，如财税部门、工商管理部门、消费者协会等机构都可能提供相关的信用状况资料。

2. 信用期限

信用期限是指企业允许顾客从购货到付款之间的时间，或者说是企业给予顾客的付款期限。例如，某企业允许顾客在购货后的50天内付款，则信用期为50天。信用期过短，不足以吸引顾客，在竞争中会使销售额下降；信用期过长，对销售额增加固然有利，但与此同时，应收账款、收账费用和坏账损失增加，会产生不利影响。因此，企业必须慎重研究，确定恰当的信用期。

3. 折扣条件

现金折扣是指企业为了鼓励顾客在规定的期限内尽早付款而对顾客在商品价格上的扣减。向顾客提供这种价格上优惠的主要目的在于吸引顾客为享受优惠而提前付款，缩短企业的平均收款期。另外，现金折扣也能招揽一些视折扣为减价出售的顾客前来购货，借此扩大销售量。

企业采用什么程度的现金折扣，要与信用期限结合起来考虑。例如，要求顾客最迟不超过30天付款，若希望顾客20天、10天付款，能给予多大折扣？如果给予3%，5%的折扣，能吸引顾客在多少天内付款？不论是信用期限还是现金折扣，都可能给企业带来收益，但也会增加成本。当企业给予顾客某种现金折扣时，应当考虑折扣所能带来的收益与成本孰高孰低，权衡利弊。

因为现金折扣是与信用期限结合使用的，所以确定折扣程度的方法、程序实际上与前述确定信用期限的方法、程序一致，只不过要把所提供的延期付款时间和折扣综合起来，计算各方案的延期与折扣能取得多大的收益增量，再计算各方案带来的成本变化，最终确定最佳方案。

4. 收账政策

收账政策是指当客户违反信用条件，拖欠甚至拒付账款时企业所采取的收账策略与措施。在企业决定向客户提供商业信用时，实际上承担了客户违反信用条件、拖欠货款的风险。通过收账政策的制定与实施，企业得以维持信用标准的水平和维护信用条件的执行，减少坏账损失。

当企业向客户提供商业信用时，必须考虑三个问题：一是客户是否会拖欠或拒付账款；二是怎样最大限度地防止客户拖欠账款；三是一旦账款遭到拖欠甚至拒付，企业应采取怎样的对策。前两个问题的解决主要是靠信用调查和严格信用审批制度。第三个问题必须通过制定完善的收账政策，采取有效的收账措施予以解决。企业对拖欠的应收账款进行催收，需要付出一定的收账费用，如收款所花的邮电通信费、派专人收款的差旅费和不得已时的法律诉讼费等。如果企业的收款政策过宽，会导致拖欠款项的客户增多并且拖欠款项的时间延长，从而增加应收账款的投资和坏账损失，但会减少收账费用；收账政策过严，会使拖欠款项的客户减少及拖欠款项的时间缩短，从而减少应收账款的投资和坏账损失，但会增加收账费用。因此，企业在制定收账政策时，要权衡利弊，把握好宽严程度。

（二）进行应收账款的投资决策

企业为客户提供商业信用是为了扩大销售量，增加企业的收益，应收账款实际上是企业为了获得更大收益而进行的一项投资。但是应收账款要占用大量的资金，企业必须将应收账款投资总额控制在一个合理的范围内。应收账款的投资额主要取决于两个因素：一是企业的赊销数额；二是应收账款的平均收账期。企业的赊销数额取决于企业的销售能力和信用政策，应收账款的平均收账期则主要取决于企业的信用政策。应收账款投资额可以用以下公式计算：

$$应收账款投资额 = 每日平均赊销数额 \times 应收账款平均收账期$$

（三）做好应收账款的日常管理，防止坏账发生

对于已经发生的应收账款，企业要加强日常管理，采取有力措施进行分析、控制。这些措施可概括为以下两项。

1. 应收账款账龄分析

企业为了详细了解客户的付款情况，可以编制应收账款账龄分析表。应收账款账龄分析表将应收账款划分为未到信用期的应收账款和逾期应收账款。一般来讲，逾期拖欠时间越长，账款催收难度越大，成为坏账的可能性也就越高。账龄分析法是衡量应收账管理状况的一种重要方法，企业既可以按照应收账款总额进行账龄分析，也可以按照顾客个体进行账龄分析。

通过应收账款账龄分析，不仅能提示财务管理人员把过期款项视为工作重点，而且有助于促进企业进一步研究与制定新的信用政策。

2. 应收账款坏账准备金制度

应收账款坏账准备金制度是指企业按照事先确定的比例估计坏账损失计提坏账准备金，待发生坏账时再冲减坏账准备金。建立坏账准备金制度的关键是合理地确定计提坏账准备的比例。计提比例的确定是建立在历史经验数据的基础之上的，企业可以根据以往应收账款发生坏账的比例和当前信用政策的实际情况来估计计提坏账准备金的比例。

确定计提坏账准备金的方法有三种：一是销货百分比法，即按照赊销货款的一定比率计提坏账准备金；二是账龄分析法，即按照账龄长短分别确定不同的计提比例，账龄越短，计提比例越小，账龄越长，计提比例越大；三是应收

账款余额百分比法，即按照应收账款期末余额的一定比率计提坏账准备金。

❖ 第四节　存货管理

◈ 一、存货的作用

存货在企业生产经营过程中起到的作用具体包括以下五个方面。

（一）保证生产正常进行

生产过程中需要的原材料和在产品，是生产的物质保证，为保障生产的正常进行，必须储备一定量的原材料，否则可能会造成生产中断、停工待料的现象。

（二）有利于销售

一定数量的存货储备能够增加企业在生产和销售方面的机动性和适应市场变化的能力。当市场需求量增加时，若产品储备不足就有可能失去销售良机，所以保持一定量的存货有利于市场销售。

（三）便于维持均衡生产，降低产品成本

有些企业产品属于季节性产品或需求波动较大的产品，若根据需求状况即时组织生产，可能生产能力得不到充分利用或超负荷生产，造成产品成本的上升。

（四）降低存货取得成本

一般情况下，当企业进行采购时，进货总成本与采购物资的单价和采购次数有密切关系。许多供应商为鼓励客户多购买其产品，往往在客户采购量达到一定数量时，给予价格折扣，所以企业通过大批量集中进货，既可以享受价格折扣，降低购置成本，也因减少订货次数，降低了订货成本，使总的进货成本降低。

（五）防止意外事件的发生

企业在采购、运输、生产和销售过程中，都可能发生意料之外的事件，而

保持必要的存货储备，可以避免和减少意外事件造成的损失。

◆◆ 二、存货的成本

企业维持正常生产经营活动，必须储备一定数量的存货，但是采购、储存存货可能要发生各种费用支出，这些费用支出就构成了企业存货的成本。企业存货的成本通常包括以下三项。

（一）取得成本

取得成本是指为取得某种存货而支出的成本，通常用 TC_a 来表示。其又分为订货成本和购置成本。

1. 订货成本

订货成本是指取得订单的成本，如办公费、差旅费、邮资及运输费等支出。订货成本中有一部分与订货次数无关，如常设采购机构的基本开支等，称为固定的订货成本，用 F_1 表示；另一部分与订货次数有关，如差旅费、邮资等，称为订货的变动成本，每次订货的变动成本用 K 表示；订货次数等于存货年需求量（D）与每次进货量（Q）的比值。订货成本的计算公式为

$$订货成本 = 固定订货成本 + 存货年需求量/每次进货量 \times$$
$$每次订货变动成本$$

2. 购置成本

购置成本是指为购买存货本身所支出的成本，即存货本身的价值，经常用数量与单价的乘积来确定。年需求量用 D 表示，单价用 U 表示，于是购置成本为 $D \times U$。

订货成本加上购置成本，就等于存货的取得成本。其计算公式为

$$存货的取得成本 = 订货成本 + 购置成本$$
$$= 订货固定成本 + 订货变动成本 + 购置成本$$

（二）储存成本

储存成本是指为保持存货而发生的成本，包括存货占用资金所应计的利息、仓库费用、保险费用、存货破损和变质损失等。

储存成本分为固定成本和变动成本。固定成本与存货数量的多少无关，如

仓库折旧、仓库职工的固定工资等。变动成本与存货的数量有关，如存货资金的应计利息、存货的破损和变质损失、存货的保险费用等。储存成本的计算公式为

$$储存成本 = 储存固定成本 + 储存变动成本$$

（三）缺货成本

缺货成本是指由于存货数量不能及时满足生产和销售的需要而给企业造成的损失，包括材料供应中断造成的停工损失、产成品库存缺货造成的拖欠发货损失、丧失销售机会的损失及造成的商誉损失等；如果生产企业以紧急采购代用材料解决库存材料中断之急，那么缺货成本表现为紧急额外购入成本。

◆◆ 三、存货控制方法

（一）存货归口分级管理

存货归口分级管理是企业实行存货资金管理责任制的一个重要方法。企业的存货以各种实物形态分布在企业生产经营的各个环节，由从事生产经营活动的各有关职能部门和生产部门掌握和使用，只有每个职能部门参与，才能真正管理好企业的存货。企业的存货管理应当在财务部门牵头进行集中管理的前提下，实行存货的归口分级管理。实行存货归口分级管理有利于调动各职能部门、各级单位和员工管好、用好存货的积极性和主动性，把存货管理同企业的生产经营活动结合起来，贯彻责、权、利相结合的原则。

财务部门对存货资金统一管理，以促进供、产、销之间的相互协调，加速周转。财务部门的工作包括测算存货资金占用数额、编制存货资金使用计划；将计划指标分解、落实到责任单位和个人；对存货资金使用情况进行检查、分析和考核；等等。

根据存货的实际流转、保管和使用情况，按照资金使用、实物管理和资金管理相结合的原则，分别确认供、产、销各环节存货的归口管理部门。

各归口管理部门进一步将存货管理责任层层落实，分解到下属的单位或个人。

（二）存货 ABC 分类管理法

不同存货对企业财务目标的实现具有不同的作用，有的存货尽管品种数量

很少，但金额巨大，如果管理不善，会给企业造成极大的损失。而有的存货虽然品种数量繁多，但金额很小，即使管理中出现一些问题，也不至于对企业产生较大的影响。因此，企业不可能也没有必要对所有存货不分巨细地严加管理，ABC分类管理法就是基于这一考虑而提出的。

ABC分类管理法在生产经营实践中被广泛地应用到物资管理、成本管理和生产管理等方面。存货的ABC分类管理法就是根据各项存货在全部存货中的重要程度，按照重要性递减原则，将存货分成A，B，C三类。最重要的存货为A类，实行重点规划和管理，对存货的收、发、存详细记录，定期盘点；对采购、储存、使用过程中出现的偏差应及时分析原因，调查清楚，寻求改进措施。一般存货为B类，进行次重点管理，一般可以按照存货类别进行控制，对实际出现的偏差进行概括性检查。不重要的存货为C类，只做一般管理。

存货ABC分类管理法的标准主要有两个：金额标准和品种数量标准。金额标准是最基本的，品种数量标准仅作为参考。A类存货的特点是金额巨大，但品种数量较少；B类存货金额一般，品种数量相对较多；C类存货品种数量繁多，但价值金额很小。

◇◆ 四、最佳存货量的确定

（一）经济订货批量的基本模型

为便于分析，可以将存货分为两类：营运存货，即在正常生产经营过程中所需要的存货量；安全存货，即为满足由于延迟到货、生产速度加快及其他情况发生时生产、销售需要的存货量。下面以营运存货为例，说明订货批量模型。

所谓订货批量，是指每次订购货物（材料、商品等）的数量。在某种存货全年需求量一定的情况下，降低订购批量，必然增加订货批次。这一方面会使得存货的储存成本下降，另一方面也增加订货成本。可见，存货决策就是确定使这两种成本合计数最低时的订货批量，这就是经济订货批量。

经济订货批量是建立在一系列严格假设基础上的，这些假设包括存货全年需求量是已知常数；订货提前期是常数；货物是一次性入库；单位货物成本为常数，无批量折扣；库存持有成本与库存水平成线性关系；货物是一种独立需求的物品，不受其他货物影响。

（二）存在销售折扣情况下的经济订货批量

在市场经济条件下，供应商为了扩大销售量，通常采用销售折扣的方式进行销售，即规定当一次采购量达到一定数额时给予购货方一定的价格优惠。此时，单位采购成本随着采购数量的增减发生变化，不再是一成不变的，因此，企业在确定经济订货批量时，要对享受折扣与放弃折扣两种情况的总成本进行比较，选择总成本较低者，此时的批量才是经济订货批量。

（三）再订货点和保险储备

企业对存货的需求量可能发生变化，交货时间也可能会延误。在交货期内，如果发生需求量增大或交货时间延误，就会发生缺货。为防止由此造成的损失，企业应有一定的保险储备。为防止存货中断，再订货点应等于交货期内的预计需求与保险储备之和。企业应保持多少保险储备才合适？这取决于存货中断的概率和存货中断的损失。较高的保险储备可以降低缺货损失，但增加了存货的持有成本。因此，最佳的保险储备应该是使缺货损失和保险储备的持有成本之和达到最低。

库存管理不仅需要各种模型帮助确定适当的库存水平，而且需要建立相应的库存控制系统。库存控制系统可以很简单，也可以很复杂。传统的库存控制系统有定量控制系统和定时控制系统两种。定量控制系统是指当存货下降到一定存货水平时即发出订货单，订货数量是固定的和事先决定的。定时控制系统是指每隔一段固定时期，无论是现有存货水平多少，即发出订货申请。

这两种系统都较简单和易于理解，但不够精确。现在许多大型企业都采用了计算机库存控制系统。当库存数据输入计算机后，计算机即对这批货物开始跟踪；此后，每当有该货物取出时，计算机就及时做出记录并修正库存余额；当库存下降到订货点时，计算机自动发出订单，并在收到订货时记下所有的库存量。计算机系统能对大量种类的库存进行有效管理，这也是为什么大型企业愿意采用这种系统的原因之一。对于大型企业，其存货种类数以十万计，要使用人力及传统方法来对如此众多的库存进行有效管理，及时调整存货水平，避免出现缺货或浪费现象是不可能的，但计算机系统对此能够做出迅速而有效的反应。

第八章 "互联网+"时代财务管理战略模式的创新

❖ 第一节 "互联网+"时代商业模式创新

◈ 一、商业模式的基本概念

商业模式是指关于产品、服务和信息流的架构，其中包括各种商业的参与者及其角色的描述、各种参与者潜在收益的描述，以及对于收入来源的描述。商业模式用于解释厂商的运行逻辑，其最基本的含义就是做生意的方法。如果从时间的维度看，商业模式是一个动态系统，且这个动态系统能够决定厂商跨边界互动的内容、管理和建设。

在"互联网+"时代，商业模式发生了极大的改变。在互联网的不确定性下，以往的商业模式被颠覆，传统意义上可依托的壁垒被打破，任何的经验主义都显得苍白无力。"互联网+"时代商业模式让消费者参与生产和价值创造，让厂商与消费者连接，厂商与消费者共创价值、分享价值。这样才能够既享有来自厂商供应面的规模经济与范围经济的好处，又享有来自消费者需求面的规模经济与范围经济的好处。如果说商业模式是一个组织在明确外部假设条件、内部资源和能力的前提下，用于整合组织本身、顾客、供应链伙伴、员工、股东或利益相关者来获取超额利润的一种战略创新意图和可实现的结构体系及制度安排的集合，那么，"互联网+"时代商业模式就是在充满不确定性且边界模糊的互联网下，通过供需双方形成社群平台，以实现其隔离机制来维护组织稳定和实现连接红利的模式。

◈ 二、"互联网+"时代商业模式新特征

"互联网+"的特质驱动了新商业模式的发展，表现在："互联网+"带来

了厂商组织环境的模糊与"混沌",使厂商的经营处于一种边界模糊、难分内外的环境中。由于"互联网+"时代环境的不确定性,使得厂商的商业模式具有高度的随机性和不固定性,厂商已经没有坚固的堡垒可以依托和支撑,只能求新求变,很多成功的模式在"互联网+"时代都很难持续。"互联网+"推动中心化,这不仅相对于中心化媒体,而且与早期的门户和搜索互联网时代相比,如今的"互联网+"已经从少数人建设或机器组织内容然后大众分享转变为共建共享。自媒体使得互联网的中心原子化,信息发生自传播。微信、微博等更加适合大众参与的社交媒体出现,信息由大众产生、大众参与、大众共有,使得互联网内容的来源更多元化。"互联网+"时代商业模式具有极强的不可复制性,没有一模一样的东西,也没有完全相同的商业模式。

与之相伴的是,工业经济时代商业模式中很多重要的元素在"互联网+"时代逐渐消亡。商业模式包含了价值创造的逻辑和商业资源的有效协调,由于"互联网+"时代价值创造的逻辑发生了变化,商业资源的流向也无法避免地发生改变。分销渠道曾经是商业模式的重要组成元素之一,"渠道为王"是工业经济时代商业模式的主旋律,借助他人的渠道或分销商体系进行销售和配送,是工业经济时代厂商完成价值创造和实现价值增值的基本工具。但是,"互联网+"时代出现"脱媒"以后,供需双方可以在没有渠道的帮助下进行互动,如O2O,通过线下的体验然后进行线上的购买,根本不需要中间环节,而直接在供需双方间促成交易行为的实现。分销渠道作为曾经商业模式的重要元素,由于无法起到创造价值和协调资源的作用,自然被"互联网+"时代商业模式所抛弃。

◆ 三、"互联网+"时代商业模式创新

"互联网+"时代,商业模式逻辑下的新元素正在逐渐形成。"互联网+"的世界是通透的,无法通过地理的距离形成区域市场,也无法对厂商进行人为分隔,加之"互联网+"具有极强的不确定性,通常一种商业模式只能存活一个厂商,很少有完全相同的商业模式。与此同时,人与人之间的互动变得密切,知识溢出范围增大,知识生产难度下降,促使商业模式不断创新,商业模式的更替速度加快。但是,"互联网+"时代商业模式创新背后存在共同的逻辑,即以社群为中心的平台模式或称为社群逻辑下的平台模式,简称"社群平台",它是"互联网+"时代商业模式创新的关键。

（一）社群

社群是指聚集在一起的拥有共同价值观的社会单位。它们有的存在于具体的地域中，有的存在于虚拟的网络里。在互联网模式中，社群是一个两两相交的网状关系，用于满足和服务顾客，而社群发展到一定程度会自我运作，是一个自组织。所谓社群逻辑，就如顾客主导的C2B商业形态。品牌与消费者之间的关系由单向价值传递过渡到厂商与消费者双向价值协同，在社群的影响下，传播被赋予了新的含义——价值互动。价值互动也可译为价值界面，指代厂商与顾客的界面。同时，厂商的品牌被赋予了社群的关系属性，转化为社群的品牌，融入顾客一次次价值互动的体验当中。在社群逻辑下，产品的所有属性由于人的参与都有了显著的提升。产品的寿命不再被定义为有限的，而是可以因为重要的人而缩短或延长；产品的销量起伏取决于人或网络之间关系的稳定程度，而不再是被动地服从产品周期；产品的管理不再需要每个阶段不同的市场、金融、制造、销售和人力资源战略，而转向依靠大量的参与者在一个参与者网络中持续地使价值结构在重复鉴定过程中保持稳定。同样，在社群逻辑下，市场定义发生了改变，市场不再只是在现实生活中厂商与消费者双方进行价值交换的场所，而已经成为厂商与社群消费者合作网络各成员之间进行知识碰撞、交流与增值的场所；顾客作为知识创新的另一种来源，既是参与者和建设者，也是直接受益方。创新知识的来源已经变得模糊。

这样的社群逻辑与工业经济时代的规模逻辑是完全不同的。规模经济时代，规模越大越经济，因为标准化与流水线生产的需要，品种越少越好；而社群逻辑却将这个规律倒置过来——大规模的定制化产品成为主流，价值是厂商与顾客在大规模定制化产品生产过程中相互影响而创造出来的。厂商要尽可能满足长尾末端的需求，因为这是厂商能否在市场中成功的基点。需要注意的是，在社群逻辑下跨社群营销是没有意义的，因为社群讲究的是个性，物以类聚。正是由于社群内对产品独特性的要求，就出现了社群粉丝（崇拜者）自限产品规模的要求。

在"互联网+"模式下，厂商获得资源进行价值创造，对于社群的依赖度很高；当然，也要求厂商要形成多品种开发的能力，以满足社群中不同粉丝（崇拜者）的需求。只有当网络（社群）建立，品牌、服务等才能够稳固地被建造或共建起来。人们根据不同的需求，形成不同的偏好，构成了不同的小圈子或者不同的社群，厂商的产品研发就从围绕着"物"转向围绕着"人"或"社群"来进行。在社群逻辑下，可以说"互联网+"时代的经济是基于人的经济，而非基于产品或物的经济。

（二）平台

平台主要是指计算机的操作环境，后来引入经济领域，出现了产品平台、技术平台、商业平台。如今管理学中的平台是指商业模式中的重要一环。平台就是借以沟通社群中的粉丝和潜在粉丝的工具。产品和平台是当今市场成功的必要战略资产。平台强化了在信息和沟通技术下商业模式的安排能力。例如，用来强化已设计出的商业逻辑，还可以帮助提升厂商或厂商战略联盟的决策水平。一方面，平台提供供需双方互动的机会，强化信息流动，降低受众搜索有用信息所需的成本，提供双方实现价值交换、完成价值创造的场所。正因为如此，平台消除了信息的不对称性，打破了以往由信息不对称带来的商业壁垒，为跨界创造了条件。另一方面，平台的存在有利于建立制度，通过对平台的管理，防止功利主义行为，保护消费者和供应商的利益，使得平台中参与者的凝聚力增强。换个角度看，平台促进社群的发展。以百度贴吧为例，它在百度这个平台上通过无数个主题和关键词建立了一个庞大的集群。由于社群具有天然的排他性，再加上人的从众心理和马太效应，往往成功平台的所有者很有可能就是该商业模式下行业的垄断者。

"互联网+"时代厂商与顾客共同创造价值是价值创造的基础。互联网公司是"顾客平台级公司"，其实质就是要实现消费者行为从被动接受向主动参与的转变，让顾客参与到产品创新与品牌传播的所有环节中。而消费者群体也希望参与到产品创意、研发和设计环节，希望产品能够体现自己的独特性。这就是需求的长尾末端，工业经济时代这部分需求被归类于"闲置资源"：一方面是由于这种需求不易被察觉；另一方面是由于需求量太小，无法形成规模生产。"互联网+"模式下，厂商的感知能力和柔性生产能力获得大幅度提升。长尾末端需求的存在说明了当今市场正在产生从数量较少的主流产品和市场（需求曲线的头部）向数量众多的狭窄市场（需求曲线的尾部）转移的现象和趋势。只要保障好流通与存储，范围经济下的市场份额完全可以和那些以前规模经济下的市场份额相媲美，甚至有过之而无不及。对于任何厂商，其越能满足需求，生存能力和盈利能力就越强。

从边际效用递增角度看，"顾客平台级公司"所主张的社群逻辑使厂商的经营有不同于工业经济时代厂商的做法：注重挖掘传统市场边界之外的潜在需求，特别是长尾末端的需求；注重超越传统产业市场边界，往往进行跨界经营，推出新产品或新服务处于价值链的高端或具有独特性，具有较高的效用价值；注重追求针对社群消费者心理需求与社会需求的效用创新，注重为消费者创造产品的功能价值（需要满足）、情感价值（如品牌知觉与忠诚）、学习价值（经验、知识累积的机会）；注重市场顾客的消费体验，强调厂商组织的所有活动都是顾客体验，即从产品研发、设计环节开始，再到生产、包装、物流配送、渠道终端的陈列和销售环节都有消费者体验，以获得边际效用递增；非常重视来自需求方的范围经济，使得消费者之间的效用函数相互依赖，而非相互排斥。

（三）跨界

跨界是指跨越行业、领域进行合作，又被称为跨界协作，往往暗示一种不被察觉的大众偏好的生活方式和审美态度。可以说，跨界协作满足了互联网模糊原有边界进而创造新价值的需求。通过跨越不同的领域、行业乃至文化、意识形态而碰撞出新的事物，使得很多曾经不相干甚至不兼容的元素获得连接，产生价值。

跨界协作能够提高产品对环境的适应能力，延长产品寿命，更重要的是在战略上将竞争关系转化为合作关系，还能够为进入市场降低成本。值得注意的是，作为品牌的生存基础，知名度和忠实用户数量无法通过资本投入直接获得，需要机遇和沉淀。跨界协作所创造的价值与涉及知识的复杂程度、跨界跨度正相关，与过程中产生的新事物的寿命及其环境适应能力、竞争力也正相关。跨界者用一种开放式创新提供了企业创新商业模式的机会，尽管可能因为产业不同而存在差异。

（四）资源聚合与产品设计

从资源基础观角度来看，社群平台实现了挑选资源和聚合资源的功能。所以，作为一种异质性资源，社群平台在"互联网"时代是极其重要的。厂商的资源基础理论认为，组织可以被看作资源的堆积物。资源是一个组织维持竞争优势的主要原动力，必须是有价值的、稀少的、不能完全模仿的和难以替代的。当资源能使厂商在满足需求的同时比竞争对手用更少的成本或能够使顾客的需求得到更好的满足时，会被认为是有价值的。同时，如果一种资源能开发出机会或抵消厂商在环境中遭遇的威胁，会被认为是有价值的。如果资源能够让厂商拥有或行使能够提升厂商效率或影响力的战略，那么资源也是有价值的，不仅具有自身的专属性，而且是资源交流和聚合的场所。社群平台，一方面使得消费者得到更大的满足，另一方面为厂商提供隔离机制。

综上所述，工业经济时代最有价值的是技术和资源，"互联网+"时代最有价值的就是社群平台。

从动态能力观视角来看，社群平台实现了整合资源和利用资源的功能。社群平台能促进产品设计的发展。产品设计是资源配置在"互联网+"中的术语，是一个创造性、综合性的处理信息过程，通过产品设计，人的需求被具体化且无限趋近理想的形式。厂商是资源的载体和集合体，但是无论厂商多么庞大，资源都是有限的。为了创造新的或更好的产品，企业需要重新分配资源，且用新的方法组合现有资源。当既有产品已经无法支撑厂商发展，如何靠资源的再配置来实现价值创造就是厂商发展的重点。而在社群这个强调个性、突出偏好的平台上，目标顾客的需求和期望能被放大到极致，然后厂商配合C2B策略，根据需求提供生产，通过产品设计，使得顾客感知的使用价值最大化，满足顾客需求，从而最大程度实现供需平衡，满足价值创造的需要。

❖ 第二节 "互联网+"时代的财务管理与企业战略创新

◆ 一、战略及战略管理的特征

"战略"一词意为军事领域或将军，到中世纪，这个词演变为军事术语。战略是指为了实现战争目标，对整体战争计划及如何在每个战役中分配和应用军事工具、发挥每个人的作用所进行的研究和运用。研究具有全局性的战略指导规律，是战略学的任务。研究具有局部性的战略指导规律，是战役学和战术学的任务。战略是依据敌对双方军事、政治、经济、地理等因素，照顾战争全局的各方面、各阶段之间的关系，规定军事力量的准备和运用，如武装力量的建设、作战方针和作战指导原则的制订等。虽然中外军事家对战略的定义不同，但都已经将战略成功地运用到军事领域，并将战略视为一种指导战争全局的计划和策略，是一种思维方式和决策过程。

随着人类社会的进步和发展，战略思想和理论被应用到各学科领域，衍生出许多新的专业用语，如政治战略、外交战略、科技战略、教育发展战略、经济发展战略、企业经营战略等。战略的含义得到了极大的外延和拓展，作为一种思维方式和统帅艺术，被广泛地运用到各个管理领域，并促成许多新学科的出现，企业战略管理就是其中之一。

自20世纪80年代以来，企业战略管理作为一种新的管理思维在企业界得到了广泛的应用，同时，战略管理理论得到了极大的丰富和发展，并形成了相对完善的理论体系。虽然，大多数人认为战略管理是企业成功的主要因素，但是，人们对"战略""战略管理"的概念和理解仍存在着较大的差异，这些差异不仅反映了战略管理是一个相对年轻的学科，而且反映了在企业组织中战略问题的复杂性和多样性。

企业战略管理是指为求得企业长远发展和核心竞争力，根据企业外部环境的变化和内部的资源条件，采用一定的方法和技术，对企业各层次的业务活动所进行的全局性谋划过程。这个概念的表述强调了企业战略管理如下的四个特征。

（一）长远性

企业战略制定的着眼点在于企业未来的生存和发展，只有面向未来，才能保证企业战略的成功。因此，评价战略优劣的一个重要标准就是看其是否有助于实现组织的长期目标和保证长期利益的最大化。这也是战略管理与一般战术或业务计划的显著区别，即战略管理更关注长远利益，而不是关注短期利益。例如，如果一个产品项目尽管在短期内会赚些钱，但长期市场潜力不大，而且无助于提高企业的核心竞争力，从战略管理的角度看，这样的产品或项目就不应该生产或建设；相反，如果一个项目尽管短期内会造成亏损，但从战略管理的角度看，长期市场潜力巨大或呼应技术发展的趋势，只要经营得当，将会获得长期稳定的收益，该项目就应该实施。因此，战略管理的长远性要求企业根据外部环境和企业内部条件的变化，对有关企业生存的战略问题进行长远规划。

（二）竞争性

市场如战场，制定战略的目的就是要在激烈的市场竞争中与竞争对手抗衡，在与竞争对手争夺市场和资源的竞争中占据优势地位。企业战略管理说到底是一种竞争战略的制定和实施过程，企业制定战略的目的就是满足企业在激烈的市场竞争中形成与竞争对手相抗衡的行动方案的需要，以保证自己能够战胜对手。因此，企业战略管理不同于那些不考虑竞争因素，只是为了改善企业现状、提高管理水平的行动方案的制定和选择，这也是企业战略管理在激烈的市场竞争中产生和发展的原因。

（三）层次性

虽然企业规模、类型及层次结构不同，但进行战略管理的基本层次是相同的。一般来说，对于大中型企业而言，企业战略一般可以划分为以下三个层次：总体战略，主要包括发展战略、稳定战略、紧缩战略等全局性的管理战略，总体战略管理主要是决定企业选择哪些经营业务，进入到哪些领域；竞争战略，主要研究不同行业经营战略等方面的战略选择与应用，主要涉及如何在所选定的领域内与对手进行有效的竞争，因此，所研究的内容是应开发哪些产品或服务、这些产品将提供给哪些市场等；职能战略，主要包括财务战略、生产战略、研发战略、营销战略等。在实际工作中，不同企业、不同层次战略的侧重点和范围不同，高一层次的战略变动总会波及低层次的战略，而低层次的战略影响范围较小，尤其是职能战略涉及的问题一般都可以在部门范围内加以解决。

（四）全局性

企业战略管理是指从企业的全局出发，适应企业长远发展的需要而进行的管理活动。企业战略所规定的是企业的总体行动，所追求的是企业的总体效果，是指导企业一切活动的总谋划。虽然企业战略管理也包含和规定着企业的一些局部活动，但这些局部活动是作为总体活动的有机组成部分在战略管理中出现的。例如，企业的总体发展战略是在一年内成为国内最大的家电企业，那么实现这一目标必然会涉及经营突破口的选择、产品、价格、分销渠道、技术、企业形象、组织设计等多个局部战略管理活动。因此，战略管理的全局性还应注意要妥善处理好局部利益和整体利益的关系。例如，某一产品部门或销售部门设计或销售低质产品的行为，可能会损害公司整体形象，但会增加部门的利益，这时的做法应该是"丢卒保车"。一个高明的统帅和企业家总是能在复杂的条件下把握全局，进而做出正确的战略部署。同时，战略管理的全局性要求企业战略必须与国家的总体战略和社会经济发展的总目标相一致，要与世界的经济技术发展相一致。

◇ 二、财务管理战略的含义及特征

传统的观点认为，财务管理作为企业的一种职能管理，只是企业管理的一个侧面，因此，只具有战术的性质，而不具有战略特征。然而，随着企业组织规模的日益扩大和市场竞争的不断加剧，以及战略管理理论、竞争理论的不断完善和发展，无论从实践上还是理论上，人们越来越清楚地认识到，财务管理并非仅限于"策略"和"战术"层面，而且对企业的长远发展有着直接的影响，是企业战略的一个重要组成部分。

财务管理战略是为实现企业战略目标和加强企业竞争优势，运用财务管理战略的分析工具，确认企业的竞争地位，对财务战略的决策与选择、实施与控制、计量与评价等活动进行全局性、长期性和创造性的谋划过程。这个定义具有以下特征。

（一）以财务战略目标为导向

任何一项成功的战略都需要在明确的目标导向下得以实施和完成。财务管理战略目标为企业财务战略的形成确立了方向，定义了企业财务战略的边界，即财务战略应当做什么、不应当做什么。因此，企业财务管理战略目标在整个财务战略系统中处于主导地位。

为企业战略目标服务和获得持续竞争优势的财务管理战略目标指明了企业财务管理的总体发展方向，明确了财务管理的具体行为准则，从而可以有效界定财务战略方案选择的边界，排除那些偏离企业发展方向和财务目标的战略方案。应将财务管理战略形成过程限定在一个合理的框架之内，使其能够从总体上对企业财务活动的发展目标、方向和道路做出一种客观而科学的概括和描述。同时，清晰的财务管理战略目标能明确财务管理战略的属性，将其作为企业战略管理的子系统和为实现企业战略目标服务的一个重要工具，必须服从和服务于企业战略管理的要求，与企业战略管理协调一致，从财务上支持和促进企业战略的实施。

（二）以企业竞争力为核心

在经济活动中，企业的竞争力要受到企业财务战略管理目标、经济资源的使用和分配、各项财务决策的制定和实施等活动的直接影响。经济资源和财务资源只是企业发展的必需之物，但拥有了一定的资源并不能完全保证企业核心能力与核心竞争力。以企业竞争力为核心的财务战略不仅明确了财务战略的直接目标，而且为财务战略决策提供了选择标准，为财务战略管理提供了行为导向。在财务管理战略中，企业要考虑做什么能提升企业的竞争力，企业能利用哪些资源形成核心能力，如何实现既定资源允许的财务战略，如何利用企业的核心能力创造企业的持续竞争优势，等等。可以说，脱离了企业核心能力的财务战略如同空中楼阁，是不可能实现的。

因此，应识别、构建和利用企业的核心能力，形成竞争对手难以模仿的、满足最终消费者需要的、能够将机会转化为现实的有效资源，并具备较高的支配、驾驭这些有效资源的能力，从而不断提高财务资源的使用效率与效果，以强大的竞争力作为财务管理战略的坚强后盾。同时,企业的竞争力也需要科学的财务战略来创造、培育、维持、发展和创新。

(三)将战略成本管理作为提升企业竞争力的主要参数

战略成本管理是财务战略管理研究中无法回避的问题,因为,成本是影响企业竞争力的一个重要因素。面对日益激烈的市场竞争和急剧变化的经营环境,向战略成本管理要效益,向战略成本管理要竞争优势,已成为企业获取和保持持续竞争优势的关键。

在企业战略层次开展的成本管理,实质上就是将成本信息置于战略管理的广泛空间,与影响战略的相关要素结合在一起,从战略的高度,运用战略成本的管理工具,对企业成本进行全面了解、分析、控制与改善,以寻求成本持续改进和获得持续竞争优势的战略成本管理过程。

因此,在以企业竞争力为核心的财务管理战略中,战略成本管理成为企业竞争力和财务管理战略的连接点,用战略成本管理理念,以及成本动因分析、价值链管理、产品寿命周期成本管理、质量成本管理、作业成本管理等战略成本管理方法,将成为企业寻求成本持续降低、获得持续竞争优势、实现企业财务战略管理目标的现实选择。将战略成本管理问题纳入企业财务管理战略体系,不仅有助于实践,而且还丰富和深化了财务管理战略的内涵。

(四)以财务管理战略的决策与选择、实施与控制、计量与评价为内容

企业财务管理战略决策的选择,决定着企业财务资源配置的取向和模式,影响着企业理财活动的行为与效率,决定着企业竞争能力的高低。

企业财务管理战略的决策与选择、实施与控制、计量与评价建立在企业保持持续竞争优势这一财务战略本质的基础上,应当从企业全局的角度进行思考,必须符合企业整体战略,并与其他职能战略相适应。可以说,从战略的角度研究企业的财务问题,突出财务管理战略的特征,是财务管理战略不同于其他各种战略的本质特性。企业财务管理战略注重整体性,以企业管理的整体目标为最高目标,需要协调各部门运作,减少内部职能失调,通过有序的财务战略实施过程来实现。

(五)重视企业理财环境因素对财务管理战略的影响

财务管理战略很重视环境因素的影响。企业财务管理战略的环境分析不是

针对"过去"和"现在"，而是面向未来的一种分析；不是仅仅关注于某一特定"时点"的环境特征，更为关心的是这些环境因素的动态变化趋势；不仅具有一般战略管理中的政治、法律、社会文化、经济等宏观环境的综合分析，而且要有对产业、供应商、客户、竞争者、财务状况和财务实力等企业内部因素的微观环境分析。同时，要处理好环境的多变性与财务战略的相对稳定性之间的关系，从而通过科学的环境分析，为企业制定正确财务战略奠定基础。

从上面的特征中可以看出，财务管理战略作为企业战略管理系统中的一个子系统，表现出一定的独立性，但要服从企业战略管理的思想和目标；同时，它具有一定的综合性，具有企业战略管理的全局性、长期性、竞争性、稳定性等一般特征。企业需要在综合考虑内外部各种影响因素的基础上进行财务战略的制定、实施和控制。财务管理战略具有战略视野，关注企业未来、长远、整体的发展，重视企业在市场竞争中的地位，以扩大市场份额、实现长期获利、打造企业核心竞争力为目标。财务管理战略以企业的外部相关情况为管理重心，提供的信息也不仅限于财务主体内部，而是以企业获得竞争优势为目的，把视野扩展到企业外部，密切关注整个市场和竞争对手的动向，包括金融和资本市场动态变化、价格、公共关系、宏观经济政策及发展趋势等情况。提供的信息不仅包括传统财务管理所提供的财务信息，而且包括竞争对手的价格、成本等，以及市场需求量、市场占有率、产品质量、销售和服务网络等非财务信息。

◆ 三、财务管理战略在企业战略管理中的地位

虽然在企业战略的各个层次中，财务管理战略不过是其职能战略的一个组成部分，但本身的特殊性，使它在企业战略管理体系中具有非常重要的特殊地位。企业财务管理战略以资金为链条将企业各个战略有机地联系在一起，并以货币的形式表现出来，从而使财务管理战略成为企业战略体系中不可缺少的一个功能性子战略。财务管理战略与企业战略之间是整体与部分、主战略与子战略之间的关系。财务管理战略虽然只是企业战略的一部分，但由于资本是决定企业生存发展的最重要的驱动因素之一，因此它也就往往构成企业战略的中坚部分。

财务管理战略在企业战略管理系统中处于基础地位，与生产战略、研发营销战略共同构成对企业竞争战略的直接支持系统。同时，财务管理战略是企业竞争战略的执行战略，从财务角度对涉及经营的所有财务事项提出切实可行的操作目标，从而使企业竞争更具有针对性。企业的任何活动都离不开企业财务

的支持，企业的人、财、物等各种生产要素的获取，都需要财务资源的投入，企业的各种经济资源的投入、运用效率和产出也是由不同的财务指标加以表现和计量的。事实上，任何一家企业都难将企业各层次的不同战略准确地区分为哪些是财务性的战略、哪些是非财务性的战略。例如，企业的筹资活动要取决于企业发展和生产经营的需要，资金的投放和使用是与整个企业的再生产过程密切相关的，即便是股利分配，也不是单一、纯粹的财务问题，也取决于企业再生产和投资的需要。所以，企业财务活动的实际过程总是与企业活动的其他方面相互联系的。可以说，财务管理战略渗透在企业的全部战略之中，不是一个简简单单的职能战略，它与其他职能战略之间既有区别又有联系，与企业战略之间也不是一种简简单单的无条件服从的关系。

同时，由于企业的竞争环境是不断变化的，为保证企业战略的稳定性，就需要根据企业战略竞争环境分析，及时调整财务管理战略，使财务管理战略能够在不同时期、不同环境下，始终保持对企业各种竞争战略的直接支持，并借助竞争战略搭起企业战略与财务管理战略的桥梁，使财务管理战略能够在企业总目标指导下进行正确的决策与选择、实施与控制、计量与评价。

财务管理战略是企业战略的基石，是企业战略管理系统中的一个综合性子战略。不仅为企业战略目标和各种竞争战略的实现提供资金上的保证，与其他职能战略共同支撑起企业战略管理体系的"金字塔"，而且通过资金这条主线和综合的财务信息将企业各个层次的战略有机地联结在一起，成为协调企业纵向战略、横向战略和纵横战略之间关系的桥梁和纽带。因此，财务管理战略与企业战略管理之间的关系是一种相互影响、相互印证、相互协调的动态反馈关系，它在企业战略中是一种具有从属性、局部性和执行性的战略。一个成功的企业战略必然要有相应的财务管理战略与之配合，财务管理战略从属于企业战略管理，又制约和支持着企业战略管理的实现。

◆ 四、"互联网+"时代企业战略管理流程和方法创新

"互联网+"时代，传统的企业战略管理理论的假设条件和基础已经发生了重大变化，需要融合互联网带来的社会经济形态的变化，使企业战略管理的流程和方法发生适时转变。

（一）企业需要确定适合自己的经济形态

企业的经济形态往往是多种经济形态的组合，如门户网站就是虚拟经济和

流量经济的组合，而O2O的上门服务一般是体验经济、个性经济和速度经济的组合。要确定经济形态，需要以企业对所处行业的趋势判断为前提。一旦确定了经济形态，企业的战略愿景、定位和目标就应该是倾尽全力去实现经济形态所应当带来的价值。基于这种意义，企业做的不是产品，作为经济形态的实践者，产品只是载体或形式。只有这样，企业才可以脱离具体产品和行业的约束，能够以更高、更宽的视野进行业务拓展，优化业务布局。例如，腾讯和阿里巴巴基于平台经济分别打造成为社交和电商行业的垄断者之后，继续利用平台的优势不断进入其他业务领域。

（二）根据战略目标制定重点战略举措

产品战略是"互联网+"时代企业战略的核心，主要回答选择什么产品及如何进行研发和运营的问题。这个时候，企业应根据经济形态重新审视哪些是最合适的产品。例如，阿里巴巴选择了数据经济之后，通过并购不断积累电商、地图、社交、用户上网行为等方面的数据，利用数据再开发新的产品。

企业还需要确定合适的人力、组织、技术和资金方面的举措，与产品战略进行匹配。

（三）利用市场迭代对战略举措进行修正

在每周、每个月、每个季度之后，企业根据产品的流量、收入、用户评价和对运营数据的分析，要对产品战略、相应的保障措施进行调整。

与传统的战略管理相比，基于"互联网+"的战略管理流程的主要创新点在于：制定战略的依据是经济形态，而不是内外部环境的SWOT分析；企业战略是实践经济形态并达到特定的目标，战略高于行业和产品；基于合伙人意志、股东回报、竞争压力或标杆来确定目标，而不是根据行业份额来制定目标；以产品战略作为战略举措的核心，整合能力和资源去适配目标，而不是让目标服从于能力。

❖第三节　"互联网+"时代税收筹划的挑战与战略创新

◆ 一、"互联网+"时代税收筹划面临的主要挑战

"互联网+"已渗透到税收立法、政策制定、征管规程、信息管税等领域

与环节，因此，税收筹划需要适应当前新的市场和规则，具备"互联网+"的思维方式，以适应"互联网+"时代对提升税务决策及税收、促进社会经济可持续发展的要求。"互联网+"时代，税收筹划面临的挑战主要体现在以下四个方面。

（一）经营模式的多样化对税收筹划依据产生挑战

"互联网+"时代，经济发展的多元化和社会分工的细致化使得企业的经营范围越来越广泛、复杂，经营方式越来越灵活多样，核算方式逐渐由传统的纸质记录向便捷化、信息化和无纸化方向发展，管理模式也突破了原有的框架和既定的运行规则。这些变化在传统税制下出现了模糊地带，因而增加了税收筹划中适用税收政策和规则的风险。

网上购物模式会根据交易对象的不同形成企业之间的B2B运营模式、企业与消费者之间的B2C运营模式、消费者之间的C2C运营模式，以及将线下商务与互联网结合在一起，让互联网成为线下交易前台的O2O运营模式等。此外，很多网购平台突破了单一销售功能，兼有直接销售、买断式销售、销售捆绑无形服务等多种混合方式，很多运营模式使订单和物流都存在难以监控的问题。例如，借助于在"互联网+"时代电子技术进步基础上发展起来的信息服务，商家在平台上定期向某方面有需要的特定客户发布特定的商品信息、设计收费策略和信息提供方式，有需要的客户可以随时查询和购买。这种方式销售的就是各种信息需求，这种服务活动并不在商家与消费者之间实行有形商品交换，但在无形商品流转的同时有资金流生成。再如数字化的信息商品，在线图书购销、IT软件和有声图文资料出售之类，此种销售形成的税收是通过"特许权使用费"或通过"销售收入"或"其他收入"核定纳税。还有一些新兴的经营模式也超越了传统的商业逻辑。例如，很多公司都习惯了向用户支付高额补贴或返利，以吸引用户使用它们的服务，指望在花光钱之前，竞争对手们会先破产，这种高额的补贴或返利大多是以"烧钱"换取市场占有率或增加点击率及访问流量。

这些灵活多样的混合销售方式，基本涵盖了资源交换、网络结算、线上销售、物流配送、售前售后服务等，因支付、结算和流转的方式等有所不同，使企业资金流、票据流、服务流与现行税收政策中的标准和要求不匹配，对传统税收筹划中关于经营模式的税务思考产生了观念上的冲击。针对"互联网+"时代经营模式与现行税收政策的不匹配，如何在遵循现有规则的基础上做出合理正确的抉择，是目前税收筹划者面临的一个挑战。

（二）信息传播的灵活化对税收筹划理念产生挑战

"互联网+"时代信息传播的方式、广度、速度，都是过去的信息传播无法比拟的，移动互联网、大数据、物联网、云技术等的发展推动着财税环境的变革，对税收筹划工作模式、税收筹划质量效率、税收筹划的理念产生极具颠覆性的影响。

传统税收筹划的理念是避免多纳税，实现纳税的最小化。从实际情况看，由于纳税人对行业不了解，虽符合税收优惠条件，但因没有申请而不能享受优惠、由于计算方法的不正确或对政策的疏忽误解等对于准予扣除的项目没有报备而不得税前扣除，这些情况都会导致多纳税。因此，不少企业在税法允许的范围内选择低税负，以此实现纳税最小化。从传统观点来看，将追求纳税最小化作为税收筹划的目标没有争议也合情合理。然而，"互联网+"时代生产经营活动中各种因素的相互作用与影响，使得企业运营活动成为相当复杂的过程，企业价值除了税收利益，还有非税利益，税收利益与非税利益之间又具有相关性。若片面强调税收利益，不重视非税利益和企业整体价值，也是"只见树木，不见森林"。

税收利益不能等同于企业整体利益，税款的减少并不一定意味着企业整体价值的提升，还有可能导致其他相关费用的增加。此外，由于"互联网+"时代信息传播的范围广、速度快、途径多，企业税收筹划无形中受到社会各界的关注和监督，他们不仅关注税收本身，而且更加广泛地了解和观察企业整体状况，包括财务状况、经营成果、广告宣传、人力资源、市场策略等，来判别企业税收筹划的成败。因而，税收筹划的理念不能停留在片面追求税负的减少上，这会给税收筹划的意义大打折扣。"互联网+"时代，税收筹划理念应当综合考虑信息传播、时间价值、风险报酬、长短期利益，兼顾各方面的整体效益，以实现企业价值最大化。

（三）税收征管的智能化对税收筹划空间产生挑战

传统的税收征管处于企业信息流和业务流的末端，税收管理仅重视事后检查，这种征管方式给事前、事中和事后的税收筹划都提供了可行性，税收筹划人员可以利用传统税收征管信息获取滞后性的天然缺陷，再对经济活动运行的时间、轨迹和呈现的结果进行修正和调整，以此进行税收筹划。

"互联网+"时代，可将传统手工录入渠道采集的数据和通过大数据、物联网等新兴感知技术采集的数据及第三方共享的信息有机整合形成税收大数据。运用大数据、云技术在互联网上收集、筛选、捕捉纳税信息，实现了实时税源管理、涉税稽查、调查取证的高度信息化和智能化税收征管，使纳税人的相关信息在税务税收征管系统上有了更多的记载痕迹和沉淀。国家税务总局在增值税发票新系统中导入了商品和服务编码，所有的增值税发票，无论是普通发票还是增值税专用发票，全面纳入网络开具。此系统具有强大的预警功能，可以根据国税局的大数据系统自动预警，税务机关可以通过发票的轨迹清晰掌握企业的每一笔款项的进出。例如，一个销售空调的一般纳税企业员工，从京东商城为孩子购买了一张婴儿床和一些儿童积木等商品，该企业将3510元的增值税专用发票入账并进行抵扣。很快，税务部门找到了这家空调销售企业，这张用于抵扣的增值税专用发票被国税局的大数据系统预警查出，原因在于这家销售空调的企业突然购进了儿童玩具，正是因为这个异常现象，这笔业务成为风险监控的目标。随后经过税务机关的实地调查核实，这笔业务属于个人的福利性支出，不得抵扣增值税。再如，一个硬盘应该对应一台计算机，一个酒瓶应该对应一瓶酒，企业所有生产的主料、辅料信息都标准化地进入税务机关的监控中。税务机关利用"互联网+"时代的大数据系统建立精确的、对应变量的投入—产出模型，以此监控纳税人的投入、产出信息及投入、产出之间的对应数量关系。

纳税人投入和产出之间的关系已被全面纳入税务机关的实时监控，在大数据的支撑下，税务机关的风险模型真正发挥了作用。此外，企业无论是否对外开具发票，只要实现销售，都需要将销售商品或提供劳务的信息录入系统中，使税务税收征管系统实时全面监控整个社会商品和劳务的流向信息，实现"互联网+"时代税收征管的无缝隙全面智能监管。通过此系统，各地税务机关可以完整地提取企业的开票信息，快速、直接、全面地掌握纳税人的有关生产经营情况，从本质上讲是掌握了企业的购销账本，再通过汇总到国家税务总局，形成全国一体的电子底账库。新增值税发票系统的全覆盖，使整个社会的投入—产出都处在税务机关的实时源头监控下，缩短了事中和事后纳税筹划的空间，使企业经营活动中税收筹划的位置进一步前移。

（四）财税行业的专业化给税收筹划人员带来挑战

以增值税为例，我国增值税基本占到全部税收的40%，但没有专门的增值税法，如果长期处于税收行政法规、税收部门规章的层次，显然难以实现依法征税治税。在企业日常生产经营活动中，由于财税工作人员自身业务素质的局限，对于政策法规及其变动等没有快速且全面的理解和认识，对有关税收法规的阐释没有准确把握，虽然主观上没有偷税漏税的意愿，但在纳税行为上已经违反了税收法规的操作规定和要求，或在过去、表面上、局部看来符合规定，而在现在看来，其实质上、整体上却没有按照现行税收行政法规执行，从而形成偷税漏税的依据和事实，给企业带来很大的隐患和风险。

"互联网+"时代的税收筹划人员不仅要有全面扎实的专业知识、丰富的实践经验和背景，而且应具备统筹谋划能力、职业判断能力和沟通协作能力，是具有完善的税收筹划知识，能系统认知职业能力、全面分析和解决税收筹划问题的专业人才。可以说，一个优秀的税收筹划人员，不仅能够为企业设计出合法、合理、有效的筹划方案，而且善于沟通与协作，能为企业的长远发展和实现企业整体价值最大化创造有利环境。总体而言，目前我国的企业财税人员及中高层经营管理人员的纳税筹划业务素质还有待进一步提高。

◆ 二、"互联网+"时代税收筹划战略创新

企业税收筹划内嵌于财务管理的范畴，是一项系统工程，应结合企业战略、财务战略的目标，考虑企业税收筹划的自身特点，运用"互联网+"时代的大数据、云计算、人工智能等先进技术，将税收筹划定位于战略角度，实现税收筹划由个体信息化向云信息化转型，这样既能提高对企业进行全生命周期管控的效率，又能提高"互联网+"时代税收筹划的工作效率。

（一）基础设施层

基础设施层主要包括软件资源和硬件资源，为企业税收筹划提供环境支撑。存储器、网络资源池、智能终端等资源为税收筹划平台提供存储、网络和运算的基础服务，将存储器、网络资源池、智能终端、服务器等连接到云端，不仅能为业务层提供筹资管理系统、投资管理系统、供应管理系统、销售管理系统和分配管理系统等，而且可以在云端获得相关行业的数据，为上游的数据层、服务层和应用层收集所需管理控制的相关数据。

（二）数据层

数据层通过大数据技术，利用数据抽取 ETL（extract，提取；transform，转换；load，加载）工具将分布的、异构数据源中的数据（如关系数据库、NoSQL、SQL、File、DBMS等）抽取到临时中间层后进行清洗、转换、集成，加载到数据仓库或数据分析中心，成为联机分析处理、数据挖掘的基础。数据

分析中心以整个企业的经济业务为起点，形成多维度的采购数据、销售数据、投资数据、筹资数据、经营数据等，为上游的服务层和应用层提供管理控制所需的相关数据。

（三）服务层

服务层对来自数据处理中心和数据分析中心的数据进行信息管理、建立纳税筹划方案、绩效评估，提供了完备的税收筹划风险管理价值链。

1. 信息管理

信息贯穿税收筹划活动的整个过程，既包括国家税收政策内容信息，也包括企业过去和现在所处的现状环境信息，如企业的税收筹划意图、企业的财务状况和经营成果、目前的实际税收负担等信息，还包括税收筹划人才管理信息。通过大数据技术和云平台，收集和应用精度高、价值大、实用性强的信息，能够避免税收筹划中不必要的经济损失，是保证税收筹划方案有效实施的关键。税收筹划是企业的财务管理活动，需要充分了解企业财务管理活动的各个环节和生产经营活动的特点、现状信息，在熟悉并掌握国家现行税收政策导向的基础上，寻求税务筹划的可操作空间。由于税收筹划是一个动态过程，因此需要根据税收筹划方案实施过程中反馈的信息随时分析调整筹划方案，及时消除不利因素，确保方案的合法性和有效性。

此外，税收筹划作为高层次的理财活动，需要具备高素质的税收筹划人员。例如，某企业通过"三层两式"的税收筹划人才培养模式，培养具有全面分析和解决税收筹划问题的专业人才。"三层"是指三个层次，即基础能力、税收专业能力、全面管理创新能力；"两式"是指传统培训模式和"互联网+"培训模式。

第一层次：培养基础能力。税收筹划人员必须具备全面而扎实的基础能力和基础知识，不仅要掌握财务、法律和税收政策，还要通晓管理学、经济学、金融学等基本理论和基础知识。只有具备这些基本素质，税收筹划人员才有可能为企业设计出合理有效的筹划方案并科学组织实施。时代进步推动科技的发展，随着微课、慕课、翻转课堂的迅速兴起，云技术、电子书包也早已深入教育培训领域。例如，在信息技术部的帮助和支持下，某企业将以上相关知识按照模块并结合企业自身实际，改编、设计出一套基于企业税收筹划基础能力培养的较系统、完整的贾斯珀系列微视频资料。该企业打破了传统企业的内训方式，利用云技术创造新的企业文化，促进财务人员及税收筹划人员对相关基本理论和基础知识的消化和吸收，提高学习效率，为企业员工创造了个性化、信息化的学习环境。培训模式的创新，不仅为该企业降低了设备配置和维护成本、培训软件服务成本，而且能够启发和引导税收筹划人员积极广泛思考，树立完整、发散式思维，并逐步渗透到不同学科学习研究与实践中，不断提高税收筹划能力。此外，还能为企业培养高层次税收筹划人才打下坚实基础。

第二层次：培养税收专业能力。某企业对财务和税收筹划人员进行税收专业技能训练和利用互联网技术的云计算模式训练。其首要任务是利用云计算完成针对企业自身的税务会计实训、纳税筹划实训、网络财务实训、财务管理实训和审计实训等。云计算，是利用现代化信息技术，通过互联网对信息数据进行集中处理、交换、共享，利用云计算完成税收筹划相关实训，不仅可以对实训或模拟数据进行集中存储与计算，打破地域、时间的局限，而且可以创造较稳定和安全的财务及税收环境，提高财务管理工作效率。

第三层次：培养全面管理创新能力。税收筹划作为一项系统的财务管理工程，不仅需要企业与多方面协调配合，而且需要税收筹划人员有较强的语言表达、文字沟通、互助协作能力。例如，某集团除了依照传统，每年聘请资深税务筹划师、注册税务师为企业财税人员开展继续教育，还引导财税人员参加注册税务师考试，组织财税能力大比拼、挑战杯等大赛，增强财税人员与本集团其他企业、企业各部门之间及企业与外部政府部门、事务所等的沟通协作，提升应对和处理复杂问题及团队协作的能力。此外，该集团实行新入职员工的顶岗培训和在职员工的换岗培训，目的是增强财税人员的操作能力及全面处理问题的能力，利用在相应岗位中互相探讨、共同合作的方法来推动和全面调动财税人员学习积极性和创新能力。

可见，企业应依托云技术、云计算等先进技术，做好"互联网+培训"，真正培养出具有综合分析和解决税收筹划实际问题的，具有全面管理创新能力的综合型人才。

税收筹划人才是企业发展的战略性宝贵资源，其数量和质量直接决定企业能否尽快适应经济发展新常态并形成长期竞争优势。

2. 税收筹划方案的建立、决策与实施

评估备选方案前，要进行差异的比对和风险的处置。评估备选方案时，一般会认为每个方案的预计未来现金流量可以事先确定，但即使利用再先进的技术，也不可能对每个方案的未来现金流量的不确定性进行精确的预知，因而进行税收筹划时应始终保持对筹划风险的警惕性，合理利用有效方法处置备选方

案的风险。

方案决策与实施时，企业可建立纳税内部控制系统，通过对集团内部生产经营过程中各涉税环节纳税活动的计划、审核、分析和评价，使企业纳税活动处于规范有序的监管控制中，便于及时发现和纠正偏差。此外，可以建立具有危机预知功能和风险控制功能的税收筹划预警系统，当出现引起税收筹划风险的关键因素时，系统发出预警信号，提醒税收筹划者关注潜在的隐患并及时采取应对措施；当找到导致风险的根源时，系统引导筹划者制定科学合理的风险控制措施，以有效应对税收筹划风险。

3. 绩效评估

在进行税收筹划方案的比对、决策与实施后，企业可制定税收筹划分析与评价指标，通过绩效评估系统中成本效益分析、本量利分析、业绩评价等的综合分析与考评，既对筹划人员形成激励，也为企业积累经验和总结教训，同时对下一个周期的税收筹划起到很好的铺垫和预测作用，以不断提高集团税收筹划水平。

（四）应用层

应用层位于纳税筹划框架模型的最高层，需要基础设施层、数据层和服务层的支撑，将整体税收筹划分为筹资税收筹划、投资税收筹划和经营分配税收筹划三个关键环节。在筹资税收筹划环节中，考虑到债权筹资需要定期还本付息，压力负担较重，但是这种借款利息税前支付，利息既起到税收挡板的作用，又能使债权融资的成本降低；此外，当投资收益率高于资金成本率时，债权筹资能给企业带来巨大的财务杠杆收益，但还要充分考虑随之增加的财务杠杆风险。对于股权筹资，虽然不用定期还本付息，但股息红利不具有税收挡板的功效，没有抵税功能，加之股权筹资的门槛高、成本费用高，因而很多企业没有机会也不愿意进行股权筹资，但对于"互联网+"时代的股权众筹和P2P融资等新兴的筹资方式却情有独钟。

由于各自的出发点和侧重点不同，实际运作经营、投资、筹资等税收筹划时，还要结合企业具体情况综合考虑成本效益的问题。就像应用层的顶端是衡量税收筹划结果的标准和实现企业价值最大化的目标一样，企业在进行税收筹划整个过程中，要始终保持为整体的价值创造而筹划，而不仅仅为节约税收成本而筹划。可以说，税收筹划作为企业财务管理的重要组成部分，与企业其他管理活动相辅相成、相互制约，所以，税收筹划方案的构思、设计与选择，综合权衡各种因素与结果，将企业价值最大化作为税收筹划的出发点与终结点，为企业创造更多前瞻性的价值。

"互联网+"时代的快速深入发展，改变了传统经济运行的模式，也对传统税收模式带来挑战。企业的税收筹划必须适应经济发展，基于"互联网+"时代的数据共享，依托平台，整合筹划流程；通过财税信息化的高效支撑，调整和改变传统筹划模式，以企业价值最大化的财务战略为目标，谋求企业资金均衡有效流动；通过合理筹划融资安排，完善企业营收资金、投入资金等的筹划；运用战略思维，发挥企业资金运作的导向性作用，全面规划企业税收筹划战略，防范企业财务风险。

❖ 第四节 "互联网+"时代成本管理战略创新

◆ 一、构建大数据平台，理性开展成本谋划

"互联网+"时代的企业要有大数据思维，构建自己的大数据平台，利用成本行为数据和成本关系数据精准定位成本信息。大数据能够使企业更好地与消费者互动，洞察顾客需求，拓展服务品牌，从事商业创新。移动互联网将产业之间异质性的社会互动向更深层次推进，社会化互联网使企业可以主动发起自身和上下游企业的互动式的成本谋划，从而使基于用户生成的社会互动成为企业的重要决策变量。例如，利用电商平台的交易数据，阿里小贷可以在几分钟之内判断企业的信用，为近百万小微企业发放贷款。阿里巴巴推出了基于个体消费者的"芝麻信用"。大数据成本数据类型繁多，包括结构性成本数据和非结构性成本数据；成本信息采集的范围广，涵盖财务与非财务、数量与质量、经济与非经济、物质与非物质等多方面；成本信息处理速度快，时效性要求高。

成本结构的复杂度是成本上升的源头。企业应立足成本的相关范围和复杂的成本结构，借助大数据成本信息分析，减少或消除非增值作业。例如，O2O模式将线上资源和线下资源充分整合，提供了消除非增值作业的商业模式保障。虚拟仿真技术和智能个性定制技术，使消费者的现场体验更加平滑和流畅，企业只需为消费者提供全程深度、因需求激发而生的智能化支持服务。管理者不应将目光过分地集中在显性成本的控制上，实践证明这种控制往往是一种短视的决策行为，会带来诸多隐性成本的上升，最终得不偿失。例如，大幅

削减高管工资薪酬会导致高管人员流失，过分削减研发支出会导致企业丧失潜在的核心竞争能力，过分削减营销支出则会让企业逐渐丧失市场竞争力。企业应积极推广精细化管理，细化核算单元，专注可控成本。各部门按照"谁主管谁负责"的原则，建立成本控制量化分解体系，形成责任共担、利益共享、相互监督、相互制衡的运行机制，助力企业管理效益的提升。美国麻省理工学院曾以汽车工业为例进行精益生产效果的研究，发现精益生产可以使生产效率提高60%，让废品率降低50%，能大大降低成本。

战略企业还应将环境成本管理纳入战略成本管理体系，不能将本应由自身承担的环境成本转嫁为整个社会的负担，而应评估企业生产对生态环境造成的影响，倡导循环经济和清洁生产，开展绿色成本核算，切实履行社会责任，追求经济价值和社会价值的协同最大化。

◆ 二、基于价值链进行战略成本分析

互联网的用户思维和跨界思维，要求企业在价值链各个环节建立起"以市场为导向、以消费者为中心"的企业文化，采取多样化的方式，深度理解用户，满足客户体验，通过增值服务等方式来提升用户黏性，抢占行业前沿阵地。价值链战略整合能有效降低企业的成本。"互联网+"时代的竞争不是单兵作战，而是产业链、供应链和价值链的竞争，是对消费者的响应速度及互动能力的测试和检验。"互联网+"的社会互动已成为解决企业与消费者之间的信息不对称、消除产业间市场失灵的主要手段。价值链的功能越来越趋向资源的整合和价值的共创。社会互动影响到价值链的每一个阶段直至最上游新产品的开发。价值链上企业集群的成本的边界和传统的劳动分工变得越来越模糊，演变为企业、消费者和各种利益相关者的价值共创。

价值链分析不仅包括行业间、企业内部和竞争商家的价值链分析，而且涵盖纵向和横向价值的分析，涉及价值转移和价值增值环节、产业内部的相互平行的内在联系。价值活动会影响企业在价值链中的成本相对地位权重。随着移动"互联网+"时代的到来，很多产业的边界犬牙交错、融合共生。"产业互联网"更强调通过对生产要素的优化配置、个性化设计与制造、各个产业间的协同提高效率和大规模应用智能设备并共享信息，最大限度地降低对自然资源的损耗，提高产品对用户的价值，增强经济运行的整体效率。通过对行业价值链的分析，实现上下游价值链的协同增值，站在整个价值链的角度分析成本结构，将行业的成本信息同步到企业的成本数据中心；通过对自身价值链的分

析，消除不增值因素，为内部价值链的重构提供决策依据；通过对竞争对手价值链的分析，可以统揽全局，制定企业成本管理的竞争战略。

运用价值链进行战略成本分析，可以提高价值增值的全局可视性，对价值增值的环节可以进行全景式扫描，整合内部生产数据、外部互联网数据和企业上下游数据，拓宽成本管理的空间范围；从企业内部活动延伸到企业整个供应链条，拓宽成本管理的时间范围；从经营管理的层次提升到战略决策层次，利用大数据、云计算、物联网、智能终端技术、革新成本管理的方法和手段，增强"互联网+"时代企业战略管理与成本信息的匹配度，改善企业的商业竞争生态，为企业开拓足够的生存空间。

◆ 三、贯彻"互联网+"思维，分析战略成本动因

"互联网+"思维，就是把产品、服务做到极致，超越用户预期。产品和服务的设计要抓住消费体验的关键点，用"互联网+"思维创新产品。为此，企业应从成本的起源展开成本动因分析，基于资源耗费的因果关系进行分析。成本动因即导致成本发生的因素。产品消耗作业，作业消耗资源，作业成为连接产品和资源的纽带。成本动因分析的目的是通过探索各类不增值作业根源，优化成本动因。战略层次上的成本动因可分为结构性成本动因和执行性成本动因，前者为战略成本管理目标的实现提供组织保证，后者为战略成本管理目标的实现提供效率保证。

实施战略成本管理就应当考虑成本信息与成本管理的相关性，对各环节的成本动因加以分析从而确定管理重心。例如，企业获得的业务优势、捕捉的市场机会、创新的技术工艺和营造的企业文化等都会影响产品成本动因分析，管理者应当充分重视非生产环节的成本动因分析。战略成本动因分析有助于企业战略成本定位，关注企业竞争地位和竞争对手动向的变化，以建立与企业战略匹配的成本战略。

◆ 四、借用"互联网+"的平台思维，建立战略成本管理信息系统

"互联网+"的平台思维就是开放、共享、共赢的思维。平台模式的精髓，在于打造一个多主体共赢互利的生态圈。"互联网+"的平台思维落脚到企业战略成本，就是建立战略成本管理信息系统。战略成本管理的信息化推动着成本共享中心的快速发展，生成面向战略决策的、高价值的成本数据，这既是企

业的资源力和执行力，也是企业的控制力和决策力，体现了企业的管理智慧。战略成本管理提供的成本信息的覆盖面更广、层次更丰富、准确性更高、及时性更强。战略成本管理需要信息系统作支撑。例如，青岛啤酒在实施战略成本管理过程中与现代信息化技术的发展趋势相结合，建立了以 Oracle ARP 为核心的 ERP 信息系统，对公司总体业务的信息化进行规划，实现了公司业务的整合及资源的优化，提高了资源的利用效率，进而节约了企业的成本，提高了企业的竞争力。

成本管理的内部评价和绩效管理机制，可以促进企业成本管理部门和业务部门之间的横向联系，提高团队协作能力。保持成本战略管理信息系统的稳定性和可靠性，有利于及时反馈成本管理的各项活动绩效，提升绩效目标，提高成本科学管理和规范管理的水平。绩效评价指标体系应包括财务能力、客户满意度、成本管理效益和竞争能力等多个层面。

◆ 五、聚焦"互联网+"的虚拟思维，树立风险防控意识

"互联网+"的虚拟思维是指企业时刻处在虚拟的空间和环境中，战略成本管理面临极大风险。从企业面临的外部环境层面分析，当前我国经济进入新常态，经济发展面临着速度变化、结构优化、动力升级三大挑战，宏观调控体系呈现区间弹性调控与结构性定向精准调控相结合的特征。由于资本游离于实体经济之外服务虚拟经济，企业的规模扩张和技术创新缺乏资本保障，融资困境没有得到根本扭转。从企业内部层面分析，企业提供的产品和服务与市场需求的对接程度、市场占有率、产品研发设计水平、成本结构的变动、售后服务的满意度存在较大变数。这些和大数据、云计算、物联网的时代背景相互叠加，企业"互联网+"时代经营环境的不确定性不断加大，企业战略成本管理实施过程中面临风险环境复杂、风险因素众多和风险程度加剧的状况。企业可以提高自身的信用水平，借助互联网金融中众筹融资的方式降低资金成本，解决融资难、融资贵和融资险的难题。还应开展成本抉择关系分析，平衡成本结构、成本与质量、成本与效率、成本与竞争能力、成本与收益之间的关系。

"互联网+"时代企业之间的竞争格局也必然从封闭型趋向开放型，并处于日益全球化和智能化进程中。"互联网+"时代企业的战略成本管理是管理战略、成本信息和现代技术的结合，是全员管理、全程管理、全环节管理和全方位管理，而多中心、同步快捷的成本信息采集、处理、储存和传递方式，能

使全员决策、实时决策成为现实。

当前，看企业的战略成本管理有没有潜力，就要看其和"互联网+"的融合程度如何，就要看"互联网+"思维贯彻的是否彻底，就要看企业的整个生态链是否完善。能够在意识和行动上用"互联网+"思维重构战略成本管理的企业，才可能是真正和最后的赢家。

❀ 第五节 "互联网+"时代财务决策战略创新

◈ 一、财务数据与财务决策

海量的数据资源背后是对传统人类行为分析工具的彻底突破，过去的商业决策更多依赖于经验、直觉或小样本调查的统计推论，而"互联网+"时代的决策更多要依靠全面的数据分析，大数据背景下，消费者各种行为与特点的发展变化更容易被记录、观察、分析和了解。因此，在"互联网+"时代，快速满足消费者需求成为企业的核心竞争力。

"互联网+"时代的大数据将推动来自各个渠道的跨界数据进行整合，促使价值链上的企业相互连接、形成一体。地理上分布各异的企业以消费者需求为中心，组成动态联盟，将研发、生产、运营、仓储、物流、服务等各环节融为一体，协同运作，创造、推送差异化的产品和服务，形成智能化和快速化的反应机制。"互联网+"时代，企业间通过信息开放与共享、资源优化、分工协作，实现新的价值创造。"互联网+"时代的到来给企业财务工作带来了新的思路，利用分析工具可以从海量数据中挖掘出有用信息，并以科学的分析预测方式帮助企业规避风险，进行精准的财务管理与决策。

为了更好地了解大数据的规律，在具体操作层面上，财会人员所面临的挑战是需要将经营指标转换成财务结果指标，抓住最重要的关键绩效指标（如转换率、客户流失率），并在每个月考核这些指标。企业财务决策离不开各种财务数据和非财务数据之间的相关性分析，需要财务业务数据的有机融合。基于云会计平台，在抽取、转换、加载与企业财务决策相关的各种结构化、半结构化、非结构化类型的财务和非财务数据后，通过大数据技术，分析数据之间的关联关系并挖掘出数据背后蕴含的巨大价值，可以为实现科学合理的财务决策提供支撑。

◆ 二、财务管理决策流程创新

"互联网+"时代，企业财务管理决策不同于之前的管理与决策方式，这种变化影响着企业对于数据的态度和运用，促进了企业间及企业内部的信息传递与交流。在种类繁多的数据下，企业的决策者和管理者决策的能力及效率有所提高。同时，"互联网+"时代大数据的出现，对于企业决策技术提出了更高的标准，影响着企业的销售策略、网络生态建设、商业模式等的转变等。因此，对于财务行业来说，深入挖掘数据，不仅是对数据规律的探索，而且是对传统的财务计划和分析缺陷的弥补。从一般意义上讲，传统的财务分析能做的仅是分析财务结果、了解不同产品或业务的盈亏状况，分析的主要对象是相对的数段的数据，但如果财务人员要挑起重任，给决策者提供信息，就必须到前端的数据中去挖掘。决策是企业财务管理的重要职能，贯穿于企业财务管理的各个环节和职能系统。科学决策是财务管理的核心，而决策的关键是决策的程序和流程。

"互联网+"时代，企业财务管理决策的流程发生了根本性变革。企业财务决策所依赖的数据源，均可以通过互联网、物联网、移动互联网、社会化网络等多种媒介，借助云会计平台，从企业、工商部门、税务部门、财务部门、银行等财务决策利益相关者中获取；同时，借助大数据处理技术和方法实现对获取数据的规范化处理，并通过数据分析与数据挖掘技术提取监管、纳税、会计和审计等方面与企业财务决策相关的信息，然后通过商业智能、可视发现、文本分析和搜索、高级分析等技术服务于企业的各种财务决策。

在这种变与不变之中，财务人员需要放眼企业的整体运营，通过财务流程对企业的现金流、资源配置、风险管控、收购兼并等进行管理，利用大数据等工具深度挖掘分析数据，达到前后端数据的完美衔接。要在正确的时间从海量的数据库中提取准确的数据，难度较大，因此财会人员的职责应包括管理企业数据库内的所有数据（包括财务数据和非财务数据），目的是提供高效的数据质量，用合理的成本释放企业价值。企业的财会部门需要与其他各部门密切配合，将分散孤立的内部数据进行有效整合，通过制定有效的数据质量控制和报告制度等措施，保证数据符合相关规范，并且满足企业自身要求和质量保证标准，从而提高内部数据库的安全性和完善度，提升数据价值。

综上所述，"互联网+"时代，不断发展的网络技术大大提高了人们的信息处理能力和利用效率，提高了科技成果向现实生产力转化的速度，给企业参与市场竞争带来了新的机遇与挑战。"互联网+"时代的信息化和全球化，对现代企业财务管理战略的全面创新发挥了极大的推动作用。

"互联网+"为企业带来了信息大变革，企业拥有海量的交易数据、运营数据、财务管理数据和供应商数据等，在这些数据中隐含着难以计算的信息资源。因此，"互联网+"时代，大数据分析对企业发展起到越来越重要的作用，同时对企业财务管理技术与方法的创新有一定的引导作用。在当前激烈的市场竞争下，企业的财务数据成为企业竞争所掌控的重要资源，"互联网+"时代的变革，为财务管理技术和方法的创新提供了必要的平台。通过"互联网+"时代的财务管理技术与方法的创新，可以时时追踪企业的最新状态，为客户量身定做个性化方案，实时接收客户对企业的评价，并及时针对企业的问题进行优化改良，使企业在健康的内外部环境下，灵活调配财务资源，在市场竞争中把握更多的机遇，创造更大的商业价值。

第九章 "互联网+"时代财务管理创新发展

❖ 第一节 "互联网+"时代财务管理优化措施

◇ 一、重视财务管理的战略地位

目前，很多国内企业会利用相关分析工具来提高财务管理质量和效率，促进管理向综合化、精细化发展；但大部分企业局限于基础层面的财务管理，主要集中于企业内部业务，管理水平比较低，更谈不上财务管理的战略发展。互联网促进了社会经济趋于信息化、复杂化，进而促使企业在经营理念、管理方式和组织形式等方面进行改革。另外，企业还需缩短调整周期以适应快速变化的市场经济环境。在这种情况下，企业财务管理部门担负着对企业的这些变革进行数据支持的重要任务，具体涵盖财务预算、风险控制、战略管理等各个方面。

◇ 二、构建大数据处理平台

不同的企业通过网络能够进行更为迅捷、更为充分的联系，从而促使各类形式的组织结构向着多元化、扁平化发展。传统的企业财务管理大多采用集中控制的手段，难以满足"互联网+"时代多元化的要求，所以企业应削弱中心权利。所谓"去中心化"，并不是指降低管控力度，而是在于大数据平台的搭建和从平台中进行信息资源提取。大数据处理平台具备强大的数据处理能力，并具有表格、流程图等典型模型，能提供搭建程序和搭建工具来进行数据处理和信息交换。大数据处理平台具备很强的兼容性，能够在一个框架内进行产销、资源、人力等各方面数据的分析研究。现阶段，已经有不少企业在大数据处理平台建设中取得了一定的成绩。运用云计算技术，工作人员能够通过云端进行会计数据的共享，从而实现对数据的远程控制，使企业人员的工作效率得到极大的提高；管理人员也能通过对平台数据资源进行深入分析预测企业即将面临的风险因素，从而进行有针对性的调整。

◆◆ 三、财务工作的非结构化分析和处理

传统的会计核算工作会遵循一项准则来执行，一般经济事务的处理都存在一定的模式，如业务产生、记账、会计报表等很多工作流程和表达方式比较死板，会计数据具有很强的结构化特征。而在互联网席卷经济市场后，财务工作在工作方式和管理理念上都发生了革命性的改变。互联网的四通八达，使得财务工作上的各种障碍大多被清除，工作人员突破各个瓶颈，收集信息、分析数据的水平大幅度提高。另外，互联网也为项目评价、流程改进、成本控制等各项工作创造了有利条件。

运用"互联网+"平台后，财务工作会变得十分灵活，而不是局限于简单、死板的"算账"上，其采集、处理及管理的范畴涵盖与企业业务相关的数据和资源。"互联网+"时代是一个大数据时代。财务工作人员要同时分析与企业业务相关的各种报表和非报表数据，深入研究非结构化数据，这对其工作能力和水平提出了更高的要求。财务报表分析应灵活考虑外界环境，具体内容包括企业资金周转水平、盈利及负债情况、未来发展前景等。此外，要归纳分析财务报表的附注信息、业务信息等电子数据，特别注意重大资本的运作、大额资金往来等事项，结合结构化和非结构化数据进行综合研究，将一些重要的非结构化数据进行结构化处理；要检验一些环节中的测评结果，结合现有的法律法规检查财务工作的制度细节，分析企业内部控制制度是否健全、有效，并对其风险水平进行估算。

◆◆ 四、打造多维、智能的预算管理系统

"互联网+"对企业起到的重要作用之一就是大大提高了企业管理的智能化水平。编制预算、执行预算乃至监督工作并不是流水线式运作，而是要同时进行多维分析，具有很高的技术含量。当前，我国企业在预算管理方面仍存在不少问题，较多企业仅具备基本的预算编制能力，预算数据大多来源于旧有的经验，很少能够兼顾迅速变化的外部市场环境和条件，缺乏科学性和准确性，

很难为管理人员的决策提供有效的数据支持，也就难以使企业获得正确的预算调整。另外，一些企业的预算控制体系不完善，信息化技术含量较低，在预算分析方面也只停留在单纯的图表分析上，未能考虑企业的各种具体需求和环境的具体状况。

打造适应"互联网+"时代的财务预算管理系统，能够高效地汇集企业财务、业务、环境等各方面的历史数据，有助于科学剖析企业预算目标、编制预算报告、绘制更加合理的预算管理流程。一般情况下，企业的财务预算管理系统会在特定的编制期间和调整期间得到更新，而业务系统中的数据更新周期很短。企业可以利用大数据平台，在预算监督时，实时对照分析企业业务信息系统数据和预算系统数据，从而进行及时调整，提高监控的有效性，进而提高企业的管理质量和管理水平。

◆ 五、改进财务管理工作流程

总体来说，我国财务管理信息化历程大致经历了四个阶段：首先是利用计算机进行简单的财务计算；其次为信息资源共享，整个企业通过终端分享数据；再次为局域网，数据资源通过服务器和端口进行交换；最后为现阶段的"互联网+"时代，特点为信息数据量呈现爆炸式增长。

以前，会计处理工作均要遵循固定的流程，决策者根据其结果进行决策。但是这种传统的方法在市场经济环境中逐渐显现出局限性，越来越多的相关方无法获得及时、具有高利用价值的会计信息数据。而"互联网+"时代的到来，不仅可以大大提高企业财务工作的效率，而且能使财务工作人员实时地获取大量有用数据，并实现了信息实时传递的功能，可以针对需要，高速有效地汇集可靠的财务数据，为企业提供坚强的数据支撑。

企业通常具有四个相关的循环流程：资金流、物资流、人员流、信息流。其中与财务部门密切相关的主要为资金流与信息流。企业通常最为重视业务和资金，二者最理想的情况是步调一致。但资金流属财务部门工作，传统的工作方式必定会产生一定的滞后，导致业务流和资金流脱节。而随着"互联网+"时代的到来，由于电子商务的迅速发展，网络交易方式也越来越多、愈发方便，业务和资金慢慢靠拢和交融，二者的对称性和同步性更高，这为企业业务和资金配置的优化提供了有利的条件。

企业的财务管理部门通常肩负着重大的使命，要结合企业自身特点，让会计工作朝着大数据、多维视角、多样形式的方向发展，在细节中求创新，不断探索使企业跨越式发展的有效途径。

第二节 "互联网+"时代财务管理观念创新

一、责任观念

当前企业发展中，存在责任缺失的现象：第一，个别企业社会责任缺失。随着社会的发展和经济的进步，企业社会责任并没有完全跟上经济发展的步伐，社会责任不强甚至缺失事件频繁发生，给社会带来一些负面影响。个别企业为了追逐经济效益、获得更多的利润，不惜以污染环境、浪费资源、牺牲社会的整体利益为代价，严重损害了消费者和其他利益相关者的合法权益。"互联网+"时代，企业社会责任缺失不仅仅是企业自身的问题，俨然已经成为影响社会健康发展的不利因素。第二，一些大股东侵害中、小股东的利益。这不仅大大地挫伤了中、小股东的投资热情和积极性，而且严重阻碍了企业的发展，对我国证券市场的资源配置也产生了非常不利的影响。

（一）财务管理应更加重视社会责任

企业作为市场的主体，理所应当也是财务管理活动的主体，所以，财务管理目标的现实选择应是股东主导下的利益相关者财富最大化。它的内涵是出资者与其他利益相关者权益的共同发展，从而达到企业或企业财务管理在经济、社会目标上保持平衡。

（二）完善企业内部社会责任

第一，保护股东尤其是中、小股东的合法权益。一是在大股东掌握企业信息的情况下，要保护中、小股东的知情权，以免在信息不对称的情况下频繁发生大股东侵犯中、小股东权益的事情；二是加强中、小股东在董事会中的表决权，中、小股东有权参与企业方针政策的制定和投资计划。

第二，促进员工积极参与企业的财务管理。为了实现企业的财务管理目标，在财务管理中应该广泛地开展以下活动：一是自主管理。财务管理活动涉及生产和经营领域的各个方面，与财务状况和经营成果是密切相关的。为此，应该明确企业各部门、各层次、各级员工职能并使其各司其职，实行自主管理。二是全员参与。把员工看作财务管理的伙伴，让员工参与到财务目标和企业重大决策的制定中来，并且一起讨论相关的政策。三是要鼓励员工关心企业，将自己的目标与企业的目标结合起来，与企业荣辱与共，不断开创企业财务管理新局面。

（三）完善企业外部社会责任

第一，健全债权人完善机制。银行作为企业最大的债权人，可以参与到企业的管理中，一方面可以迅速了解企业的生产经营情况，获得完整的信息，另一方面可以使企业朝着对自己有利的方向发展。

第二，对供应商全面负责。一是要遵守合同，履行自己的权利和义务，及时支付供应商的款项；二是不能因为自身遇到了不公平竞争，就对供应商提出苛刻的要求，这种行为不可避免地会导致企业与供应商的双输，甚至对其他利益相关者造成不利的影响；三是不能因为企业自身处于付款方的地位而对供应商提出各种不合理的要求。因此，企业的财务管理活动必须考虑供应商因素。

第三，监督和完善消费者市场。一是建立规范的信息披露机制，让消费者全面地了解商品的各种信息，做出最好的选择；二是消费者作为产品的使用者，有权利要求企业对产品的质量负责，监督企业产品的合格与否；三是企业在公关危机时，要召回产品并且及时道歉，而不是为自己的失误寻找借口。

第四，企业履行环境责任应当做到节约资源，保护生态环境；努力改善企业所处的环境，防止生态环境恶化。这就要求企业在日常运营中努力培养和提高员工的环保意识，坚决不破坏环境、不浪费资源；一旦对环境造成破坏，要尽快地弥补。环境责任作为一种典型的社会责任，需要企业高度重视。

第五，完善慈善事业机制。政府要明确规定慈善事业的范围，引导企业积极参与社会公益事业。同时，政府部门应该明确规定企业应该承担的责任，从法律上约束企业积极参与社会公益事业。

◆ 二、智能化观念

科技的迅猛发展引发了世界性的科技革命，使产业发展发生了极大变革，推动了人类社会的进步。特别是20世纪90年代以来，以数字化和网络化为代表的信息技术的快速崛起，以及与计算机相关的信息产业的高速发展，对人类的生活和社会经济产生了巨大影响。财务管理在信息技术和信息产业的带动下发生了极大变革。

"互联网+"时代，企业为了获得更多的生存和发展机会，纷纷走上了联合、收购、重组、兼并等道路，企业的规模也随之越来越庞大，产生了很多巨型企业。这些巨型企业在面对全球经济风云变幻时，也会受到更大的冲击。为了应对风险，跨国企业更需要对企业财务进行集中统一的管理，以减少分立的财务管理所产生的影响。

智能化财务管理模式的兴起为上述满足需求提供了有效方法。在财务管理国际化日益发展的当下，跨地区的企业可以通过网络技术对不同地区的分支机构进行统一的智能化财务管理，使分企业或分营业单位的财务活动相对独立出来，由总企业进行统一的智能化管理，而分企业或分营业单位可以通过财务管理平台对各营业单位的财务进行查询。同时，分布在不同区域的人员可以通过网络的互动功能进行共同决策，集合各方面、各层次的信息和智慧，更科学有效地进行决策。

（一）智能化财务管理的含义和优势

随着信息技术的不断发展，智能化观念开始逐渐渗透到财税行业。智能化财务管理是指由现代通信与信息技术、计算机网络技术、行业技术、智能控制技术汇集而成的针对财务、税务及财务管理应用的智能集合。

智能化财务管理实现了财务活动和资源的有机结合，使得资源的使用率达到最大化，同时大幅度提高了管理者的工作效率。智能化是企业财务管理的重要手段，而智能化财务管理的基础是企业管理的信息化和网络化。离开了大数据信息和互联网，智能化财务管理也就失去了依托。

（二）智能化财务管理的现实意义

第一，有利于提高工作效率。对于大型企业来说，下属的单位可以直接使用总部的各项设施，这就保证了整个企业的一致性和规范性。智能化财务管理还可以适应企业内部的各种组织形式，为企业内部管理提供方便。总部可以通过网络随时智能地对各个下属单位的财务状况进行查询，从而对企业的所有情况有一个准确的把握。通过网络把各个单位组合成为一个联系密切的整体，能大大地提高总部处理问题的效率和准确率。

第二，使得网络智能办公模式成为现实。依托智能化财务管理，可以把企业的所有财务数据按照企业的组织形式储存在云端，实现数据的统一管理。企业财务人员可以通过智能化财务管理系统获取自己想了解和查阅的财务信息，而财务人员也实现随时随地办公；同时，网络使得财务管理人员与企业其他部门的在线交流成为现实，为下一步的财务手段创新奠定了坚实的基础，为企业的改革提供了一个非常重要的平台。

第三，充分发挥了事前和事中控制职能。传统的财务管理模式中，财务人员主要分析一定时间内提供的财务报表，对有些事情只能采取事后弥补的手段。如果利用大数据的信息化与智能化优势，总部可以随时通过云端的大数据财务信息，及时了解各下属单位的资金情况、收入情况、销售情况和利润情况，实现财务信息的实时处理和传递；可以及时发现下属单位存在的问题，为决策提供更加合理的信息和资料，降低企业面临的种种风险，实现了事前和事中控制。

第四，提高了财务人员的综合素质。通过企业内部的云平台建设，财务人员不局限于财务知识的学习，也开始了解和掌握计算机、互联网、云技术等相关知识，那些单纯从事计算机工作的人员也开始学习财务知识。采取智能化财务管理，财务人员可以从日常烦琐的计算、编制财务报表等工作中解放出来，专注从事管理工作。

（三）实现智能化财务管理的措施

互联网、大数据、云技术等对生产、生活等各个方面都会产生极大的影响。在我国，推进企业智能化财务管理也是非常必要的，其要求做到以下四点。

第一，采取安全防范措施。在财务系统的内部和外部，总是存在着各种干扰和威胁，为了抵御这些干扰和威胁，应该加强对信息的输入、传输和输出的控制，严格监视信息的传输是否合法。对于网络财务系统的各个层次，都应该采取安全的防范措施，建立一个多层次的综合保障体系。

第二，增强智能化财务管理意识。智能化财务管理意识要求企业的财务人员敢于解放思想、与时俱进。传统的财务管理是以人工为主，每次的变革都会给企业的人员带来不同程度的"痛苦"。但是，企业的财务人员不能只看到思想的变革带来的痛苦，还要意识到这个大趋势给企业带来的机遇和挑战，积极配合领导的安排，做好使财务管理走向现代化的准备。

第三，健全网络财务管理法律法规。相关部门应明确地规定财务人员应尽的义务与应该承担的责任、财务信息的标准和要求，以及监督机构的权利等；应尽快建立和完善电子商务法规，提高对网络犯罪的打击力度，为电子商务的顺利进行和网络财务信息系统的正常运作提供一个安全的外部环境。

◈ 三、绿色观念

可持续发展是既满足当代人的发展需求，也不对后代的需求能力产生影响的发展。可持续发展的战略要求企业的财务管理活动必须坚持绿色观念。

财务管理工作是管理工作的核心，因此绿色观念的基础是绿色管理工作。绿色管理工作是指把保护环境的思想时刻融入财务管理工作，从资金和资金运动的层面去协调企业的财务管理目标、环境问题和资源问题。

（一）绿色观念的现实意义

绿色观念是指企业在实现自己利益的生产活动中不能只顾自己的利益而不顾子孙后代的发展，要充分使用有限的自然资源，使资源的使用率达到最高，同时要遵守国家的法律法规，自觉保护环境的一种综合的财务管理观念。绿色观念的目的是在保护环境和充分合理使用有限资源的前提下，实现企业的利益最大化，以及企业与社会的可持续发展。绿色观念的核心是获得利润、节约资源和保护环境的有机结合。财务管理绿色观念的现实意义有以下三点。

第一，财务管理的绿色观念是企业长远发展的需要。传统生产方式下，企业对资源的利用率低，一般是投入多，但是产出少，这就导致了对资源的严重浪费及对环境的破坏。资源的利用率低，会使企业对资源的需求量大增，从而提高企业的生产成本。环境被污染之后重新治理所用的资金，或许比采取措施降低污染更多，这在无形中又增加了企业的成本。如今，国际上很多企业已经开始把是否拥有环境保护相关证书作为企业的标志，用来衡量和评价企业在环境保护工作上做出努力的程度。所以，为了长远发展，企业必须自觉地将财务管理的绿色观念深入到企业生产的各个部门和环节，这样才能始终保持竞争优势，获得可持续发展。

第二，树立财务管理的绿色观念是实现我国经济可持续发展的需要。财务管理的绿色观念和可持续发展二者的目标是相同的。二者的目标都是为了在获得经济效益的同时获得社会效益，也就是企业经济在快速发展的同时，要合理地开发自然资源和保护生态环境，使得资源和环境不仅可以满足当代人的需求，而且能够满足子孙后代的发展需求。可持续发展观是财务管理绿色观念的理论基础。企业有必要时刻把可持续发展的理念深深融入筹资、投资、资本运营和股利分配的全过程。企业在生产经营过程中都会产生一些环境成本，这就要求企业在管理的每个环节都必须高度重视环境成本，在对财务活动的成果和经营状况预算时，要把资源和环境成本降到最低；在评价和考核财务活动时，也要把资源是否得到了合理的使用和生态环境是否得到了有效保护作为评估、考核财务活动的标准。

第三，财务管理的绿色观念是强化人们环保意识的需要。人们不断地从环境中索取大量的资源，又不断地向环境中排放大量的废弃物和污染物，随着经济的不断发展，人们从环境中索取的资源越来越多，最终的结果就是排放的污染物也大量增加，超出环境的承受能力。目前，环境问题成为普遍关注的问题，这就要求人们在经济发展中必须有环境保护的意识，以便为子孙后代提供一个可以持续发展的环境。

（二）实现绿色观念的措施

财务管理的绿色观念符合人类对环境保护和可持续发展的要求，是对传统财务管理观念的挑战。在现实生活中，为了使绿色观念尽快融入财务管理活动的各个环节，对于政府而言，需要采取如下措施。

第一，国家强制执行。环境问题日益严重，政府已经制定了很多法律法规来约束和规范人们的行为，如《中华人民共和国环境保护法》《中华人民共和国水污染防治法》《中国环境与发展十大对策》等，要求企业强制遵守。对于那些不遵守法律法规的企业，政府要加大惩罚力度，通过强硬政策使企业在财务管理的各项活动中树立起保护环境和节约资源的意识，让保护环境成为一种自觉的行为。

第二，政府要积极地鼓励进行绿色财务管理的企业。政府在对那些不遵守法律法规的企业加大惩罚力度的同时，要积极地鼓励那些自觉遵守相关政策的企业，在信贷和税收方面给予一些优惠，使企业明确地体会到响应政府的号召对企业自身发展有利无害，以全面地调动企业参与绿色财务管理的积极性和热情。

当然，绿色观念仅仅靠政府的约束是远远不够的，企业自身必须努力增强绿色财务管理意识，并在日常的生产运营中做到以下四点。

第一，企业的经营目标要以绿色财务管理理论为指导。当前，环境和污染问题日益突出，绿色消费的观念开始深入人心，消费者的消费观也发生了极大的改变，倾向于消费耗资少、对环境污染小的绿色商品。面对激烈的市场竞争，企业在制订经营目标的时候，必须兼顾环境问题和资源问题，在经营的每个环节积极开展绿色经营，全面提高企业的经济效益，树立良好的企业形象。

第二，培养领导者的环境风险意识。环境风险是指企业在生产经营过程中浪费资源、污染环境造成的种种不利于企业发展的风险。一旦风险成为事实，企业将面临重大损失。企业的领导者要敢于面对这些风险，不逃避，积极寻找化解风险的最佳管理方法。

第三，提高员工的资源环境意识。企业要将资源环境意识深入贯彻到员工中去，让员工充分意识到资源环境在人类发展历程中的重要作用，尤其是企业的财务工作人员，更要加快由传统财务管理观念向绿色财务管理观念的转变，以崭新的姿态投入到财务管理工作。

第四，绿色财务管理要求企业实行绿色会计。绿色会计是指为了达到弥补社会和自然资源的消耗的目的而进行的会计。它通过测量、揭示、研究环境及环境的变化，给管理者提供详细的、准确的、可用的环境信息。这就要求在分析会计报表时，设置一些与绿色财务息息相关的指标，用来考察企业在保护环境、改善资源的使用效率等方面所做出的努力及自身存在的不足。通过与这些指标的对比，企业可以针对自身的不足采取一些有针对性的举措，改善工作，提高经济效益。

◆ 四、以人为本观念

人是企业生产经营过程的主人，企业的每一项财务活动均由人发起、操作和控制，其成效如何也主要取决于人的知识、智慧及努力程度。企业应树立以人为本、知识化、人性化的管理理念，建立责、权、利相结合的财务运行机制。在财务管理工作中，要大胆使用那些有知识、有责任心、对工作充满热情的人，最大限度地释放人的能量。要实现财务管理目标，企业必须以科学发展观统领会计工作，树立以人为本的观念。一方面，"互联网+"时代使创造企业财富的主要要素由物质资本转向知识及技术资本，企业财务管理也就不能只关注物质资产和金融资产，必须转变财务管理观念；另一方面，对包括知识和技术资本在内的企业总资产进行市场化运作和管理，具有很强的专业性、技术性、综合性和超前性，用管理有形资产的传统手段是难以适应的。

除了以人为本，企业还应树立人才价值观。"互联网+"时代，面对行业竞争和风险的加剧及高新技术的迅猛发展，企业要想立于不败之地，应把知识看作效益增长的源泉，重视知识、重视科学、重视人才，树立知识效益观念。知识将超越物质资源成为企业不可或缺的首要经济资源，而人是知识的载体，对知识的管理归根结底是对人的管理。"互联网+"时代，人力资本将成为决定企业及整个社会经济发展的重要因素。复合型人才有助于增强对企业财务管理市场前景的预测力和判断力，提高财务管理战略决策水平，制订出能为企业创造价值最大化的竞争方案，从而使企业财务管理能更适应信息时代发展的要求。所以，人才是知识经济的制高点，是新的竞争焦点。企业财务管理的重心应从传统的物质资源管理转向人力资源管理，构建人力资源和物质资源相结合的财务管理机制。企业只有将专业人才与物质资源相结合，才能有效调动管理人员的积极性、主动性和创造性，进而为企业创造良好的效益。

◆ 五、安全观念

随着信息技术的不断发展，信息传播、处理和反馈的速度大大加快，企业会受到世界商品市场、要素市场、金融市场等的冲击，使财务风险趋于复杂化，如果企业不能卓有成效地规避与防范各种风险因素，势必会出现严重的财务危机。首先，由于风险加大，风险管理在财务管理中的地位将大大提高，投资决策所依赖的信息有误或不及时等均会加大企业投资风险；其次，创新金融工具的出现，使企业筹资投资渠道、时空发生了重大变化，从而加大了资本筹资投资风险；最后，知识更新速度加快、产品生命周期缩短，既加大了企业存货风险，又加大了对产品设计和开发的风险等。因此，企业在不断追求创新和发展的同时，要树立安全财务管理的观念，做好风险分析，加大防范和抵御各种风险的力度。

由于风险的复杂性，建立财务风险预警机制势在必行。企业应加强风险的安全防范观念，善于捕捉环境变化带来的不确定因素，并可以有预见地、系统地辨认可能出现的财务风险，有预见地采取各种安全防范措施。

◈ 第三节 "互联网+"时代财务管理理念创新

◆ 一、"零存货"理念

(一)"零存货"的基本含义

"零存货"来自适时生产系统，是指企业在供、产、销各个环节，使原材料、在产品和产成品等的库存量趋近于零，以避免存货占用资金的储存成本、机会成本等，并防范存货的过时、减值、跌价、报废、毁损等风险，是一种由后向前拉动式的生产方式。

传统的生产系统采取由前向后推动式的生产方式，前面的生产程序处于主导地位，后面的生产程序只是被动地接受前一生产程序转移下来的加工对象，继续完成其后面的加工程序。这种生产方式必然会导致在生产经营的各个环节上，要储存大量的原材料、半成品、在产品，从而大量占用企业资金。

适时生产系统采用由后向前拉动式的生产方式，以顾客订单有关产品数量、质量和交货时间等特定要求作为组织生产的基本出发点，前一生产程序严格按照后一生产程序要求的原材料、在产品、半成品的数量、质量和交货时间组织生产，尽可能地在供、产、销各个环节上减少存货量或者采用"零存货"。这种理念下，不需要准备大量原材料、半成品、在产品、产成品等库存，从而避免了传统生产系统占用企业大量资金的弊端，使得企业的生产经营实现"以市场定销售，以销售定生产，以生产定部门"的生产经营战略，从而增加了资金的利用效率，提高了企业经济效益。

（二）"零存货"的基本理念

实施"零存货"理念，要求企业从事供、产、销的各部门必须按照统一计划，精心安排、合理配置企业的相关经济资源，实现均衡生产。

1. 充分领会"零存货"理念，促进各部门协调合作

目前，很多企业领导及员工缺乏对"零存货"理念的正确认识，仍固执地囤积大量存货作为企业的资产和财富的象征。但存货极易陈旧过时、积压变质和流动性差等缺陷使得固定囤积存货必然造成企业资金紧张、财富贬值。因此，领会"互联网+"时代的"零存货"理念并付诸实践，成为解决这一问题的有效手段。

企业管理过程中，各职能部门为了自身管理需求都会将存货保持在某种水平上。销售部门希望保持较高的商品存货水平，确保库存商品齐全以满足客户的需求，避免因商品短缺而造成生产和销售损失；生产部门希望保持较高的材料存货水平，它们大批量生产产品以降低生产成本，同时避免因材料短缺而造成不必要的生产延误；采购部门希望保持较高的原材料存货水平，大量采购原材料以减少采购费用，确保尽早进货以避免因中断供应而造成生产减少和停顿；财务部门希望存货的资金占用越少越好，确保企业资金的有效利用，避免因存货货款的占用而造成机会成本损失。由此可见，企业内部各个职能部门由于自身管理的需求不同，对存货水平的要求相互矛盾。因此，存货的管理需要

销售部、生产部、采购部、财务部等各部门的密切配合、相互协调，使企业获得最大利益。

另外，有些人认为"零存货"就是没有库存，这种认识是不正确的。由于产品的生产和销售存在时间和空间的不一致，将"零存货"等价于完全没有库存是不对的。企业生产经营过程中，存货的消耗速度具有不确定性，产品生产周期具有波动性，销售数量具有不稳定性，这使得企业存货不可能每时每刻都为零。实施"零存货"管理，要尽可能压缩物资在各部门的滞留时间，降低库存量和库存额，并借助"互联网+"时代的大数据、物联网，实现生产经营的需要与材料物资的供应同步，使物资转送与企业加工速度处于同一节拍，从而保证各部门的业务有计划、有程序地进行，使供、产、销等各个环节都被纳入计划轨道。

2. 设置生产统筹职位，实现生产多样化、智能化

企业生产经营过程中，有些客户购买产品前会提前下单，有些客户下单却有很多的不确定性。因此，为了更好地实施"零存货"管理，可以将客户需求划分为通用产品的需求和专用产品的需求。专用产品的客户一般都会提前下达订单；而通用产品通常没有很确定的订单，需要企业销售部门预测。为了畅通销售部门与生产部门、供应部门之间的沟通，企业可以设置生产统筹岗位或生产统筹部门，让生产统筹专员根据订单和市场预测的需求，随时了解和督促采购部门的采购活动，适时调整销售计划，每周末提交下周的交货安排。当出现供应商无法及时供货等突发因素时，立即与客户协调产品的交货期，同时通知生产部门调整原来的生产计划。企业还应将该供应商列入密切关注名单，并且及时增加新的供应商。生产统筹专员的协调，能避免供、产、销各环节严重脱节的问题，是"零存货"管理的关键。

根据专用产品和通用产品的不同，生产部门应分别采用两种生产方式：第一种为依据订单量的生产；第二种为补充库存量的生产。依据订单量的生产为拉动式生产，是指根据客户的订单从最后一道工序开始确定需要生产的数量，再根据最后一道工序需要的数量倒推前一道工序需要生产和加工的数量，直到推到第一工序为止，然后根据生产的进度和原材料需要量，最终确定向供应商购买材料的订单。这种由后向前的拉动式的按需生产真正实现了"零存货"。补充库存量的生产是指企业根据过去的经验判断每周的产品需求量，结合销售的需求计划和库存的存货量确定每周的生产量。这种方式也是以需定产，但由于基于经验和估计值，有时会有一些偏差。这两种生产方式可以交叉运用，由生产统筹专员根据需求沟通确定最终的每周生产计划。

此外，"互联网+"时代，企业应尽量实施智能化生产。实施智能化生产，一方面能随时满足客户的需要，另一方面可以最大限度地减少生产过程中因人工操作带来的不可避免的缺陷，消除因生产出残次品而对整个生产作业流程带来不良影响。所以，采购部、销售部、财务部等部门应采用大数据、云技术等，根据不同时间、不同地域的市场需求，设计出最优生产方案，选择最优进货渠道，随时对企业生产经营各环节进行监控，以保证生产经营的顺利进行。

3. 建立稳定可靠的大数据购销网络

采购部门应建立稳定的采购网络，比较各厂家进货价格、质量、规模、运输条件等，明确采购地点、采购对象或品种，广泛了解所需各种原材料、燃料、半成品、在产品、低值易耗品等的供应商资质等级、供货地址等详细信息。同时，应充分利用"互联网+"时代大数据、云技术的优势，收集、识别、处理、审核并确定相关信息，加强与供应商的长期稳定合作，保证企业能够及时、适量地取得生产所需原材料等。由于"零存货"管理强调以市场为导向、以销定产，因此企业应利用大数据技术，追踪和确定不同时间、不同地域的市场状况及销售实情，制订相应的营销对策和竞争战略，开拓销售渠道，为企业争取稳定的订单，建立稳定可靠的销售网络，均衡地组织生产，避免产量大幅度波动和积压浪费。此外，企业还要注重销售环节信用制度和信用政策的制定，减少收账成本，加速资金回收，提高资金使用效率。

◆ 二、"零营运资本"理念

（一）"零营运资本"的概念及理论依据

营运资本是指企业的流动资产与流动负债相减的净额，即营运资本 = 流动资产 – 流动负债。"零营运资本"从本质上来说属于"零存货"的进一步扩展。传统财务管理中，强调流动比率是一个衡量短期偿债能力的重要指标，该指标越大，说明流动资产对流动负债的保障偿还能力越强，企业对于支付义务的准备越充足，短期偿债能力越好；若该指标小于或等于1，也就是流动资产小于或等于流动负债时，企业的营运可能随时因周转不灵而中断，将被认为是风险较大的企业。但是，如果流动比率过高，可能是由于商品、材料等存货的积压陈旧、过时滞销或是由于应收账款到期无法收回的占款，会使真正用来偿还债务的货币资金严重短缺。正因如此，很多国家的著名企业都在践行"零营运资本"理念。

（二）"零营运资本"的作用

"零营运资本"理念相当于利用了财务杠杆，体现了以较少的营运资本取得较大的收益。"零营运资本"的这种杠杆作用具体体现在四个方面：第一，追求"零营运资本"，可以促使企业加强应收账款的管理，使企业积极制定应收账款信用标准和信用政策，严格收账制度，确保应收账款加速回收而避免坏账的发生，确保资金周转畅通；第二，追求"零营运资本"，可以促使企业加强对存货的管理，使企业加速存货的周转，减少存货周转时间，避免因存货过时、滞销、积压、浪费等占用资金，节约开支的同时增加企业经济效益；第三，追求"零营运资本"，可以促使企业提高营运资本的周转速度，使占用在应收账款和存货项目上的资金被解放出来，用于"互联网+"时代的技术、无形资产、智能创新和生产经营再投资等，以此提高企业的经济效益；第四，追求"零营运资本"，可以让企业资金投入更精准，使生产能力更强、销售收款速度更快，更能适应"互联网+"时代的市场竞争。

◆ 三、"零缺陷"理念

"零缺陷"理念指"零缺陷"的全面质量管理理念。全面质量管理（total quality management，TQM）是指为了能够在最经济的水平上考虑到充分满足顾客要求而进行市场研究、设计、制造和售后服务，把企业内各部门的研制质量、维持质量和提高质量的活动构成一体的一种有效的体系。

质量是企业的生命，是企业获得良好经济效益的基础。一家企业的利润有多少，关键在于对质量成本的控制。企业要在"互联网+"时代日益激烈的市场竞争中生存和发展，就必须在质量上下功夫。现代社会所需的产品结构日趋复杂，对产品的精密度和可靠性要求也越来越高，所需费用将以质量成本的形式增加企业负担。

"全面质量管理"一词是20世纪60年代由美国著名质量控制专家阿曼德·V.费根堡姆（Armand Vallin Feigenbaum）提出的，是在传统质量管理基础上，随着科学技术的发展和经营管理需要而发展起来的现代化质量管理。全面质量管理一经提出，便在世界各国得到迅速推广，并在实践中不断得到丰富和发展，成为企业界备受青睐的管理工具。我国在20世纪80年代引进并推行全面质量管理，为企业带来了较好的经济效益。近年来，许多著名企业也在努力实施全面质量管理，并结合实际成立了专门的质量控制小组，建立了由高层领导、专业干部和工人参加的“三结合”质量管理体制。此外，很多企业还创建智能化、自动化的专业质量管理体系，不仅保证了产品质量、提高了经济效益，而且增强了企业竞争力。

全面质量管理是质量经营的精髓，与传统质量管理相比更具有竞争力。全面质量管理的关键在于实现“零缺陷”。所谓“零缺陷”，是指所有产品都符合规格，即将不合格产品数量降为零。为了实现“零缺陷”的全面质量管理，要求每个生产阶段、每道工序、每个加工步骤都按照设计好的程序抓好质量控制，做到每个生产阶段、每道工序、每个步骤的“零缺陷”，以达到最终产品的“零缺陷”，因此“零缺陷”具有成本效益上的合理性。全面质量管理把重点放在对每一道加工程序的连续性质量控制上，一旦某一道加工程序发现问题，就应立即采取措施进行消除或更正，以实现缺陷在生产第一线瞬时的智能化和自动化控制，绝对不允许任何一件有缺陷的零部件从前一生产程序或步骤转移到后一生产程序或步骤，以保证企业整个生产过程中“零缺陷”的实现。

四、“零起点”理念

“零起点”理念源于管理会计中的零基预算。零基预算的全称为“以零为基础编制计划和预算的方法”，是指在编制预算时对于任何费用项目的开支数额，均以零为基础，不考虑以往情况如何，从根本上研究分析每项预算有没有支出的必要和支出数额的大小。

由于零基预算不受现行预算的约束，因而能充分发挥各级费用管理人员的积极性，而且还能促使企业各个职能部门厉行节约、精打细算，合理使用资金，提高资金的使用效率。

在竞争激烈、技术革新的“互联网+”时代，“零起点”的内涵在不断被扩大，将会延伸到企业管理的各个角落。如果企业的作业流程以“零”为起点，一切从头做起，有助于企业管理人员从一个全新的视角来审视各项工作。

综上所述，“互联网+”时代，“零起点”理念作为一种新的财务管理理念，将成为企业提升竞争力、提高经济效益的一种有效手段。

参考文献

[1] 谢博.供应链运营中企业竞合策略:博弈论视角[M].北京:中国经济出版社,2020.

[2] 黄权旺.新媒体运营[M].石家庄:花山文艺出版社,2020.

[3] 吴迪.运营管理[M].2版.上海:上海财经大学出版社,2020.

[4] 张天柱.农业嘉年华运营管理[M].北京:中国轻工业出版社,2020.

[5] 赵松岭,胡丽娟.电子商务运营模式与创新研究[M].长春:吉林大学出版社,2020.

[6] 徐茜.拼多多运营从入门到精通[M].北京:中国铁道出版社有限公司,2020.

[7] 漆凡.财务管理[M].上海:立信会计出版社,2016.

[8] 段顺玲,李灿芳.财务管理[M].北京:北京理工大学出版社,2020.

[9] 蔡维灿,林克明,巫圣义,等.财务管理[M].北京:北京理工大学出版社,2020.

[10] 郝翠香,文娟娟.财务管理[M].长春:吉林人民出版社,2020.

[11] 陈德智,毕雅丽,云娇.金融经济与财务管理[M].长春:吉林人民出版社,2020.

[12] 桂玉娟,刘玉凤.财务管理实训教程[M].上海:上海财经大学出版社,2016.

[13] 费琳琪,郭红秋.财务管理实务[M].北京:北京理工大学出版社,2020.

[14] 蓝仁昌,刘俐.物流企业运营管理[M].4版.北京:中国财富出版社,2019.

[15] 王磊,王成飞.企业运营管理[M].北京:北京交通大学出版社,清华大学出版社,2019.

[16] 武建平,王坤,孙翠洁.企业运营与财务管理研究[M].长春:吉林人民出版社,2019.

[17]　包宸, 潘德亮, 吴勇兵. 企业运营与风险防范管理 [M]. 北京: 中国商务出版社, 2019.

[18]　樊奇. 全球价值链下中国制造企业运营研究 [M]. 北京: 北京理工大学出版社, 2019.

[19]　梁积江, 李媛媛. 企业资本运营管理 [M]. 北京: 企业管理出版社, 2019.

[20]　郑谢臣. 中小企业管理创新视角与运营 [M]. 北京: 航空工业出版社, 2019.

[21]　龙晴. 零售运营: 连锁企业管理手册 [M]. 北京: 中国铁道出版社, 2019.

[22]　王培培. 财务管理 [M]. 大连: 东北财经大学出版社, 2019.

[23]　王培, 郑楠, 黄卓. 财务管理 [M]. 西安: 西安电子科技大学出版社, 2019.

[24]　张蕾, 马鑫, 陈慧. 财务管理 [M]. 成都: 电子科技大学出版社, 2019.

[25]　王力东, 李晓敏. 财务管理 [M]. 北京: 北京理工大学出版社, 2019.

[26]　王玉娟, 阚春燕. 财务管理实务 [M]. 上海: 立信会计出版社, 2018.

[27]　王若男, 张敏. 市场营销与财务管理 [M]. 天津: 天津科学技术出版社, 2019.

[28]　胡云峰. 企业运营管理体系建设 [M]. 武汉: 华中科技大学出版社, 2018.

[29]　魏浩. 中小企业运营与管理创新 [M]. 北京: 北京工业大学出版社, 2018.

[30]　谷慧敏, 秦宇, 冉小峰. 酒店企业运营与管理的探索和实践 [M]. 北京: 旅游教育出版社, 2018.

[31]　陈道志. 中小企业跨境电商运营 [M]. 北京: 中国商业出版社, 2018.

[32]　张才明. 运营管理 [M]. 北京: 企业管理出版社, 2018.

[33]　黄娟. 财务管理 [M]. 重庆: 重庆大学出版社, 2018.

[34]　田瑞, 张楠. 财务管理 [M]. 西安: 西安交通大学出版社, 2018.

[35]　李艳, 张霞, 李春蕊. 财务管理 [M]. 延吉: 延边大学出版社, 2018.